学术前沿
THE FRONTIERS OF ACADEMIA

知识考古学

[法]米歇尔·福柯 著

董树宝 译

*

生活·讀書·新知 三联书店

Simplified Chinese Copyright © 2021 by SDX Joint Publishing Company.
All Rights Reserved.

本作品简体中文版权由生活·读书·新知三联书店所有。
未经许可，不得翻印。

图书在版编目（CIP）数据

知识考古学：四版／（法）米歇尔·福柯著；董树宝译．—北京：
生活·读书·新知三联书店，2021.9（2025.6 重印）
（学术前沿）
ISBN 978-7-108-07187-3

Ⅰ.①知⋯　Ⅱ.①米⋯ ②董⋯　Ⅲ.①考古学 - 历史哲学
Ⅳ.① K85

中国版本图书馆 CIP 数据核字（2021）第 114514 号

Michel Foucault
L'ARCHÉOLOGIE DU SAVOIR
© Editions Gallimard 1969
本书中文简体版权由法国伽利玛出版社授权

责任编辑	王晨晨
装帧设计	薛　宇
责任印制	卢　岳
出版发行	生活·讀書·新知 三联书店
	（北京市东城区美术馆东街 22 号　100010）
网　　址	www.sdxjpc.com
图　　字	01-2019-1707
经　　销	新华书店
印　　刷	河北松源印刷有限公司
版　　次	2021 年 9 月北京第 4 版
	2025 年 6 月北京第 5 次印刷
开　　本	880 毫米 × 1230 毫米　1/32　印张 8.75
字　　数	182 千字
印　　数	29,001-33,000 册
定　　价	52.00 元

（印装查询：01064002715；邮购查询：01084010542）

学术前沿
总　序

　　生活·读书·新知三联书店素来重视国外学术思想的引介工作，以为颇有助于中国自身思想文化的发展。自80年代中期以来，幸赖著译界和读书界朋友鼎力襄助，我店陆续刊行综合性文库及专题性译丛若干套，在广大读者中产生了良好影响。

　　第二次世界大战结束后，随着世界格局的急速变化，学术思想的处境日趋复杂，各种既有的学术范式正遭受严重挑战，而学术研究与社会——文化变迁的相关性则日益凸显。中国社会自70年代末期起，进入了全面转型的急速变迁过程，中国学术既是对这一变迁的体现，也参与了这一变迁。迄今为止，这一体现和参与都还有待拓宽和深化。由此，为丰富汉语学术思想资源，我们在整理近现代学术成就、大力推动国内学人新创性著述的同时，积极筹划绍介反映最新学术进展的国外著作。"学术前沿"丛书，旨在译介"二战"结束以来，尤其是本世纪60年代之后国外学术界的前沿性著作（亦含少量"二战"前即问世，但在战后才引起普遍重视的作品），以期促进中国的学科建设和学术反思，并回应当代学术前沿中的重大难题。

　　"学术前沿"丛书启动之时，正值世纪交替之际。而现代中国的思想文化历经百余年艰难曲折，正迎来一个有望获得创造性大发展的历史时期。我们愿一如既往，为推动中国学术文化的建设竭尽绵薄。谨序。

生活·读书·新知三联书店
1997 年 11 月

目　录

第一章　导　论　◆　1
第二章　话语的规则性　◆　23
　　1. 话语的单位　◆　23
　　2. 话语形成　◆　36
　　3. 对象的形成　◆　48
　　4. 陈述样态的形成　◆　60
　　5. 概念的形成　◆　67
　　6. 策略的形成　◆　77
　　7. 评语与结论　◆　86

第三章　陈述与档案　◆　93
　　1. 确定陈述　◆　93
　　2. 陈述功能　◆　103
　　3. 陈述的描述　◆　125
　　4. 稀缺性、外部性、累积　◆　139
　　5. 历史的先天性与档案　◆　149

第四章　考古学的描述　◆　157
　　1. 考古学与观念史　◆　157

2. 原创的与有规则的 ◆ 163

3. 诸矛盾 ◆ 175

4. 比较的事实 ◆ 183

5. 变化与诸转换 ◆ 193

6. 科学与知识（savoir） ◆ 208

第五章 结 论 ◆ 232

索 引 ◆ 248

译后记 福柯与他的考古学 ◆ 262

第一章 导 论

这几十年来，历史学家们更喜欢关注长时段（longues périodes）*，就好像要试图从政治波折及其插曲的下面揭示出那些稳定且难以打破的平衡状态、那些不可逆转的进程、那些不会中断的调整，揭示出那些经过数个世纪的持续发展终于达到顶点进而发生逆转的趋向性现象，揭示出那些累积而成的运动和缓慢达到的饱和，揭示出那些被错综复杂的传统叙述用密密麻麻的事件（événements）掩盖了的默然不动的重要基底。为了进行这样的分析，历史学家们掌握着某些方法，一部分是他们改造过的，一部分是他们吸收来的：经济增长模型、商品流通的定量分析、人口发展和下降图、气候及其变化的研究、社会学常量的测定、有关技术调整及其扩散和持久的描述。这些

---

* 福柯在此使用了一个与法国年鉴学派历史学家费尔南·布罗代尔（Fernand Braudel, 1902—1985）类似的概念——"长时段"（longue durée），从当时的历史背景和《知识考古学》的内容来看，福柯的用词虽与布罗代尔有所不同，但应该是指布罗代尔意义上的"长时段"。——中译者（凡以此符号标注的均为译者注，全书同，不再一一注明。）

方法使得他们能在历史（histoire）*范围中区分出各种各样的沉积层；那些一直以来作为研究对象的线性更迭被一组深层的脱节所取代。从政治的变幻不定到"物质文明"特有的缓慢演进，分析的层面不断增加：每个层面都有其特殊的断裂，每个层面都包含着一种只属于自己的分割；而且随着人们越来越深入最深层的基底，划分范围就会变得越来越大。在被政府、战争和饥荒搅乱的历史背后，显露出来的是那些看上去近乎静止的历史——缓慢变化的历史：海上航道的历史、小麦或金矿的历史、干旱和灌溉的历史、农耕轮作的历史、人类在饥荒与增产间维持平衡的历史。传统分析提出的旧问题（应在歧异的事件之间建立起什么样的联系？如何在这些事件之间建立起必然的序列［suite］？什么是贯穿这些事件的连续性［continuité］，或者什么是这些事件最终形成的全部意指？人们能不能确定一个总体性［totalité］，还是就应该仅限于重建连接？）从今以后将被其他类型的提问所替代：什么样的层（strates）应该彼此被孤立？应该建立什么类型的系列（séries）？对于这些系列中的每个系列而言，应该采用什么样的历史分期标准？什么样的关系系统（等级、支配、分层、单义规定性、循环因果关系）可以由此及彼地被描述？什么样的系列之系列（séries de séries）可以被建立起来？又能在什么样的大事年表中确定那些事件的不同序列？

不过，几乎在同一时代，在那些所谓观念史、科学史、哲学史、思想史以及文学史（它们各自的特殊性可暂时被忽略）

---

* histoire 是一个含义丰富的法语词，本书根据具体语境分别译为"历史""历史学""历史研究"。

的学科中，在那些尽管名字各异但大部分都避开了历史学家的研究与方法的学科中，注意力反而从那些被描述为"时代"或"世纪"的宏大单位（unités）转移到断裂现象上了。在思想的巨大连续性之下，在集体精神或集体心态（mentalité）众多且同质的表现之下，在一门从一开始就竭力存在并臻于完善的科学的顽强发展之下，在类型、形式、学科、理论活动的持续作用之下，有人现在正力图探寻由中断造成的影响。这些中断的地位和本质极其多样。巴什拉（Gaston Bachelard）[*]所描述的**知识论的行动和界限**[**]（actes et seuils épistémologiques）：知识论的行动与界限中止诸知识（connaissances）[***]的不确定的累积，打断它们缓慢的成熟过程，并使它们进入新阶段，切断它们与自身的经验性起源和最初动机之间的联系，清除它们想象的共谋关系；知识论的行动与界限由此规定历史分析不再探寻沉默

---

[*] 巴什拉（1884—1962），法国哲学家、文学理论家、诗人，被认为是法国新科学知识论的奠基人，著有《梦想的诗学》《火的精神分析》《科学精神的形成》《空间的诗学》等，对阿尔都塞、福柯和德里达等哲学家产生了直接影响。

[**] 除个别专名外，凡原文斜体强调时，本书皆以楷体表示；凡是原文首字母特意大写时，本书皆以黑体表示。

[***] 在《知识考古学》中，福柯明确区分了connaissance 与 savoir，按照英译本译者谢里丹·史密斯（Sheridan Smith）的注释，他指出英语的"知识"（knowledge）兼有 connaissance 与 savoir 的含义，connaissance 是指特殊的知识集合，是指像生物学、经济学等特殊的学科，而 savoir 是指一般的知识、各种专门知识的综合，福柯是在"隐含的、潜在的"层面上而非"整体的"层面上使用 savoir。他还引用了福柯进行区分的却难以查证出处的原文："我用 connaissance 这个词来指主体与客体的关系和支配着这种关系的形式规则。而 savoir 则指某个特定时期给予 connaissance 的这个或那个对象和要阐明的这种或那种陈述的必要条件。"（参见 Michel Foucault, *The Archaeology of Knowledge and the Discourse on Language*, New York: Pantheon Book, 1972, p. 15.）在福柯看来，特殊的科学或具体的学科是 connaissance 的场所，而话语形成则是 savoir 的场所，savoir 是 connaissance 的基础或前提条件。connaissance 类似"显性知识"，savoir 类似"隐性知识"。

的开端，不再无限地追溯最早的预兆，而是测定新型的合理性（rationalité）及其多种效果。概念的**移位**（déplacements）与**转换**（transformations）：康吉莱姆（Georges Canguilhem）*的分析可以作为模型；他的分析指出一个概念的历史并不全都是逐渐完善的过程、持续增加的合理性、抽象化的梯度的历史，而是让它得以构成与生效的各种范围的历史，是它前后承接的那些使用规则的历史，是让它的构想得以继续和完善的多种理论语境的历史。康吉莱姆也对事件及其结果未以同一方式分布的科学史的**微观尺度**与**宏观尺度**进行区分：因此，一次发现、一种方法的调整、学者的工作及其失败不会具有同一种影响，而且它们也不可能以同一方式在彼此的层面上被描述；在每种情况下被讲述出来的都不是同一种历史。**不断复发的再分配**（redistributions récurrentes），它们让几种过去、连接的几种形式、重要性的几种等级、规定性的几种网络、几种目的论仅仅为了同一门科学并伴随着这门科学现在发生的改变而出现：因此历史描述必然根据知识（savoir）的现实性（actualité）进行组织，随着知识的转换而增多，并轮流不停地与自身发生决裂（米歇尔·塞尔［Michel Serres］**刚刚在数学领域中针对这一现象提出一种理论）。系统的**结构单位**

---

* 康吉莱姆（1904—1995），法国哲学家、医生，致力于知识论和科学史的研究，著有《正常与病态》《生命的知识》《科学史和科学哲学研究》等，他的思想和研究方法对阿尔都塞、福柯、德勒兹等哲学家产生了重要影响。正是在康吉莱姆的指导下，福柯完成了他的国家博士论文《疯狂与非理性：古典时代疯狂史》。

** 米歇尔·塞尔（1930—2019），法国哲学家、作家，著有《自然契约论》、《罗马，基础之书》、《赫尔墨斯》（五卷）、《万物本原》等。1968年，他应福柯之邀，执教于巴黎第八大学哲学系，1990年当选为法兰西学院院士。

(unités architectoniques），就像它们被马提阿·戈胡（Martial Guéroult）*所分析的那样，且就它们而言，对影响、传统和文化连续性的描述不是确切的，而倒应是对内部一致性、公理、演绎链、相容性的描述。最终，最彻底的划分可能是由一项理论转换的工作所实现的割裂，而这种研究"通过使一门科学同它过去的意识形态相脱离并揭露其过去是具有意识形态性的，来创建这门科学"。[1]当然还应加上文学分析，自此以后，文学分析所赋予自己的单位不是时代的精神或时代的感受性，不是"群体"、"流派"、"代际"或"运动"，甚至不是作者在联结他的生活与"创作"的交互"游戏"中塑造出的人物，而是一部作品、一本书、一个文本所特有的结构。

而且，要——并正在——向这样的历史分析提出的重要问题，也因此不再是弄清楚连续性能通过什么样的途径被建立起来，不再是唯一意图能以什么样的方式被维持下去并为众多不同的、接连不断的精神建构出唯一的视域，不再是什么样的行动方式和什么样的载体牵涉着转移、收回、遗忘与重复的活动，不再是起源如何能将它的统治延伸到自身之外且直到那从未给出的终结——问题不再在于传统与痕迹，而是在于分割（découpe）与极限（limite）；问题不再是永久延续的根据（fondement），而是作为诸基础（fondations）的建立与更新而起作用的转换。因而，我们会看到诸疑问的整个范围如何

---

[1] 路易·阿尔都塞著，《保卫马克思》（Pour Marx），第 168 页。（中译本参见[法]路易·阿尔都塞著，《保卫马克思》，顾良译，北京：商务印书馆，1984年，第 140 页。——中译者）

* 马提阿·戈胡（1891—1976），法国哲学家、哲学史家，主攻 17 世纪哲学，著有《遵照理性秩序的笛卡尔》《马勒伯朗士》《贝克莱》《斯宾诺莎》等。

展开——其中某些疑问已然为人熟知——且历史研究的这种新形式试图通过这些疑问来构思它自己的理论:如何详细说明那些让人得以思考非连续性(discontinuité)的不同概念(界限[seuil]、断裂、割裂、突变、转换)?通过什么样的标准来区分我们涉及的单位:一门科学是什么?一部作品是什么?一种理论是什么?一个概念是什么?一个文本是什么?对于那些我们可置身其中且拥有各自的划分和分析形式的诸层次,要如何让它们变得多样化:什么是形式化的合理层次?什么是解释的合理层次?什么是结构分析的合理层次?什么是确定因果关系的合理层次?

总之,有关思想、知识(connaissances)、哲学和文学的历史研究似乎正在增加断裂并探寻非连续性的所有突起,而就狭义的历史研究,姑且就称作历史研究,似乎为了稳定的结构而抹去了事件的侵入。

★

但愿这种交错不会引起错觉。不要根据表象就以为某些历史学科会从连续走向非连续,而其他历史学科则从密密麻麻的非连续性走向没有中断的、巨大的统一;不要以为在政治、制度或经济的分析中人们会对整体的规定性越来越敏感,而在观念和知识(savoir)的分析中会越来越关注差异的重要性;也不要以为描述的这两种重要形式会相互交错却又互不相识。

事实上,每一种情况下被提出的都是这些同样的问题,但也正是这些问题在表面上导致了相反的结果。这些问题可以一言以蔽之:对**文献**(document)提出的质疑。但也不要误解：显然，从有了像历史学这样的学科起，人们就开始使用文献，查阅文献，思索文献；人们不仅问它们想要说的是什么，而且问它们是否清楚地说出真相，它们凭什么名义可以这样断言，它们是真实可靠的还是弄虚作假的，是有凭有据的还是懵懂无知的，是经过认证的还是被篡改无效的。但是，这些疑问中的每个疑问和这整个关键而巨大的不安都指向同一个目标：基于这些文献所叙述的东西——有时是只言片语——来重构那作为这些文献来源的、而今远远消失在它们背后的过去；文献一直被看作一种在此刻化为沉默的声音的言语活动（langage）*——虽踪影不彰，但幸亏有迹可循。然而，由于一种并非始于今日但也许尚未完成的突变，历史学改变了它相对于文献的位置：历史学并不将自己的首要任务定为解释文献，也不是确定文献是否为真和文献有什么表述意义，而是从内部研究文献并构思文献，即历史研究对文献进行组织、分割、分配、赋序、按层分类、建立系列、区分相关的内容与无关的内容、辨别要素、确定单位、描述关系。因此，对于历史学而言，文献就不再是这样一种毫无生机的物质，被历史学试图用来重构人类昔日的所言所行，重构过去发生的且只有痕迹残留的东西：历史研究力图在文献的组织（tissu）本身中确定单位、集合（ensembles）、系列、关系。应该使历史学摆脱它

---

* langage 与 langue 虽都可译为"语言"，但 langage 强调言语活动和语言能力，侧重语言的应用和语言技巧的掌握，用途比 langue 广泛，而 langue 则指不同种类的语言，也可以指一个集团、一门学科或一个人的用语，侧重于语言的本质和语言的分类。本书采用高名凯翻译的《普通语言学教程》的译名，langage 通常译为"言语活动"，langue 译为"语言"，parole 译为"言语"，langage 有时根据具体语境译为"语言"，但会以括号标出法语原词的形式来区别于 langue。

长期以来自鸣得意的形象,而且历史学通过这一形象找到了它在人类学中对自身正当性所做的佐证:作为上千年集体记忆的历史学借助物质文献翻新自身的回忆;历史学是对文献的物质性(matérialité)(书籍、文本、叙述、记录、条例、建筑、制度、规章、技术、物品、习俗等)的研究和使用,这种文献物质性在任何社会中一直且到处以或自发,或有组织的残留形式出现。对于本身理所当然就是**记忆**的历史来说,文献不是它的称心工具;对于社会而言,历史就是给众多与它密不可分的文献提供地位与构思的某种方法。

简而言之,传统形式的历史研究试图"记住"过去的**遗迹**(monuments),将它们转化为**文献**,促使这些痕迹说话,而这些痕迹本身通常不是口头上说出来的东西,或者它们默默地说出它们所说之物以外的其他东西。如今,历史学就是将**文献**转化成**遗迹**的过程,而且在人们曾经试图辨认前人留下的痕迹的地方,试图以间接的方式勘察前人曾经是什么样子的地方,历史学展现了大量的要素,以便它们被用于区分、组合、产生关联、建立联系、构成集合。曾有一段时间,考古学——作为研究沉默的遗迹、没有生机的痕迹、没有语境的物品和过去遗留物的学科——趋近于历史学,而且只有通过重建历史话语才能获得意义;如若玩个小小的文字游戏,我们可以说历史学如今趋近于考古学——对遗迹进行内在的描述。

这导致几个结果。首先是我们已经指出的表面效果:观念史中断裂的增殖,在狭义的历史学中对长时段的揭示。确实,历史学就其传统形式而言,赋予自身的任务,就是确定事实之间或有日期可考的事件之间的关系(简单的因果关系、循环决定的关系、对抗关系、表达关系):系列一旦给定,关键就在于明确每个要素的邻域。从此以后，问题就是构建系列，为每个系列确定它的要素、确定它的范围、揭示它特有的关系类型、提出它的法则，还要描述不同系列之间的关系，以便这样来构建系列之系列或"图表"（tableaux）：由此就产生了层的增多、层与层之间的脱离、时间的特殊性与层特有的编年学；由此产生的不仅是区分重要事件（以及一连串后果）与无足轻重事件的必要性，还有区分截然不同的层次的事件类型（一些事件转瞬即逝，另一些事件持续时间适中，例如技术的发展或货币的稀缺，还有一些进展缓慢的事件，例如人口的平衡或经济根据气候变化而发生的逐渐调整）的必要性；由此就有可能让那些定位宽泛的、由稀有事件或重复事件构成的系列显现出来。长时段在当今历史学中的出现不是回归历史哲学，也不是回归世界的伟大时代或那些由文明的命运所规定的时期，而是在方法论上审慎构思系列时所产生的结果。不过，在观念史、思想史和科学史中，同一种突变导致了相反的结果：它分解了由意识的进步或理性的目的论或人类思想的演变构成的长系列；它对聚合与完成这类主题重新提出质疑，它对总体化的可能性产生怀疑。它导致不同系列的个体化，这些系列彼此并置、前后相随、部分交叠、相互交错，但又不能将它们简化为线性图式。因此，取代这种连续的理性的时序——总是被用来追溯不可企及的起源、追溯其创始性开端——而出现的是那些有时短暂的、彼此有差异的、有违某种唯一法则的尺度，它们经常孕育着各自特有的历史类型，而且不可简化为一种正在获得、正在进展和正在回忆的意识的一般模型。

　　第二个结果是，非连续性的观念在历史学科中占据着重要地位。对于古典形式的历史学而言，非连续既是前提条件（le

donné），又是不可想象的东西：以分散事件的形式呈现出来的东西——决定、突发事件、创举、发现；为了事件的连续性能够出现而必须通过分析被扭曲、被简化、被消除的东西。非连续性曾经是历史学家负责从历史学中消除的那种时间混乱的印迹。它现已成为历史分析的基本要素之一。它在历史分析中呈现出三重功能。它首先构成历史学家有意识的操作（且不再是历史学家勉强从他需要探讨的材料中接受的东西）：因为他应当至少以系统化的假设的名义来区别分析的可能层次、每个层次特有的方法和适合它们的历史分期。非连续性也是历史学家描述的结果（且不再是在他的分析的影响下应该被排除的东西）：因为他试图发现的东西就是过程的极限、曲线的拐点、调节运动的反转、振荡的界限、运行的阈限、循环因果关系的错乱瞬间。最后，非连续性是历史学家研究工作不断详细说明的概念（而非在两种实证的形态之间将这个概念当作一致的、无差别的空隙来忽略）；根据人们给它指定的领域与层次，它采取特别的形式与功能：人们在描述知识论的界限、人口曲线的尖点或者技术之间的交替时谈及的不会是同一种非连续性。非连续性的观念是一种悖论性的观念：因为它既是研究的工具，又是研究的对象；因为它为自己划定某种范围的界限，而它是该范围的结果；因为它可以使诸领域个体化，但人们只能通过它们之间的比较来确立非连续性。因为，也许非连续性终究不仅仅是出现在历史学家话语中的概念，而且历史学家秘密地对它进行假设：的确，如果不从这种断裂——这种断裂将历史和它自身的历史作为对象赋予历史学家——出发，那么他还能从何处说话呢？新史学最基本的特点之一也许就是非连续的这种移位：非连续从障碍转移到实践；它融入历史学家的话语,它在这种话语中所发挥的作用不再是应当被简化的外部必然性,而是人们所使用的操作性概念;而且由此产生了符号的倒转,多亏这种倒转,非连续才不再是对历史性阅读的否定(它的反面、它的失败、它的能力的极限),而是规定着其对象且使其分析有效的实证要素。

第三个结果是,**总体历史**(histoire globale)的主题与可能性开始消失,而且我们会看到一种截然不同的、可被称作**一般历史**(histoire générale)的史学初具雏形。总体历史的计划旨在重建一个文明的整体形式、一个社会的——物质的或精神的——原则、一个时期的全部现象所共有的意指、解释这些现象之间的凝聚力的法则——可被隐喻地称作一个时代的"面貌"。这样一种计划与两三个假设有关。假设在非常明确的时空范围发生的全部事件之间,在被人们重新发现了痕迹的全部现象之间,人们应该能确立同质关系的系统:促使这些现象中的每种现象产生的因果关系网络,表明这些现象如何相互象征或如何全都表达唯一核心的类比关系。另外,假设历史性(historicité)的唯一形式影响着经济结构、社会稳定、心态惯性、技术习惯、政治行为,而且使它们全都服从同一类型的转换。最后假设历史本身可以被重要单位——时期或阶段——连接起来,这些重要单位本身就掌握着它们的凝聚力原则。在新史学促使系列、分割、极限、落差、差距、时序的特殊性、残留的独特形式、关系的可能类型成为问题时,这些公设遭到了新史学的质疑。但不是因为新史学尽力获得彼此并置且相互独立的那些历史的多元性:经济史的多元性与制度史的多元性并列,而且与制度史的多元性并列的还有科学史、宗教史或文学史的多元性;也不是因为新史学仅仅尽力在这些不同的历史之间指出日期的巧合或形式和意义的类似。因此，此处展开的——并确定一般历史任务的——问题，就是确定什么样的关系形式可以在这些有差异的系列之间得到合理的描述；这些系列能形成什么样的垂直系统；它们彼此之间存在着什么样的关联与支配的活动；它们之间的错位、不同的时间性、各种各样的残留会产生什么样的效果；某些要素能够同时出现在什么样的有区别的集合中；简而言之，不仅是什么样的系列的问题，而且是什么样的"系列之系列"——或言之，什么样的"图表"[2]有可能被构建起来。总体的描述使所有现象都围绕着唯一的中心——原则、意指、精神、世界观、整体形式；一般历史反而展现着弥散（dispersion）的空间。

最后一个结果是，新史学遇到某些方法论上的问题，其中的几个问题无疑早在新史学诞生前就已存在，但其中的一组问题如今成为新史学的特点。其中可列举的问题包括：一致的和同质的文献汇编（corpus）的构成（开放的或封闭的、有限的或无限的汇编），选择原则的确立（根据人们是想要彻底研讨大量文献，是按照统计抽取的方法进行抽样，还是试图提前确定最具代表性的要素），分析层次及其相关要素的确定（在研究材料中，人们可以重建数字说明，重建那些对事件、制度、实践的——明确的或不明确的——参照，恢复那些被使用的词以及它们的使用规则和它们所形成的语义范围，或者还恢复命题的形式结构以及那些使它们结合的连接类型），分析方法的

---

[2] 应该向最近出现的闲逛者指出"图表"（可能就这个术语的全部意义而言）在形式上就是"系列之系列"吗？无论如何，这都不是为了最大程度地欺骗孩子们而被放置在幻灯前的固定的小图像，孩子们在这个年龄段当然更喜欢活泼的电影。

详细说明（资料的定量处理、根据其关联被研究的某些确定特征而进行的分解、解释性的辨读、频率与分配的分析），构成研究材料的集合与子集的划界（领域［région］、时期、统一的过程），对那些可以确定集合特征的关系的规定（可以是数字的或者逻辑的关系；可以是功能的、因果的、类比的关系；也可以是能指与所指的关系）。

所有这些问题从今以后都属于历史学的方法论范围。这是值得关注的范围，且有两个理由。首先因为人们看到它在何种程度上摆脱那不久前还构成历史哲学的东西和历史哲学所提出的疑问（变化的合理性或目的论、历史知识［savoir］的相对性、在过去的惯性和现在的未完成的总体性中发现或构建意义的可能性）。其次因为它在某些点上重新切割人们在别处——例如在语言学、人种学、经济学、文学分析、神话学等领域中——重新发现的问题。如果愿意的话，这些问题的确可以用结构主义（structuralisme）这个缩略词来概括。然而这要受制于几个条件：首先，这些问题远不会单独地涵盖历史学的方法论范围，它们只占据这个范围的一部分，而这个部分的重要性会随着分析的领域和层次而发生变化。其次，除非在相对有限的情况下，这些问题都并非由语言学或人种学引入（根据如今常见的路线），而是产生于历史本身的范围——主要产生于经济史的范围并因为经济史所提出的疑问而产生。最后，这些问题绝不允许谈论历史的结构化，或者至少绝不允许谈论克服结构与变化之间"冲突"或"对立"的企图：长久以来，历史学家标定、描述和分析结构，但他们却从未觉得有必要思考他们是否任由鲜活的、脆弱的、颤抖的"历史"被遗忘。结构与变化（structure-devenir）的对立与历史范围的确定并不相关，或许与结构方法的确定也不相关。

★

历史学的这种知识论的突变至今尚未完成。不过这种突变并非刚刚开始，因为它的最初时刻也许可追溯到马克思，但它历经数年才有成效。即便在今天，尤其对思想史而言，这种知识论的突变仍然既未被注意到也未被反思，而最近出现的其他转换却能够被注意和反思——例如语言学的转换。就好像很难在人用自己的观念和知识（connaissances）再描述的这种历史研究中提出一种有关非连续性、系列、极限、单位、特殊秩序、被区分的自主与依赖的一般理论。就好像在习惯于探本求源、没完没了地追溯先行线、重建传统、追踪演化曲线、设想目的论、不断诉诸生命隐喻的情况下，人们对于思考差异、描述间距和弥散、分解同一物令人安心的形式深恶痛绝。或者更确切地说，就好像人们难以将界限、突变、独立系统、有限系列这些概念——像它们实际上被历史学家们所使用的那样——变成理论，人们难以从中得出一般结论，甚至难以从中派生出所有可能的蕴涵。就好像我们害怕在我们自己的思想的时代里思考**他者**（Autre）。

对此倒是有个理由可供解释。如果思想史可以继续为不间断的连续性提供场所，如果思想史不断地建立起任何分析不进行抽象化就不可能拆分开的连接，如果思想史完全围绕着人的言行来筹划一些先于人的言行的难以理解的综合（synthèses），并为它做好准备，将它无限地引向未来，那么思想史则为意识的至高权力（souveraineté）提供一种有特权的庇护。连续的历史是主体的基础功能所必不可少的相关方（corrélat）：它保证将逃脱主体的一切归还给主体；它坚信时间将不会扩散任何东西，除非它在重构的单位中将其复原；它承诺主体有朝一日——在历史意识的形式下——重新将所有那些因差异而远离彼此的东西据为己有，将恢复对它们的统治，而且将从中发现所谓的主体的归宿。把历史分析变成连续的话语和把人的意识变成任何变化与任何实践的原初主体（sujet originaire），是同一思想体系的两个面。就总体化的视角而言，时间就在这一体系中被构想，而且革命只不过是意识的觉醒而已。

自19世纪以来，这个主题就以不同的形式发挥着始终不变的作用：反对一切去中心化（décentrement），从而挽救主体的至高权力，挽救人类学和人本主义（humanisme）的孪生形态。通过反对由马克思——通过对生产关系、经济决定论与阶级斗争的历史分析——造成的去中心化，这个主题在19世纪末期产生了总体历史的研究，其中一个社会的所有差异都可被归结为唯一的形式、世界观的组织、价值体系的建立、一致的文明类型。这个主题以对原初根据的研究反对尼采的谱系学所造成的去中心化，这种研究把合理性变成人的**目的**（telos），而且将整个思想史与对这种合理性的捍卫、对这种目的论的维持以及向原初根据永远必要的回归联系起来。最后，近来当精神分析学、语言学和人种学的研究使主体相对于其欲望的法则、其言语活动的形式、其行动的规则或者其神话话语或传奇话语的运作而去中心化，当人被问及自己是什么之际显然不能解释自己的性（sexualité）和无意识、自己的语言（langue）的系统形式或自己的那些虚构所具备的规则性，历史学的连续性的主题又再度被激活：一种不是划分而是变化的历史；一种不是关系的运作而是内在的活力的历史；一种不是系统而是自由艰辛劳作的历史；一种不是形式而是某种意识的持续努力的历史，这种意识自己恢复清醒，并试图在自身处境的最深处再度掌握自己——这种历史既可能是长久的不间断的耐力，又可能是最终打破所有限制的运动的生机。为了发挥这种把历史充满活力的开放与结构的"静止"、"封闭的"系统、必要的"共时性"对立起来的主题，显然必须在历史分析本身中否定非连续性的使用、层次与极限的确定、特殊系列的描述、对诸差异的整个运作的揭示。因此人们不得不将马克思的学说抹上人类学的色彩，不得不使他成为一位探索总体性的历史学家，而且不得不在他的学说中重新发现人本主义的意图；人们也不得不用先验哲学的术语来解释尼采，而且将他的谱系学降至起源研究的层面；最后，人们不得不搁置如今新史学提出的方法论问题的这整个范围，就好像它尚未出现过一样。因为，如果有关非连续性、系统与转换、系列与界限的疑问经证实是在所有的历史学科（和有关观念或科学的学科以及有关经济和社会的学科）中提出来的，那么怎能就凭着某种合法性的角度把"变化"与"系统"、运动与循环调节对立起来，或者就像人们极其轻率、不加思考地说的那样，把"历史"与"结构"对立起来？

在文化总体性的主题（有人就这个主题先批评马克思然后歪曲马克思），起源研究的主题（有人先把这个主题与尼采对立起来，尔后又想把尼采移植到这个主题中），与鲜活的、连续的和开放的历史的主题之上，正是同一种保守功能在起作用。因此，每当在历史的分析中——而且尤其是在关系到思想、观念或知识（connaissances）的时候——看到有人以极其明显的方式使用非连续性与差异的范畴,使用界限、断裂与转换的观念,使用系列与极限的描述,人们就会痛骂历史被谋杀了。在这里,人们所要揭露的是一种对历史不受时效约束的权利与对任何可能的历史性的根据的谋杀。但不应被此欺骗:人们如此强烈痛惜的不是历史的消失,而是这种曾经秘而不宣但又整个关系着主体综合性活动的历史形式被抹去;人们痛惜的是这种变化,它应该向意识的至高权力提供一种比神话、亲缘关系系统、语言、性或欲望更加安全、更不暴露的庇护;人们痛惜的是这样一种可能性,即它通过计划、意义的研究或总体化的运动来重新激活物质决定论的运作、实践规则的运作、无意识系统的运作、严格而未经反思的关系的运作、逃避任何亲身体验的关联的运作;人们痛惜的是对历史的这种意识形态式的运用,试图通过这种运用来恢复人类一个多世纪以来不断漏掉的一切。人们将往昔的全部宝藏都堆积在这种历史的旧堡垒中,相信它坚固无比,将它神圣化,将它当作人类学思想的最后场所。人们相信能够在其中捕获那些猛烈抨击它的人本身,相信能够将他们变成警惕的守卫者。但历史学家们抛弃这个旧堡垒已经很久了,他们另辟新领域;人们甚至发觉马克思或者尼采没有承担起委托给他们的保卫职责。不应再指望他们来守卫某些特权,也不应再指望他们再次断言——但谁也不知道在如今的困境中是否还需要这些特权——历史至少是鲜活的、连续的,历史对于遭受质疑的主体而言是休憩、确信、和解的场所——安然入睡的场所。

　　正是基于这一点,我确立了自己的一项研究,《古典时代疯狂史》(*Histoire de la Folie à l'âge classique*)*、《临床医学的诞生》(*Naissance de la Clinique*)**、《词与物》(*Les Mots et les Choses*)*** 都勾勒出它的轮廓，尽管不甚完美。我试图借着这项研究来衡量一些通常发生在历史领域中的突变；在这项研究中，观念史特有的方法、极限、主题遭到质疑；我试图借着这项研究从观念史中清理掉最新出现的人类学束缚；这项研究反过来要揭示这些束缚是如何形成的。就是这些任务曾被相当零乱地概述过，而且它们的一般性连接（articulation）未被清晰

---

* 1960年，福柯在1954年出版的《精神疾病与人格》(*Maladie mentale et personnalité*)（该书于1962年出版修订本，更名为《精神疾病与心理学——疯狂史》[*Maladie mentale et psychologie. Histoire de la Folie*]）的基础上完成了长达943页的国家博士论文《疯狂与非理性——古典时代疯狂史》(*Folie et déraison. Histoire de la folie à l'âge classique*)，福柯于1961年5月以优异成绩通过博士论文答辩，同年由巴黎普隆出版社出版。1964年，10/18出版社以《古典时代疯狂史》(*Histoire de la Folie à l'âge classique*) 为名出版了该书的缩写本，1965年，英译本在缩写本的基础上以《疯狂与文明——理性时代的疯狂史》(*Madness and Civilization: A History of Insanity in the Age of Reason*) 为名出版。1972年，该书出版了第二版修订本，放弃了主标题，保留了副标题，更名为《古典时代疯狂史》，增加一篇新序言。

** 《临床医学的诞生》(*Naissance de la Clinique. Une archéologie du regard médical*) 于1963年由法国大学出版社出版，1972年出版修订版，该书上承《古典时代疯狂史》的重要主题，下启《词与物》的深入探索，是福柯的第二部重要著作。

*** 《词与物》(*Les Mots et les Choses. Une archéologie des sciences humaines*) 于1966年由法国伽里玛出版社出版，1972年以《物之序》(*The Order of Things: An Archaeology of the Human Sciences*) 为名出版英译本。虽然"知识考古学三部曲"(《古典时代疯狂史》《临床医学的诞生》《词与物》) 给福柯带来极高的声誉与名望，但福柯对这三部著作的有关叙述并不满意，于是他在《词与物》出版后计划写该书的续篇《过去与现在：再论人文科学的考古学》，不过该计划并未完成，但福柯在1966年9月至1968年10月任教突尼斯大学期间完成了《知识考古学》的写作，分析和阐述这三部著作存在的问题，力图从理论和方法上进行反思与总结，因而《知识考古学》被认为是福柯前期思想的概括与升华，是《词与物》的"理论补充"或"理论附录"。

地确定下来。现在是将这些任务连贯起来——或至少要操练起来——的时候了,而这本书就是这样操练的结果。

在开始论述之前,谨提出几点注意事项,以免引起任何误解。

——关键不在于将一种在其他分析范围中经受考验的结构主义方法转移到历史领域中,尤其是转移到知识(connaissances)的历史领域中。关键在于展现一种正在历史知识(savoir)领域中臻于完善的、原生性的转换的原则与结果。让这种转换以及它提出的问题、它运用的方法、在这种转换中被确定的概念、它获得的结果在某种程度上都与所谓的结构分析毫不相干,这的确是有可能的,但这不是此处被特别使用的分析;

——关键不在于(且更不在于)运用文化总体性的范畴(无论是世界观、理想类型,还是时代的独特精神)来将结构分析的形式强加给历史,而不管历史愿意与否。被描述的系列、被规定的界限、被建立起来的比较与关联并不依据以前的历史哲学,反而它们的目的是重新质疑目的论与总体化;

——关键在于确定一种摆脱人类学主题的历史分析方法,正是在这样的情况下,我们看到这种如今正在成形的理论与已经完成的调查研究保持着某种双重的关系。笼统地说(且不无大量修正和大量构思),这种理论试图提出这些研究过程中使用过或出于某种原因的需要打造出来的方法。但另一方面,这种理论强化那些为了确定一种不受任何人类学中心主义(anthropologisme)污染的分析方法而获得的结果。这种理论所赖以存在的基础是它探索过的。对疯癫与心理学的出现、疾病与临床医学的诞生、生命科学、语言（langage）科学和经济科学的调查研究在一定程度上是盲目的试验：但这些试验渐渐变得清楚明了，不仅因为它们逐渐明确它们的方法，而且因为它们——在这场有关人本主义与人类学的争论中——发现了它的历史可能性的位置。

简而言之，就像前面提到的那些论著一样，这本书不会——至少不会直接也不会首先——参与有关结构（而不是起源、历史、变化）的争论，而是属于这样一个范围，有关人类、意识、起源和主体的疑问在其中出现、交叉、混杂和被规定。但说结构的问题也从这里产生，或许也不会错。

这项研究并不是对人们可在《古典时代疯狂史》、《临床医学的诞生》或《词与物》中读到的内容的重新修订和确切描述。它在许多方面都与它们有所不同，其中也不乏包含着一些纠正和内部批评。一般说来，《古典时代疯狂史》用相当大且令人费解的篇幅来描述所谓的"体验"（expérience），由此指出人们在何种程度上接受匿名的、一般的历史主体。在《临床医学的诞生》中，多次尝试的对结构分析的求助，有可能回避所提问题的特殊性和考古学特有的层次。最后在《词与物》中，明确的方法论标示的缺失能够使人相信那些根据文化总体性所进行的分析。我未能避免的这些危险让我忧心忡忡：我安慰自己说，这些危险也被列入这项研究本身，因为这项研究为了采用自己的尺度需要使自身摆脱历史研究的这些各种各样的方法与形式。其次，如果没有这些向我提出来的疑问[3]，没有这些因之而起的困难，没有反对意见，那么我就不可能看到这项不管我愿意与否从今以后都要与我有关的研究如此清晰地显现出来。因此，我撰写这本书时小心谨慎、蹒跚前行：它时刻保持距离，从各个方面确立自己的尺度，探索着自己的极限，与它不想表达的意思碰撞，为确定自己的路线挖沟开路。它时刻揭露着可能出现的混淆。它拒绝同一性（identité），不无事先说明：我既非此亦非彼。大多数时候，它都不吹毛求疵；它不认为所有人在各个方面都会弄错。它通过其邻域的外部性来确定独特的位置；它——不想通过断言其他人的话语都是空话来迫使他们沉默——试图确定我可在其中说话且在我觉得如此不稳定的、还相当不明确的话语中慢慢形成的这个空白空间。

★

——您对您说的没把握吗？您又要针对有人向您提出的疑问改变观点、变换立场，说那些反对意见真就没有击中您发言的要害吗？您准备又一次说您从来就不是别人指责您的那样吗？您已经安排了脱身之计，可以让您在下一本书中重新出现在其他地方并像您现在所做的这样嘲弄说：不，不，我不在你们窥伺我的地方，而是在我笑着打量你们的地方。

——啊！什么！您能想象我写作时承受了多少痛苦，又感

---

〔3〕 尤其是这本书的最初段落以稍有不同的形式对巴黎高等师范学校的知识论小组（Cercle d'Épistémologie）提出的疑问（参见《分析手册》[Cahiers pour l'Analyse]第9期）做了回答。另外，某些详细阐述的提纲曾被用来答复《精神》（Esprit，1968年4月）的读者。

受到多少快乐，如果我不准备——以一只有点兴奋的手——制造这样一个迷宫，在迷宫中冒险、改变意图，为迷宫开通地道，迫使其越走越远，从迷宫中找到那些简化和扭曲其路线的突出部分，并让我自己迷失在迷宫中，最终出现在本来永远不用再面对的目光之下，您觉得我还会执着地埋头写作吗？不止一人——可能就像我这样——写作是为了不再拥有自己的面孔。不要问我是谁，也别要求我一成不变：这是一种身份（état-civil）的伦理；它决定着我们的身份证件。但愿它让我们在写作时获得自由。

第二章 话语的规则性

1. 话语的单位

非连续性、断裂、界限、极限、系列、转换等概念的使用不仅向所有的历史分析提出程序的疑问,而且提出理论的问题。这里要被研究的就是这些问题(程序的疑问将在以后的经验性调查中被考虑;如果我至少有机会、欲望与勇气来着手研究它们的话)。它们仍只会在特殊的范围内被考虑:在那些边界如此不确定、内容如此不明确以至被称为观念史、思想史、科学史或知识(connaissances)史的学科中。

首先有一项否定性的工作要完成:摆脱一整套以各自方式使连续性主题多样化的观念。这些观念大概都不具有极其严密的概念结构,但它们的功能是明确的。比如传统的观念:它旨在给一组既接连的又同一的(或至少是类似的)现象赋予一种独特的时间地位;它能使人以同一的形式来重新思考历史的弥散状态;它允许减少任何开端特有的差异,以便毫不间断地追溯着对起源的永无止境的确定;多亏传统,人们才能把新事物从持久不变的背景下分离出来，而且能将新事物的优点转移给原创性、天赋、个体特有的决心。又比如影响的观念：它给转达与传递的事实提供支撑——这种支撑如此神奇，以致不能被充分分析；它把相似或重复的现象归结于因果变化的过程（但没有严格的划界，也没有理论的定义）；它远距离地、通过时间——好像通过传播环境的中介一样——把个体、作品、观念或理论等确定的单位联系起来。再如发展的观念与进化的观念：它们可以重组一连串分散的事件，将这些事件与唯一的组织原则联系起来，使这些事件经受典范性的生命力（以及生命的适应活动、革新能力、不同要素之间的连续不断的关联、同化与交换的系统），发现一致性原则和未来统一性的雏形已经在每个开端起作用，通过一种在从不是既定的、一直起作用的起源与终结之间的永远可逆的关系来掌握时间。还有"心态"的观念或"精神"的观念：它们可以在既定时代同时发生或相继出现的现象之间建立共同的意义、象征的联系、相似与反映的活动——或者它们促使集体意识的至高权力作为统一和阐释的原则出现。应该重新质疑这些现成的综合、这些通常未经任何检查就被接受的组合、这些从一开始其有效性就被承认的关系；应该驱逐这些模糊的形式和力量，人们习惯通过它们来连接那些存在于它们之间的人类话语（discours）；应该将它们从其盘踞的阴影中驱逐出去。不应该任由它们自发地产生价值，倒应该同意它们出于方法上的考虑而首先只涉及众多分散的事件。

还应该追究我们耳熟能详的那些划分或组合。我们能原样地接受重要话语类型之间的区分或者形式或种类之间的区分吗？这些形式或种类使科学、文学、哲学、宗教、历史、小说等门类相互对立，并使它们具有各种鲜明的历史特色。在我们的话语世界中，我们自己对这些区分的使用都没有把握。更何况关键要分析那些在其表达的时代中就以完全不同的方式被分配、被分类和被确定特征的陈述集合（ensembles d'énoncés）*：毕竟"文学"和"政治学"是新出现的范畴，它们只有通过回溯性的假设、形式类比或语义相似的手法才能被应用于中世纪文化，或者甚至还被应用于古典文化；然而，无论是文学、政治学，还是哲学与科学在 17 世纪或 18 世纪都没有像它们在 19 世纪那样构成话语范围（champ du discours）。不管怎样，这些划分——无论涉及我们接受的划分还是涉及与被研究的话语同时代的划分——本身永远是自反性的范畴、分类的原则、规范性的规则、制度化的类型：它们转而是一些话语事实（faits des discours），与其他话语相比是值得被分析的；它们之间肯定具有复杂的关系；但它们不是这些关系内在的、原生的与普遍可辨认出来的特征。

但是，尤其那些应该被悬置的单位就是以最直接的方式让人接受的单位：书的单位与作品的单位。表面上，这些单位不用过激的手法就能被消除吗？它们不是以最肯定的方式被给

---

*　énoncé 和 énonciation 在词源上来自动词 énoncer，分别表示陈述出来的内容和进行陈述的行为。法国语言学家本维尼斯特（Émile Benveniste）对这两个词进行了区分，他首先使用 énonciation 来研究话语在特定社会语境中的运作，是指与时间和空间相联系的言说行为，énoncé 是指这一言说行为的结果。雅克·拉康（Jaques Lacan）借鉴了本维尼斯特的区分，将 énoncé 与意识、énonciation 与无意识联系起来，提出了分裂的主体——sujet de l'énoncé 与 sujet de l'énonciation。但在汉语的语境中，énoncé 与 énonciation 难以进行区分，而且经常被混用，本书虽将 énoncé、énonciation 都译作"陈述"，但将 énonciation 用"陈述（énonciation）"这一附注原文的形式加以区别，个别情况会译作"陈述行为（énonciation）"。此外，énonciatif 是 énonciation 的形容词形式，指"与陈述行为相关的""陈述行为的"，本书译作"陈述的"。

定吗？存在着书的物质性的个体化，它占据着一个被规定的空间，具有经济价值，而且它自行通过某些符号来标出开头与结尾的界限；存在着作品的确立，人们是通过把某些文本归于作者来予以承认和划定界限的。然而一旦人们对此稍加思考，困难就会随之产生。书的物质单位？如果涉及诗歌选集、遗作汇编、《圆锥曲线论》(*Traité des Coniques*)^{*}或一卷米什莱（Jules Michelet）的《法国史》(*Histoire de France*)^{**}，它们的物质单位是一样的吗？如果涉及《骰子一掷永远取消不了偶然》(*Un coup de dés*)、《吉尔·德·莱斯案》(*Le Procès du Gilles de Rais*)^{***}、米歇尔·布托（Michel Butor）的《圣马可的描述》(*Description de San Marco*)^{****}或者天主教的祈祷书，它

---

* 《圆锥曲线论》是古希腊数学家阿波罗尼奥斯（Apollonios de Perga，约公元前262—前190年）的经典巨著，他与欧几里得、阿基米德齐名，他在前人研究的基础上创立了完美的圆锥曲线理论。《圆锥曲线论》自16世纪陆续被译成拉丁文，引发了人们对几何的浓厚兴趣，突破了传统几何的局限，促进了现代几何学的发展。

** 米什莱（1798—1874），法国历史学家，以文学风格的语言撰写历史著作，情理交融，独树一帜，著有《罗马史》《法国史》《法国大革命史》等。

*** 此处原文存在歧义，可以是指吉尔·德·莱斯案本身，也可以是指《吉尔·德·莱斯案》这本书，从上下文判断应该是指法国作家乔治·巴塔耶（Georges Bataille，1897—1962）以此案为原型撰写的《吉尔·德·莱斯案——蓝胡子事件》一书，但原文可能排版有误，并未以法文书名的格式标明。吉尔·德·莱斯（Gilles de Rais，1404—1440），英法百年战争时期法国元帅、圣女贞德的亲密战友，曾被誉为民族英雄。贞德被俘后，他退隐研究炼金术，虐杀儿童数百人，后被施以火刑处死，他被视为西方童话传说反派人物"蓝胡子"的现实原型之一。乔治·巴塔耶的《吉尔·德·莱斯案——蓝胡子事件》追溯了吉尔·德·莱斯案错综复杂的历史真相，给出了与大众眼中的"蓝胡子"恶棍截然不同的看法，成为表现"兽性、性、死亡"的绝佳案例。

**** 米歇尔·布托（1926—2016），法国新小说派代表作家之一，作品有《米兰弄堂》《时绪化忆》《变》等。《圣马可的描述》是布托于1963年出版的画论，福柯此处简写了书名。

们的物质单位是一样的吗？换句话说，某卷书的物质单位从它所支撑的话语单位（unité discursive）的角度来看不是不牢固的、附属的单位吗？但轮到这种话语单位就是同质的、可以统一应用的吗？司汤达（Stendhal）的小说或陀思妥耶夫斯基（Dostoïevski）的小说不像《人间喜剧》（*La Comédie humaine*）的各部小说那样具有特性；轮到《人间喜剧》的各部小说就不像《尤利西斯》（*Ulysse*）之于《奥德赛》（*L'Odyssée*）那样相互区分。因为书的边缘从不清楚明了，也从未被严格地划分：在它的题目、开篇数行文字与句号之外，在它的内部布局与自律的形式之外，它陷入一个参照其他书、其他文本、其他句子的系统中——书就是网络中的结。而且这组参照不是同源的，要根据人们所讨论的数学论著、文本评论、历史叙述、章回小说（cycle romanesque）中的一回的情况而定；在每种情况下，书的单位即便被理解为关系簇（faisceau de rapports），它也不能被看作是同一的。书枉为人的手中物，白白地蜷缩在这小小的、封闭它的平行六面体中：它的单位是可变的、相对的。一旦有人考问它，它就会失去它的自明性；它只有基于复杂的话语范围才会显示自身、建构自身。

　　至于作品，它引起的问题更加棘手。然而，表面上还有什么更简单的东西吗？它是一些可以由专有名词的符号指称的文本。不过，这种指称（即便归因［attribution］问题被抛到一边）不是一种同质的功能：作者的名字可以同一方式用来指一个他自己署名的文本、一个他用笔名发表的文本、另一个他死后被重新发现但还处于草稿状态的文本，还指另一个只是乱写、笔记本、"纸"之类的文本。全集或作品（opus）的确立意味着某些难以说明理由甚至难以明确表达的遴选：只要把作者打算付梓的和只因他死亡而未完成的那些遗稿增补到他已经出版的作品中就足够了吗？还应该编入所有的草稿、初稿、修改和删减的部分吗？应该增补那些被放弃的写作提纲吗？而且作者的书信、日记、被报道的谈话、听众的记录，简而言之就是一个人去世时留下的、在复杂纷乱的情境中使用许多不同的语言（langages）发表的大量文字痕迹，应该赋予它们什么样的地位呢？不管怎样，"马拉美"（Stéphane Mallarmé）这个名字不会以同样的方式关系着他译成英语的那些翻译练习（thémes）、他翻译的爱伦·坡（Edgar Allen Poe）的作品、他的诗歌或他对调查问卷的回答。同样，也不是同一种关系存在于下述两者之间：一方面是尼采这个名字，另一方面是尼采青年时代的自传体作品、学校论文、语文学文章、《查拉图斯特拉如是说》（*Zarathoustra*）、《瞧，这个人》（*Ecce homo*）、书信、签有"狄奥尼索斯"（Dionysos）或"尼采大帝"（*Kaiser Nietzsche*）的最后一批明信片、洗衣店账单与格言草稿混杂在一起的无数小本子。事实上，人们之所以这么乐意谈论作者的"作品"，却对其未多思索，乃因为人们假设作品被某种表达功能所确定。人们承认这样的看法——应该有这样一个层次（同必然把它想象得那样深），在这个层次上，作品在它所有的，甚至最细小的和最不重要的片段中显示为作家的思想、体验、想象或无意识的表达，或者还显示为作者陷入其中的历史规定性的表达。但人们马上会明白，这样一种单位远不是直接给定的，而是由某种操作构建的；人们马上还会明白，这种操作是阐释性的（因为它从文本中辨认出对文本既隐藏又显露的某种东西的记录）；人们最终会明白，这种在其单位上规定作品和由此规定作品本身的操作，无论是涉及《戏剧及其重影》(*Théâtre et son double*)的作者还是涉及《逻辑哲学论》(*Tractatus*)的作者*，都将是不一样的，因此，在每种情况下，人们将不会在同一种意义上谈论"作品"。作品既不能被看作是直接的单位，也不能被看作是确定的单位，还不能被看作是同质的单位。

　　最后要小心谨慎地排除那些未经反思的连续性，而它们事先被用来组织人们想要分析的话语：摒弃两个彼此相关而又相互对立的主题。一个主题希望在话语的秩序中确定真正事件的突然侵入是永远不可能的，希望在任何明显的开端之外永远存在着秘密的起源——它如此秘密、如此原始，以至于人们从不能完全从它本身重新掌握它。因此，人们注定要通过幼稚的编年学被引向一个从未在任何历史中出现的、无限退却的起点；这个起点本身只可能是它自己的虚空；基于这个起点，所有的开端都只能是重新开始或遮掩而已（说真的，只此一举就会导致此与彼）。根据与这个主题相关的另一个主题，所有明显的话语都秘密地建立在一种"已说之物"(déjà-dit)的基础上；这种"已说之物"不只是一个已经被说出来的句子、一个已经被写就的文本，而且是一种"从未说之物"(jamais dit)、一种无形的话语、一种与气息一样缄默的声音、一种只是自己痕迹的空洞部分的书写。人们由此假设话语有时要表达的一切已经在这种先于话语的半沉默(demi-silence)中被说出来，这

---

* 《戏剧及其重影》是法国戏剧理论家、演员和诗人阿尔托（Antonin Artaud，1896—1948）的戏剧论文集，提出了"残酷戏剧"的理论。《逻辑哲学论》的作者是分析哲学代表人物维特根斯坦（Ludwig Wittgenstein，1889—1951）的成名作和代表作。福柯在此并未写出这两本书的作者名字，意在突出备受质疑的"作者"这个单位。

种半沉默继续在话语下面执拗地流传，而话语却将它遮蔽，使它沉默。明显的话语毕竟只可能是它未被说出部分的抑制性出现；而且这种"未说之物"（non-dit）是从内部削弱掉一切被说出来的东西的空洞部分。第一个主题使话语的历史分析注定是对逃避任何历史规定性的起源的探寻与重复；第二个主题则使话语的历史分析注定是对一种同时可能是"未说之物"的"已说之物"的解释或聆听。应该抛弃所有这些主题，它们的功能是保证话语的无限连续性与话语在缺席一直更新的活动中面向自身的隐秘在场。应该准备接受话语在它的事件侵入、它出现的这种准时、这种时间弥散中的每个时刻，而这种时间弥散则使话语被重复、被理解、被遗忘、被转换，甚至从话语更微小的痕迹中被消除，被埋藏在书籍的尘埃中，得不到任何关注。不应该使话语诉诸起源的遥不可及的在场，应该把它放在其层级（instance）的运作中进行探讨。

因此，连续性的这些先决形式、所有这些未被问题化和被理所当然利用的综合都应该被束之高阁。当然，最终不应该拒绝它们，而应该扰乱人们接受它们时的那份心安理得；应该指出它们不是与生俱来的，它们永远是建构的结果，关键要知道建构的规则并对建构的辩解进行检验；应该确定某些规则和辩解在哪些条件下和为了哪些分析是合理可行的；应该指出那些无论如何都不能再被接受的规则和辩解。比如说，"影响"或"进化"这两种观念的确有可能属于一种——在一段或长或短的时间里——将它们弃置不用的批评。但是，"作品"和"书"，或者还有那些像"科学"或"文学"一样的单位，它们应该永远被弃用吗？应该把它们看作幻想、不合理的建构、艰难获得的结果吗？应该放弃对它们即便是临时性的任何依靠、绝不给它们下定义吗？实际上，关键在于使它们摆脱它们的准–自明性，释放它们所提出的问题；关键在于承认它们不是寂静之所，人们基于此并不能提出其他一些（关于它们的结构、一致性、系统性、转换）疑问，不过关键在于承认它们自身也提出一整组疑问（它们是什么？如何确定它们或限定它们？它们能够遵从哪些不同类型的法则？它们能具有什么样的连接？它们能够产生哪些子集？它们在话语范围中促使哪些特殊现象出现？）。关键在于承认它们也许终究不是人们乍一看就相信的东西。总之，关键在于承认它们需要一种理论；而且关键在于承认，要是它们被建构所基于的话语事实的范围不会在其非综合的纯粹中出现，那么这种理论就不可能产生。

　　至于说到我自己，我也仅止于此：我将会把所有既定的单位（如精神病理学、医学或政治经济学）作为我研究的起点，但我将不会置身于这些令人生疑的单位的内部来研究它们的内在布局或隐秘矛盾。我只有在考虑下述问题时才会利用它们：它们形成什么样的单位；它们能以什么样的权利要求在空间中规定它们的领域和在时间中使它们个体化的连续性；它们根据什么样的法则形成；它们在什么样的话语事件的背景下突显出来；它们最终是否在其可被接受的、准制度性的特征中不是那些更坚实的单位的表面效果。我将接受历史学向我提出的那些集合，只为了立刻对它们进行质疑，只为了澄清它们和弄明白它们能否被合理地重构，只为了弄明白是否不必重建其他一些集合，只为了将它们重新置于更一般的空间中，而这个空间可通过消除它们表面上的亲密性来创造它们的理论。

　　一旦连续性的这些直接形式被中止，整个领域确实就被解放了。这个领域虽然十分广阔，但仍能被确定：它由所有实际的（无论它们是口头的还是书写的）陈述的集合构成，这发生在这些陈述作为事件的弥散和每种陈述特有的层级之中。在人们确信同科学或小说、政治话语、作者的作品乃至书打交道之前，人们不得不探讨的原始中性的材料是一般话语空间中的众多事件。由此便出现了有关**话语事件的描述**的计划，作为研究那些在描述中形成的单位的视域。这种描述很容易区别于语言分析。当然，人们只有在使用一组陈述或一批话语事实时才能建立语言系统（如果它不能被人为地建构的话）；不过，关键因此要基于这个具有样本价值的集合来确定一些规则，而这些规则可让人们有可能建构这些陈述之外的其他陈述：即便一种语言消失了很久，即便没有人再说它和人们根据稀少的断简残篇来恢复它，它对于那些可能的陈述而言总是会构成一种系统——正是规则的有限集合才准许无数的语言运用。而话语事件的范围则是那些被表达的、独一无二的语言序列之永远有限且当下受限制的集合。这些语言序列可能是不可胜数的，它们大多数的确能超出任何有关记录、记忆或阅读的能力——然而它们却构成一个有限集合。语言分析针对任意话语事实所提出的疑问永远是：某种陈述根据什么样的规则被建构起来？而且其他类似的陈述由此又可以根据什么样的规则被建构起来？话语事件的描述则提出截然不同的疑问：怎么会是某种陈述出现而不是其他陈述取而代之呢？

显然这种话语描述也与思想史形成对立。即便如此，人们还只有基于明确的话语集合才能重构思想体系。但这种集合以这样的方式被探讨，以至于人们试图在陈述本身之外重新发现言说主体（sujet parlant）的意图、他的意识活动、他想要说的意思，或者还重新发现那不由自主地出现在他说出的东西中或出现在他明显的言语中几乎不可感知的裂缝之中的无意识活动；无论如何，关键在于重构另一种话语，重新发现那种从内部赋予人们所听到的声音以活力的、缄默无声的、咕咕哝哝的、滔滔不绝的言语，重建微不足道的、不可见的文本，这种文本穿梭于字里行间，有时还被弄得乱七八糟。思想分析相对于它所使用的话语而言永远是**充满寓意的**。它的疑问必定是：在被说出的东西中，到底什么被说出来了？话语范围的分析则以截然不同的方式被定位；关键在于把陈述放在它的事件的狭隘性和独特性（singularité）中来把握，决定它的存在的条件，最准确地确定它的极限，建立它和其他可能与之相关的陈述之间的关联，指出陈述排斥什么样的其他陈述（énonciation）形式。人们不用在明显的内容下面探寻另一种话语若隐若现的闲言碎语。人们应该指出为什么是这种话语而不可能是另外的话语，它在什么方面排斥任何其他话语，它如何在其他话语中间和相对于其他话语来占据任何其他话语都不能占据的位置。人们可以这样提出这种分析所特有的疑问：从被说出的东西中而不是从其他地方出现的这一独特存在到底是什么？

 人们应该思量，如果关键最终就在于重新发现人们一开始就佯装提出质疑的那些单位，那么对所有被接受的单位的这种悬置最终有什么用？实际上，系统地消除所有既定的单位首先可以使陈述恢复它作为事件的独特性，而且可以指出非连续性不仅在历史地质学中而且已经在陈述的简单事实中是形成断层的那些重要意外因素之一；人们使陈述出现在它对历史的侵入中；人们试图审视的是陈述所构成的这种切口、这种不可简化的——并且经常是极微小的——显现。不管陈述多么得平淡无奇，不管人们在结果上把陈述想象得多么无关紧要，不管陈述出现后能多么快地被忘掉，不管人们假设陈述是多么地难以理解或难以辨认，陈述一直都是无论语言还是意义都不能完全使之枯竭的事件。当然陈述是一种奇特的事件：首先，一方面因为它与书写的动作或言语的表达密切相关，而另一方面因为它在记忆的范围中或在手稿、书籍和任何记录形式的物质性中向自身展现了一种残留性的存在；其次，因为它像任何事件一样都是唯一的，但又因为它受制于重复、转换、再激活；最后，因为它不仅与引起它的情境和它导致的结果有关，而且同时又以一种完全不同的样态（modalité）与那些在它前后出现的陈述有关。

但是，如果人们相对于语言和思想来区分陈述事件（événement énonciatif）的层级，那不是为了散播无数的事实，而是为了确保不要把这种层级与那些纯粹是心理的综合操作因素（作者的意图、他的精神的形式、他的思想的严密性、萦绕着他的主题、贯穿他的存在并给他提供意指的计划）联系起来，为了能够掌握规则性的其他形式与关系的其他类型。这些关系包括陈述之间的关系（即便这些关系避开作者的意识；即便涉及那些不会出自同一个作者的陈述；即便作者们互不相识），由此被建立起来的陈述群之间的关系（即便这些陈述群不会涉及相同的领域，也不会涉及临近的领域；即便它们没有相同的形式层次；即便它们不是可确定的交换的所在），陈述或陈述群与属于截然不同的（技术、经济、社会、政治的）秩序的事件之间的关系。揭示话语事件得以展开的纯粹空间，不是要在任何东西都不可能克服的区分中重建这个空间，不是将它进行自我封闭，而是要自由地在它之中、在它之外描述关系的运作。

对话语事实进行这样一种描述的第三个好处是，通过把话语事实从所有充当自然的、直接的和普遍的单位的组合中解放出来，人们有可能描述其他单位，不过这次要通过一组被掌握的决定来实现。只要人们清楚地确定这些决定的条件，基于一些被正确描述的关系来建构一些不是任意的却仍不可见的话语集合就可能是正当合理的。当然，这些关系从不可能为了自身而在那些可疑的陈述中被提出来（例如，当话语赋予自身以小说形式或话语属于一系列数学定理时，它们就不同于这些被话语本身提出来和说出来的明确的关系）。然而，这些关系绝不会构成秘密的话语，同时它们从内部激活那些明显的话语；因此，不是对陈述事实（faits énonciatifs）的解释能够把这些关系阐释清楚，而恰恰是对它们的共存、更迭、相互作用、相互决定、独立的或相关的转换所进行的分析能够做到这一点。

然而，要排除这样的看法：人们没有定位就能描述所有可能这样出现的关系。首先应该近似地接受暂时的划分：如有必要就将会被分析弄乱和重组的最初领域。如何划出这个领域的界限？一方面，应该凭借经验选择一个领域，其中的一些关系可能是众多的、密集的和相对容易描述的：话语事件在什么样的其他领域中似乎比在人们一般用科学术语确定的领域中相互联系得最密切并依据更好辨认的关系？但另一方面，如果不诉诸那些不够形式化的话语群，且在陈述似乎未必就按照纯粹的句法产生的情况下，那么如何在陈述中最有可能重新抓住陈述的存在和陈述出现的规则的时机而不是重新抓住陈述的形式结构和建构法则的时机？如果从一开始就没提出相当广大的领域、相当宽广的年代标尺，那么如何确信人们将摆脱诸如作品一类的划分方式、诸如影响一类的范畴？最后，所有这些关系着言说个体、话语主体（sujet du discours）、文本作者的考虑欠周的单位或综合，简而言之，所有这些人类学的范畴，如何确信人们就不会被它们欺骗呢？如果有可能不考虑这些范畴得以构成所经由的陈述集合——选择诸话语的主体（它们自己的主体）作为"对象"并试图将这一主体作为知识（connaissances）的范围予以展开的陈述集合，那又会如何？

这实际上解释了我赋予这些话语的特权，可以极其简要地说这些话语确定着"人的科学"。但这也仅仅是开端的特权。应该牢记两个事实：话语事件的分析绝不受限于这样一个领域；另外，对这个领域本身的划分不可被看作是最终的，也不可被看作是绝对有效的，关键在于一种初级的、应该可以使一些关系出现的近似（approximation），而这些关系有可能消除这种初始轮廓的界限。

2. 话语形成

因此，我试图描述陈述之间的关系。我小心谨慎，不会承认那些可能向我提出来和习惯上交给我支配的单位中的任何一个单位是有价值的。我决定不忽略非连续性、割裂、界限或极限的任何形式。我决定在话语范围中描述诸陈述和它们可能形成的关系。依我所见，两个问题系列马上就会出现：一个系列——我暂且将其搁置，稍后再加讨论——涉及我对陈述、事件、话语这三个术语不合规定的使用；另一个系列涉及那些被留在其暂时的、可见的组合中的陈述之间被合理描述的关系。

例如，有一些陈述呈现出来——这可从一个不难确定的日期开始——好像属于政治经济学或生物学、精神病理学；

还有一些陈述呈现出来，属于那些源远流长的——几乎没有起点的——连续性，它们可被称作语法学或医学。但这些单位是什么？怎能说托马斯·威利斯（Thomas Willis）[*]进行的脑疾分析与让－马丁·沙可（Jean-Martin Charcot）[**]的临床医学属于同一种话语秩序？威廉·配第（William Petty）[***]的创造（invention）与冯·诺依曼（John von Neumann）[****]的计量经济学是一脉相承的吗？波尔－罗瓦雅尔学派（Port-Royal）[*****]的语法学家们对判断进行的分析与印欧语言中元音变化的标记属于同一个领域吗？医学（la médecine）、语法学（la grammaire）、政治经济学（l'économie politique）到底是什么？它们只不过是当代科学对它们各自的过去产生错觉所经由的回溯性重组吗？它们是一劳永逸地被确立的、随着时间的流逝而最终发展起来的形式吗？它们是否包含着其他一些单位？在所有这些以惯常而又坚定的方式形成谜一般整体（masse）的陈述之间，

---

[*] 托马斯·威利斯（1621—1675），英国神经解剖学家，首次使用"神经学"（neurology）一词，被认为是神经科学的创始人，著有《大脑解剖学》。

[**] 让－马丁·沙可（1825—1893），法国神经学家，现代神经病学奠基人，以癔症治疗和催眠术著称，著有《神经系统疾病讲稿》等。

[***] 威廉·配第（1623—1687），英国古典政治经济学的创始人、统计学的创始人，担任过医生、解剖学教授和音乐教授，著有《赋税论》《政治算术》《货币略论》等。

[****] 冯·诺依曼（1903—1957），美籍匈牙利数学家、物理学家，在数学、计算机、博弈论、核武器等领域做出了重要贡献，被称为现代计算机之父、博弈论之父，著有《博弈论与经济行为》（与奥斯卡·摩根斯特恩合著）、《计算机与人脑》等。

[*****] 17世纪中期唯理语法学派代表人物安托万·阿尔诺和克洛德·朗斯洛在巴黎郊区著名的波尔－罗瓦雅尔（Port-Royal）修道院合编语法著作《普遍唯理语法》（Grammaire générale et raisonnée，1660年），又称《波尔－罗瓦雅尔语法》，因而该学派又被称为波尔－罗瓦雅尔学派。

到底有什么类型的联系可以有效地被辨认？

　　第一个假设——在我看来是最有可能、最容易检验的假设：形式上各有不同、分散在时间中的陈述如果指涉唯一对象，那么它们便形成集合。因此，属于精神病理学的陈述似乎都与这样一个对象有关，这个对象以不同的方式在个体或社会的体验中显示出轮廓，它可被称为疯癫（folie）。不过，我很快意识到"疯癫"这个对象所形成的单位并不能使陈述集合个体化，也不能在这些陈述之间建立一种既可描述又恒定不变的关系。这出于两个理由。如果我们问疯癫的存在本身、隐秘内涵、缄默并自身封闭的真相，我们在既定时刻能就疯癫说什么，那么我们肯定就弄错了；精神病是由所有陈述群中被说出来的东西的集合构成的，而所有陈述都会对精神病进行命名、划分、描述、解释、叙述它的发展，显示出它的各种各样的关联，对它进行判断，而且如有需要就在以它的名义把那些应被看作是它的话语连接起来的时候给它提供言语。不仅如此，这种陈述集合远非与只此一次就成形的唯一对象有关，而且远不是将其作为它取之不尽的理想性（idéalité）的视域来永远保存；被17或18世纪的医学陈述作为它们的相关方提出来的对象与通过司法判决或治安措施呈现出来的对象是不一样的；同样，从皮内尔（Philippe Pinel）*或埃斯基罗尔（Jean-Étienne

---

* 皮内尔（1745—1826），法国精神病学家，第一次对精神疾病进行了系统分类，曾担任法国比塞特精神病院院长，呼吁以人道主义的方式对待和治疗精神病患者，对精神病的治疗和精神病院的改革产生了深远的影响，著有《哲学上的疾病分类》《有关精神错乱或躁狂症的医学哲学》等。

Dominique Esquirol）*到尤金·布鲁勒（Eugen Bleuler）**，精神病理学话语的全部对象都被更改了：在每种情况下，问题的所在不是相同的疾病，也不是相同的疯子。

我们可能、或许应该从对象的这种多样性中得出这样的结论：不可能承认"有关疯癫的话语"是构成陈述集合的有效单位。也许应该仅局限于那些只有唯一对象的陈述群：关于忧郁症（mélancolie）或神经症（névrose）的话语。不过我们很快就意识到这些话语中的每一种话语转而构成它自己的对象，而且对它施加影响，直到彻底改变它。因此提出的问题是要弄清楚某一话语的单位是否并非由某个对象的持久性与独特性所引起，而是由各种各样的对象在其中出现和不断转换的空间所引起。使一个与疯癫有关的陈述集合得以个体化的特点鲜明的关系因此不可能是在其中被命名、被描述、被分析、被鉴赏或被判断的各种各样的对象同时或接连出现的规则吗？关于疯癫的话语的单位不可能立基于"疯癫"这一对象的存在或对象性的唯一视域的构成，而可能是使诸对象的出现在既定时期内成为可能的那些规则的运作：被歧视和压制的措施划分的对象，在日常实践、司法判例、宗教决疑、医学诊断中相互区分的对象，在病理学描述中显示出来的对象，由医治措施、治疗、护理的准则或处方限定的对象。此外，关于疯癫的话语单位可能是这样一些规则的运作，即这些规则确定这些不同对象的转

---

*　让－埃蒂安·埃斯基罗尔（1772—1840），法国精神病学家，皮内尔的学生和继承者，进一步推动法国精神病医院的改革，著有《幻觉》《精神病人的错觉》等。

**　尤金·布鲁勒（1857—1939），瑞士精神病学家，弗洛伊德的早期追随者，首次使用术语"精神分裂症"（schizophrénie）和"自闭症"（autisme），著有《自闭症的发现》《灵魂的自然史》等。

换、它们随着时间的流逝出现的非－同一性（non-identité）、它们之中产生的断裂、悬置它们持久性的内在的非连续性。以悖论的方式把陈述集合放在它具有个体性的东西中来确定，就在于描述这些对象的弥散状态，掌握所有区分它们的空隙，衡量它们之间占优势的间距——换句话说，就是提出它们的分布法则。

在陈述之间确定一组关系的第二个假设是：它们的连接的形式与类型。例如，在我看来，从 19 世纪开始，医学的特点与其说在于它的对象或概念，倒不如说在于陈述（énonciation）的某种**风格**（style）、某种稳定特征。医学第一次不再由传统、观察、杂乱处方的集合构成，而是由知识（connaissances）的汇编构成，这一汇编假设了看待物的同一种目光、对感知范围的同一种分区、根据身体的可见空间对病理事实进行的同一种分析、对人们在那说出来的东西中感知到的东西进行抄录的同一种系统（同一种词汇、同一种隐喻手法）；总之，我认为医学被组织为一系列可描述的陈述。但即便如此，还应该放弃这种立论之初的假设，而且应该承认临床医学话语（完全与描述性集合一样是生死假设、伦理选择、治疗决断、制度性章程、教学模型的集合）；应该承认前一个集合无论如何都不可能是后一个集合的诸项内容的抽象，描述性陈述（énonciation）只是出现在医学话语中的诸表达之一。还应该承认这种描述不断地变动：或者是因为自比沙（Marie François Xavier Bichat）*到细胞病理学以来，这种描述的范围和定位被改变了；或者是因

---

* 比沙（1771—1802），法国医生、病理解剖学家，组织学的创始人，著有《论膜》《生命与死亡的生理学研究》《普通解剖学》《描述解剖学》等。

为从视诊、听诊、触诊到显微镜的使用与生物学检验，信息系统被修改了；或者还因为从简单的临床解剖学关联到生理解剖学过程的细微分析，症状（signes）的词汇与症状的辨认被完全重构了；或者最后是因为医生本人渐渐不再是信息的记录和解释的所在，而且因为在医生身边、在医生之外出现了他当然可以使用的文献资料、相关工具和分析技巧，但这些改变着医生与病人有关的观看主体的位置。

所有这些变化如今有可能把我们引向新医学的门槛，它们在19世纪的进程中慢慢沉淀在医学话语中。如果有人想用陈述（énonciation）的标准化的、起规范作用的系统来确定这种话语，那么就应该承认这种医学一出现就解体了，而且承认它几乎只有在比沙和拉埃奈克（René Laennec）*的著作中才被提出来。如果有单位存在的话，那么它的原则也因此不是陈述的规定形式；它宁可不是同时或轮流使纯粹感知的描述成为可能的诸规则的集合吗？这些规则还使那些通过仪器进行的间接观察、实验室的实验记录、统计计算、流行病学的或人口统计学的验证、规章制度、治疗处方成为可能。应该确定特征和进行个体化的东西有可能是这些分散的和异质的陈述的共存，支配它们的分布的系统，它们相互依赖的支撑，它们相互包含或相互排斥的方式，它们经历的转换，它们的接替、安排和替换的活动。

另一个研究方向，也就是另一个假设：我们不可能通过确定持久一致的、牵涉其中的概念所形成的系统来建立陈述群吗？例如，在古典主义作家（从克洛德·朗斯洛［Claude

---

* 拉埃奈克（1781—1826），法国医生，听诊法的创始人，著有《论直接听诊法》《病理解剖学遗作》等。

Lancelot]*一直到 18 世纪末期）的作品中，对言语活动与语法事实所进行的分析不就是建立在一定数量的概念的基础上吗？这些概念的内容和用法一旦被确立就会一成不变：**判断**的概念，它被确定为任何句子一般的、标准的形式；**主词**（sujet）的概念与**属性**（attribut）的概念，它们在**名词**的更一般的范畴下被重新聚集起来；**动词**的概念，它被用作**逻辑系词**（copule logique）的概念的对应词；**词**（mot）的概念，它被确定为再现符号，等等。我们由此就能重建古典语法理论的概念结构。但即便如此，我们又很快遭遇限制：我们几乎不可能用这样一些要素来描述波尔－罗瓦雅尔学派的作者们所进行的分析；我们很快就不得不观察到新概念的出现；其中某些概念也许从最初的概念派生出来，不过其他一些概念异质于它们，而且某些概念甚至与它们格格不入。自然的或倒装的句法次序的观念、补语的观念（由尼古拉·博泽［Nicolas Beauzée］**在 18 世纪引入的）大概还能与波尔－罗瓦雅尔学派的语法概念系统相融合。但是，声音最初具有表达意义的观念、被包含在词中和被词模糊传达的原始知识（savoir）的观念、辅音变化规律（régularité）的观念、动词作为可指称行动或操作的简单名词的构想，都与克洛德·朗斯洛或夏尔·杜克洛（Charles

---

* 克洛德·朗斯洛（1615—1695），法国语法学家，唯理语法学派代表人物，他与安托万·阿尔诺合编语法著作《普遍唯理语法》（1660 年），又称《波尔－罗瓦雅尔语法》。

** 尼古拉·博泽（1717—1789），法国语法学家，曾为狄德罗和阿朗贝尔主编的《百科全书》撰写语法方面的词条，著有《普通语法理论，或言语活动必备要素的唯理说明》等。

Duclos)* 使用过的概念集合不相容。应该在这些条件下承认语法只在表面上构成逻辑严密的形态吗？应该承认这个由陈述、分析、描述、原理和结论、演绎构成的集合只是虚假的单位，且以这个名义持续了一个多世纪吗？然而，如果我们不是从一些概念的一致性方面而是从这些概念同时或接连的出现、它们的间距、区别它们的差距和也许从它们的不相容等方面来寻找的话，那么我们也许就会发现话语单位。我们因此不再寻找那些充分概括的、抽象的概念所形成的结构来阐释所有其他概念，并将它们引入相同的演绎结构中；我们试图对这些概念的显现和弥散的作用进行分析。

最后，第四个假设是为了重新聚集诸陈述、描述它们之间的连接和解释它们得以呈现的统一形式：主题的同一性与持久性。经济学或生物学等"科学"注定要引起论战，它们容易受哲学抉择或道德抉择的影响，在某些情况下会被政治所利用，在这些"科学"中，假设某组主题能够连接话语集合，而且能像一个具有需求、内在力量和生存能力的有机体一样激活话语集合，这样的假设首先是合理的。例如，我们不能把布封（Georges-louis Leclerc de Buffon)** 到达尔文（Darwin）构成进化论主题的一切东西构成一个单位吗？首先它与其说是科学的不如说是哲学的主题，它与其说接近生物学不如说接近宇宙学；它宁可远远地指导研究，也不愿命名、涵盖和解释结果；

---

*　　夏尔·杜克洛（1704—1772），法国作家、历史学家，著有小说《阿卡如与齐尔菲尔》（*Acajou et Zirphile*）、历史著作《路易十一的历史》等，另著有《评波尔－罗瓦雅尔学派的普遍唯理语法》。
**　　布封（1707—1788），法国著名作家、博物学家，曾担任皇家花园的植物园主管，他的理论直接影响了达尔文的进化论，曾主持撰写《博物志》。

它总是假设比人们知道的更多，但基于这一基本选择就不得不把那些被概述为假设或要求的东西转换为话语知识（savoir discursif）。我们不能以同一方式谈论重农主义主题吗？这种想法在任何论证之外和在任何分析之前假设三倍地租的自然特性，由此假设田产在经济和政治上的优先性，排除对工业生产机械论的任何分析，不过它意味着对国内货币流通、货币在不同社会范畴中的分配和货币回流生产所经由的渠道的描述，最后它引导大卫·李嘉图（David Ricardo）思索这三倍地租不会出现的情况、这三倍地租能够得以形成的条件，由此使他揭露重农主义主题的任意性，我们不能这样来谈论吗？

但是，基于这样的尝试，我们不得不进行两种相反相成的观察。在一种情况下，同一组主题可以基于两组概念、两类分析、两个完全不同的对象范围连接起来：在其最一般的表达中，进化论的观念在博努瓦·德·马耶（Benoît de Maillet）*、博尔德（Théophile de Bordeu）**或狄德罗（Denis Diderot）的著作中与在达尔文的著作中或许是一样的；但事实上使进化论观念得以可能和一致的东西在每种情况下都不属于同一种秩序。在18世纪，进化论的观念基于物种的亲缘关系被界定，这种亲缘关系从一开始就形成一种被规定的或随着时间流逝而逐渐形成的连续体（只有自然灾害才能使它中断）。在19世

---

* 博努瓦·德·马耶（1656—1738），法国外交官、博物学家，曾提出一种进化论的假设来解释地球和海洋的起源，他的理论影响了拉马克和达尔文的思想，1748年出版遗作《特里梅德》（*Telliamed*），构想了一种与《创世记》完全不同的世界起源图景。*Telliamed* 系 Benoît de Maillet 的姓氏 de Maillet 的字母逆序排列，作为他的作品集的名字。

** 博尔德（1722—1776），法国医生、哲学家，生机论的早期代表，狄德罗和达朗贝尔的朋友，医学著述颇丰。

纪,进化论的主题与其说涉及物种的连续图表的构成,倒不如说涉及对不连续群的描述,并涉及分析其所有要素都与之相互关联的有机体与向有机体提供生命的现实条件的环境之间的相互作用的样态。主题虽然唯一,但基于两类话语。反而在重农主义(physiocratie)的情况下,魁奈(François Quesnay)*的选择竟然与所谓的功利主义者支持的相反观点建立在同一个概念系统上。在那个时代,财富分析(analyse des richesses)包含着一组相对受限的和被所有人接受的概念(人们提出同一种货币定义,提供同一种价格解释,以同一方式确定劳动成本)。不过,基于这组独特的概念运作,就会有两种解释价值形成的方式,根据人们基于交换或工作日的酬金而对价值形成进行分析。这两种可能性被纳入经济学理论及其概念活动的规则,它们虽基于相同的要素却导致两种不同的选择。

因此,人们也许错误地在这些主题的存在中探求话语的个体化原则。不应该在话语使之自由的选择点的弥散中探讨这些个体化原则吗?这些不是话语所开启的各种各样的——激活现存的主题、引起对立的策略、被不可调和的利益所取代、可用一组规定的概念玩弄不同部分——可能性吗?与其随着时间的流逝研究主题、意象和观点的持久性,与其追述它们为了使陈述集合(ensembles énonciatifs)个体化而发生冲突的辩证法,难道人们就不能标明选择点的弥散,就不能在任何选择、任何主题先行的范围内确定策略可能性的范围吗?

---

* 魁奈(1694—1774),法国重农学派的创始人和重要代表,曾做过医生,发表过论文《放血效果的观察》,曾为《百科全书》撰写《租地农场主论》《谷物论》,两篇手稿《人口论》《赋税论》因故未曾发表,后发表在1908年的《经济社会思想史评论》上,著有《经济表》。

因此，我目前就面对着四种尝试、四种失败以及四种前后衔接的假设。它们现在应该经受一番检验。对于这些我们习以为常的、众多的陈述族系——可被称为医学（la médecine）、经济学（l'économie）或语法学（la grammaire），我考虑过它们能在什么基础上建立自己的单位。它们是建立在满溢的、紧缩的、连续的、地理学意义上被充分划分的对象领域的基础上吗？在我看来，它们不如说是有缺项的、错综复杂的系列，是差异、间距、替代、转换的运作。它们是建立在明确的、起规范作用的陈述（énonciation）类型的基础上吗？不过，我发现了层次极其不同、功能极其异质的表达，以至于它们不能相互联系和形成唯一形态，它们不能随着时间的流逝、超越个体的作品来拟仿连续不断的宏大文本。它们是建立在一套定义明确的、按字母顺序排列的观念的基础上吗？不过，人们面对着那些在结构和使用规则上有所不同的概念，它们互不了解或者相互排斥，而且它们不可能融入逻辑结构的单位。它们是建立在一组持久的主题的基础上吗？不过人们宁愿发现策略上的各种可能性，这些可能性可以激活无法相容的主题，抑或还可以把同一个主题投入到不同的集合中。因此就有想法描述这些弥散本身，探究人们能不能在这些不同的要素之间——当然这些要素既不被组织成一种逐渐演绎的结构，也不被组织成一部随着时间的流逝而被逐渐写成的巨著，还不会被组织成集体主体创造的作品——发现规则性：它们的接连出现中的秩序，它们的同时性中的关联，公共空间中可确定的位置，相互的作用，被连接的和被等级化的转换。为了描述它们的内在结构，这样一种分析不会试图区分出一致性的小单位；它不会把怀疑与澄清潜藏的冲突作为任务；它要研究分布的形式。再或者说，这种分析不会重建**推理链**（正如人们在科学史或哲学史中经常做的那样），不会建立**差异表**（正如语言学家们所做的那样），而是**描述弥散系统**。

假如我们能在一定数量的陈述之间描述这样的弥散系统，假如我们能在对象、陈述类型（types d'énonciation）、概念、主题的选择之间确定规则性（秩序、关联、位置与作用、转换），那么我们将按惯例说我们涉及**话语形成**（formation discursive）——由此就可以避免使用那些因条件和结果而显得过于沉重的词，况且它们不适合表示像"科学"、"意识形态"、"理论"或"对象性的领域"（domaine d'objectivité）这样的弥散。这种分布的诸要素（对象、陈述［énonciation］样态、概念、主题的选择）要遵从的条件被称作**形成规则**（règles de formation）。形成规则在既定的话语分布中是存在（还有共存、维持、更改与消失）的条件。

这正是现在有待探讨的范围；这些是必须经受检验的观念和必须进行的分析。我知道这么做的风险非同小可。作为初步的定位，我使用过某些相当松散但又熟悉的组合：没有任何东西向我证明我在分析结束时就会重新找到这些组合，就会发现它们的界限和个体化的原则；我不确信我将要区分出的话语形成将会以医学的总体统一性来确定医学，将会把经济学与语法学置于它们历史命运的整体曲线中来确定；我不确信这些话语形成不会引起出乎预料的分割。同样没有任何东西向我证明同样的描述将会解释这些话语集合的科学性（scientificité）（或非科学性［non-scientificité］），我曾将这些话语集合当作攻击点，它们一开始就以科学合理性的某种推断显示出来；没有任何东西向我证明我的分析在建构一种不可简化为知识论或科学史的描述时不会被置于截然不同的层次。还可能在这样的分析结束时，我们无法恢复我们出于方法上的考虑而搁置的那些单位：我们不得不分解作品，无视影响与传统，最终放弃对起源的质疑，任凭作者的专横在场自行消失；由此一切自身构成观念史的东西就会消失。总之，这里的危险是，我们不是给已经存在的东西提供根据，不是粗略地描画那些被勾画的线条，不是通过这种回归和这种最后的肯定来消除疑虑，不是实现这令人非常幸福的循环——经过无数次的绞尽脑汁和很多煎熬的夜晚之后最终宣告一切都会被拯救，我们不得不越过熟悉的风景，远离那些习以为常的保证，走在我们尚未进行分区的土地上，朝着不容易预料的终点前进。至此，所有这一切都注意到历史学家的捍卫并伴随着他直到暮年（合理性的命运和科学的目的论，随着时间的流逝而进行长期的、连续的思想工作，意识的觉醒与进步、意识自行获得永久的复苏、总体化尚未完成的但又从不间断的运动、向着永远开放的起源的回归和最终是历史先验论的主题），所有这一切——为分析清理出空白的、无关重要的空间，既没有内部性也没有承诺——不可能消失吗？

3. 对象的形成

现在我们应该清查这些开辟的方向，而且应该弄清楚我们能否给这种难以被勾勒的"形成规则"的观念赋予内涵。首先来探讨对象的形成（formation des objets）。而且为了便于分析，我们就以 19 世纪以来的精神病理学话语为例，探讨人们一上来就容易接受的年代划分。有足够的迹象向我们显示出它的特点，让我们仅就其中的两点来进行探讨：19 世纪初精神病院中拒斥与安置疯子的新方式的确立；对某些现有观念的序列追溯到埃斯基罗尔、约翰·海因罗特（Johann Christian August Heinroth）*或皮内尔的可能性（我们可以从偏执狂追溯到偏执、从智商追溯到最初的痴愚观念、从全身瘫痪追溯到慢性脑炎、从性格神经症追溯到无谵妄［délire］的疯癫）。但我们一旦想更早地追溯这一时间线索，立刻就会无迹可寻，各种线索就会变得混淆难辨，而且连安德烈·杜·洛朗（André du Laurens）**乃至斯威腾（Gerard van Swieten）***对克雷佩林（Emil Kraepelin）****或尤金·布鲁勒的病理学所做的预测，也只不过是

---

* 约翰·海因罗特（1773—1843），第一位获得精神病学职位的医生，1818 年治疗失眠症时第一次使用了"心身的"（psychosomatic）一词，提出了与斯宾诺莎类似的心身论，区分了三种人格类型，描述了意识、自我和冲动，著有《为疾病研究做贡献》《精神错乱》《法医精神病学体系》等。

** 安德烈·杜·洛朗（1558—1609），曾担任法国国王亨利四世的首席医生，他于 1594 年首次以法语出版了有关视觉、忧郁症、卡他性炎和衰老的四篇论文，开启了使用法语而非拉丁语进行科学交流的先河。他以拉丁文著有《人体解剖学史》，对解剖学产生了一定的影响。此外，提请读者注意《知识考古学》英译本译者在索引目录错把安德烈·杜·洛朗当成 18 世纪法国作家亨利－约瑟·杜洛朗（Henri-Joseph Dulaurens）。

*** 斯威腾（1700—1772），荷兰医生、科学家，致力于解剖学、病理学的研究，曾担任神圣罗马帝国皇后玛丽娅·特蕾莎（Maria Theresia）的私人医生，改革奥地利公共医疗服务和大学医学教育，著有《论流行病》《军队流行疾病及其治疗的说明》等。

**** 克雷佩林（1856—1926），德国精神病学家，现代精神病学和精神药理学的创始人，以精神病理学的研究著称，他区分了躁郁症与早发性痴呆，纠正了前人对精神错乱、脑疾病、躁郁症、妄想症、癫痫症、神经症、早发性痴呆的错误看法，命名了神经症、精神病、阿尔茨海默病等，创造了基于临床客观标准的精神病分类，构建了现代精神病学体系，著有《早发性痴呆和躁郁症精神病临床教程》《精神病学教程》等。

◆ 第二章　话语的规则性

偶然的巧合而已。然而，精神病理学自从这次中断以来涉及的对象不胜枚举，大部分对象都太新，但又很不稳定、变化多端，而且其中某些对象注定会快速消失：除了运动机能混乱、幻觉（hallucinations）和异常的话语（它们已被视作疯癫的症状，尽管它们以另一种方式被承认、被限定范围、被描述与被分析），我们看到一些属于至此尚未被用过的记录的对象出现了——轻度行为紊乱、性反常与性错乱、暗示行为与催眠行为、中枢神经系统损伤、智力或运动的适应性缺陷、犯罪行为。而且在这些记录中的每种记录的基础上，各种各样的对象被命名、被限定、被分析，然后被纠正、被重新确定、被反驳、被抹去。我们能确立它们的出现所遵从的规则吗？我们能弄清楚这些对象可以根据什么样的非演绎的系统相互并置和前后相随来形成精神病理学的——按照某些点呈现出有缺陷的或过剩的——支离破碎的范围吗？它们作为话语对象的存在状况（régime）是什么？

a. 首先应该定位它们出现的最初的**表面**：指出这些个体性差异能够出现的地方，以便它们随后能够被指称、被分析，它们要根据合理化的程度、概念的准则和理论的类型来接受疾病、精神错乱、反常、痴呆、神经症或精神病、退化等名目的地位。在不同的社会、不同的时代和不同的话语形式中，出现的这些表面都不一样。就 19 世纪的精神病理学而言，它们可能由家庭、接近的社会群体、工作环境、宗教团体（所有这些都是起规范作用的，都对越轨行为很敏感，都有容忍的余地和排除被需要所基于的界限，都有指称［désignation］和否决疯癫的方式，它们如果不是把治愈和治疗的责任都转让给医学，那么至少把解释的义务转给医学）构成；尽管出现的这些表面以特别的方式被组织，但它们在19世纪不是新鲜事。不过，也许就是在这个时代，新出现的表面才开始发挥作用：具有自身规范性的技艺、性（相对于习惯禁忌而言，性偏离首次变成精神病话语辨认、描述和分析的对象）、刑罚（当疯癫在过去时代被小心翼翼地区别于犯罪行为和被视作辩解的理由时，犯罪行为本身——自那些闻名的"杀人偏执狂"以来——变成一种多少与疯癫相关的异常形式）。在这一点上，在这些初步区分的范围中，在从中得以显示的差距、非连续性和界限中，精神病话语找到某种可能性来限定它的领域、确定它谈论的内容、给它提供对象的地位——从而使它出现、使它可命名和可描述。

b. 还应该描述划界的层级（instances de délimitation）：医学（作为制定规则的制度、构成医学行业的个体集合、知识［savoir］与实践，被公众舆论、司法部门和政府部门承认的权限）在19世纪变成了社会中将疯癫作为对象进行区分、指称、命名和确立的重要层级；但医学不是唯一起这一作用的层级：司法部门，尤其是刑罚部门（伴随着对免刑条件、不负责任、可减轻罪行的情节的界定和对激情犯罪、遗传、社会危险等观念的运用）、宗教权威（在它被确立为区分神秘与病态、精神与身体、超自然与不正常的决策层级的范围内和在它指引意识的方向更多是为了个体的知识［connaissance］而不是为了行动与情节的决疑论分类的范围内）、文学艺术批评（它在19世纪越来越不把作品看作应该被评判的鉴赏对象，越来越把作品看作应该被解释的言语活动，而且应该从其中识别出作者的表达手法）。

  c. **最后应该分析规范的栅格**（grilles de spécification）：这涉及一些系统，我们按照这些系统来对那些作为精神病学话语对象的不同"疯癫"进行相互区别、对比、关联、重组、分类、派生（这些区分的栅格在 19 世纪是：心灵，被看作按等级排列的、相邻的和多少可相互渗透的官能群；身体，被看作由依赖与沟通的模式［schèmes］联系起来的器官的三维体积；个体的生命与经历，被看作人生阶段的线性序列、人生轨迹的交错、潜在的再激活的集合、周期性的循环；神经心理关联的活动，被看作相互投射的系统和循环因果关系的范围）。

  这样的描述本身还是不充分的。这基于两个理由。刚刚被定位的出现的层面、这些划界的层级或这些规范的形式不会提供被完整建构和被完全装备的对象，精神病理学话语只不过随后要对这些对象进行清点、分类与命名、挑选，最终用词和句子的网格来掩盖这些对象：不是家庭——借由家庭规范、家庭禁忌、家庭的感性界限——规定谁是疯子以及将"病人"交给精神病科医生进行分析或判定；也不是法律本身因这样的罪行向精神病医学揭露妄想狂式的谵妄，或者根据性犯罪行为来猜疑神经症。话语完全不同于这样的场合，即提前被创建的对象像在简单的记录表面中一样要在这个场合中排列和重叠。刚才的列举不充分也出于第二个理由。它先后辨别出话语对象能够出现在其中的几个区分层面。但它们之间有什么样的关系？为什么是这种列举而不是另一种列举？我们认为我们可以这种方式限定什么样的明确的、封闭的集合呢？而且，如果我们只了解一系列差异的和异质的、缺少可确定的联系和关系的规定，那么我们如何能谈论"形成系统"（système de formation）？

事实上，这两个系列的疑问可归结为同一点。为了抓住这一点，还是让我们限于前面所举的例子。在19世纪精神病理学所涉及的领域中，我们会看到与犯罪记录相关的一整个系列对象很早（从埃斯基罗尔开始）就出现了：杀人（与自杀）、激情犯罪、性犯罪、偷窃的某些形式、流浪罪——随后通过它们又引发遗传、神经病发生的环境、攻击或自我惩罚的行为、邪恶行为、犯罪冲动、暗示感受性等。如果说我们在此探讨发现的结果，这是不恰当的：精神病科医生有一天对犯罪品行与病理行为之间的相似所进行的辨认；对某些轻罪犯人身上呈现出的精神错乱的典型症状的揭露。这样一些事实超出当前的研究：问题的确要弄清楚是什么使得这些事实成为可能和这些"发现"后面如何能跟着其他一些重组、更正、改变它们或者有可能废除它们的"发现"。同样，将这些新对象的出现归属于19世纪资产阶级社会特有的规范、治安和强化刑罚的分区、犯罪裁决的新法规的编制、对可减轻罪行的情节的引入与使用、犯罪行为的增加，这也是不恰当的。也许所有这些过程确实都发生了，但它们不能单独地形成精神病学话语的对象；若继续在这个层次进行描述，那么我们这次仍未触及所探求的东西。

之所以轻罪犯在我们社会中的某个特定时代被心理学化与病理学化，之所以僭越行为能引起一整个系列的知识（savoir）对象，乃因为在精神病学话语中有一组规定的关系被启用。这些关系包括：像刑罚范畴与减责程度等规范层面与心理特征层面（官能、禀赋、发展或退化的程度、对环境做出反应的方式,后天的、先天的或遗传的性格类型)之间的关系,医学裁定机构与司法裁定机构之间的关系(老实说,这种关系错综复杂,因为医学裁定绝对承认司法机构在确定犯罪、确立犯罪情节与应受的惩罚时做出的裁决,但保留了对犯罪成因的分析与所承担责任的评估),由司法审讯、警方消息、司法信息的调查研究和整个机构所形成的过滤与由医学问卷、临床检查、病原研究与传记式叙述所形成的过滤之间的关系,个体行为的家庭规范、性规范、刑罚规范与病理症状及其作为征兆的疾病的图表之间的关系,医院环境的治疗限制(医院有自己的特殊门槛、治愈标准、划定正常与病态的方法)与监狱的刑罚限制(监狱有自己的责罚与教育的系统,有自己关于良好品行、改过从善和获释的标准)之间的关系。正是这些在精神病学话语中起作用的关系,才能形成各种对象的整个集合。

概而言之,19 世纪精神病学话语的特点不是由特殊的对象表现出来,而是由它形成自己的——不过是极其分散的——对象的方式表现出来。一组在出现、划界与规范的层级之间被建立起来的关系确保着这种形成。我们因此会说,如果我们能建立这样的集合,如果我们能指出任何受质疑的话语对象如何从这种集合中找到它出现的场所和规则,如果我们能指出话语能同时地或接连地产生相互排斥的对象而本身不必发生改变,那么话语形成就可以确定了(至少对它的对象而言)。

由此可得出一些评价与结论:

1. 便于话语对象出现的条件,便于人们能对话语对象"说某物"和几个人对话语对象说各种物的历史条件,便于话语对象融入与其他对象具有亲缘关系的领域、与其他对象建立起相似、毗邻、远离、差异、转换的关系所需要的条件，这些条件显然数量繁多且沉闷。这意味着人们不可能在任何时代都畅所欲言；谈论某种新物也不容易；睁开双眼、全神贯注或保持警惕都不足以让新对象马上就光芒四射，并在地平线上发出第一道光芒。但这种困难不只是消极的；不应将它与某种障碍扯在一起，而这种障碍的力量专门要堵塞、束缚、阻止发现，掩饰自明性的纯粹性或物本身的缄默的执拗性；对象不会在模糊的状态中期待着某种要解放它和使它在一种可见的、多言的对象性中得以具体化的秩序；对象不会先于自身存在，而在灵光乍现之时被某种障碍所阻挡。对象存在于复杂的关系簇的实证条件之下。

2. 这些关系在制度、经济与社会进程、行为形式、规范系统、各种技术、分类类型、特征化的方式之间被建立起来；而且这些关系不会出现在对象中；它们不会在人们分析对象时被展示出来；它们不会勾画出对象的结构、对象的内在合理性，即这种在人们从其概念的真实性上思考对象时就完整地或部分地重新出现的理想脉络。它们不是确定对象的内部构成，而是确定什么使对象出现、使对象与其他对象并列、使对象相对于其他对象进行定位、确定它的差异、它的不可化约性和需要时确定它的异质性，简言之，确定什么使对象置于外部性的范围之中。

3. 这些关系首先区别于人们所说的"初级的"关系，后者不管任何话语或任何话语对象都能在制度、技术、社会形式等之间被描述。毕竟，人们很清楚19世纪资产阶级家庭与司法诉讼、司法范畴的作用之间存在着一些关系，人们能对这些关系本身进行分析。不过这些关系永远不会与那些形成对象的关系重叠在一起：可以在这个初级层次被确定的依赖关系未必会在那种使话语对象成为可能的关系建立中表现出来。但是，还应该区分人们可以在话语本身之中找到的那些被提出来的次级关系：例如，19世纪精神病科医生可以对家庭与犯罪之间的关系所发表的看法，不会重现实在的依赖关系的运作，这一点人们都很清楚；但这种看法也不会重现那使精神病学话语成为可能的和给精神病学话语提供支持的诸关系的运作。由此整个有关可能描述的有机构成的空间就敞开了：*初级的*或*真实的关系的系统*、*次级的*或*自反的关系的系统*与可被恰当地称作是*话语的关系的系统*。问题在于揭示这些话语关系的特殊性、它们与另外两种关系一起进行的运作。

4. 话语关系显然不会内在于话语：话语关系不会在它们自身之间把概念或词联系起来；话语关系不会在句子或命题之间建立起演绎或修辞的结构。但无论如何都不是外在于话语的关系限制着话语或者给话语强加某些形式，或者在某些情况下强迫话语陈述某些东西。这些关系可以说是在话语的极限上：它们向话语提供话语可以谈论的对象，抑或（因为这种提供的形象假设对象形成于一方，话语形成于另一方）它们规定着话语应该实现的关系簇，以便能够谈论这样或那样的对象，以便能够对它们进行探讨、命名、分析、归类、解释等。这些关系不会确定话语所使用的语言的特点，不会确定话语在其中得以展开的情况的特点，而是确定作为实践的话语本身的特点。

现在我们可以结束分析，而且要估量这种分析在哪个方面完成了最初的计划，又在哪个方面修改了最初的计划。

对于这些以持久而又混杂的方式作为精神病理学（*la*

psychopathologie)、经济学(l'économie)、语法学(la grammaire)、医学(la médecine)出现的整体形态,我们自问过何种单位确实能构成这些整体形态:它们只不过是基于独特的作品,接连的理论,观念或主题(其中有些观念或主题已被抛弃,有些尚被传统所保持,有些还被遗忘所遮蔽,随后又被重新揭示),而进行的事后重构吗?它们只是一系列联系起来的研究吗?

在对象本身、对象分布、对象差异的运作、对象的邻近或对象的疏远方面——总之在被给予言说主体的东西方面,我们寻找过话语的单位;而且我们最终又回到一种确定话语实践(pratique discursive)本身特征的关系之建立;我们由此发现的不是一种轮廓或一种形式,而是一组内在于实践的和在其特殊性上确定实践的**规则**。另外,我们使用过像精神病理学(la psychopathologie)一样的"单位"作为标志:如果我们想确定它的诞生日期和确切领域,那么也许应该重新见到词的显现,应该确定词能够适用什么样的分析风格,确定如何划分精神病理学与神经病学(neurologie)、心理学。我们所揭示的是另外一种类型的单位,它或许没有相同的日期,也没有同一种表面或同样的连接,但它能解释一组这样的对象,即精神病理学的术语对它们而言只是自反的、次级的和分类上的专题而已。最终精神病理学作为一门学科而出现,它正不断地更新,不断地被标出发现、批评以及被订正的错误;而被确定的形成系统却保持稳定。但我们要明白:保持不变的既不是诸对象,也不是它们所形成的领域,甚至不是它们的出现点或特征化方式,而是它们能够在其中出现、被划限、被分析和被规定的诸表面的关系之建立。

显然,在我刚才试图提供理论的描述中,问题不在于解释话语，以便通过话语来书写指涉对象的历史。在可供选择的例子中，我们不会力图弄明白谁在某个特定时代是疯子，他的疯癫包括哪些方面，也不力图弄明白他的精神错乱是否真与那些我们如今所熟悉的精神错乱相同。我们不会考虑巫师是否是被误解的、被迫害的疯子，也不考虑神秘的或审美的体验是否在另一个时刻并未被不当地当作医学问题来处理。我们不会力图重构疯癫本身可能是什么，如同疯癫可能首先向某种原始的、基本的、昏暗的和难以言明的体验呈现自身那样[1]，且如同疯癫随后被话语与话语操作的拐弯抹角的、经常是诡计多端的把戏所组织（表现、变形、歪曲、可能受抑制）那样。指涉对象的这样一种历史也许是有可能的，我们从一开始就不会排除从文本中抽出和释放这些"前话语的"体验的努力。不过这里涉及的问题不是使话语中立化，不是将话语变成另一物（autre chose）的符号，不是横贯话语的厚度来探寻那依然在话语之内缄默的部分，反而是让话语保持它的融贯性，使话语出现在它特有的复杂性中，一言以蔽之，我们确确实实想要摆脱掉"物"（choses），使它们"非现在化"（dé-présentifier），消除它们丰富的、厚重的、直接的充实性（plénitude），我们习惯将这种充实性看作是某一话语的原始法则，而这一话语也只有因错误、遗忘、错觉、无知，或者信仰和传统的惯性，或者还因那可能是无意识的、既看不到也说不出的欲望才会脱离这种原始法则。我们想要用那些只在话语中才出现的、有规则的对象形成来取代话语之前出现的、神秘莫测的"物"的宝藏，

---

[1] 这一点与《古典时代疯狂史》中的一个明确的且几次突出地出现在该书前言中的主题相悖。

要确定这些不参照**物的基底**（fond des choses）的**对象**，不过同时将它们与全部规则联系起来，这些规则使它们作为话语对象来形成，由此构建它们的历史性出现的条件。我们想要写话语对象的历史，这部历史不会使话语对象陷入发源地的共同深渊，而是展现那些决定话语对象的弥散的规则性的连接。

然而，省略"物本身"（choses mêmes）的时刻未必就要参照意指的语言学分析。在我们描述话语的对象形成时，我们试图定位那些确定话语实践特点的关系之建立，我们不会确定词汇的组织，也不会确定语义范围的划分：我们不会询问"忧郁症"或"没有谵妄的疯癫"这两个词在某个时代被赋予的意义，也不会思考"精神病"与"神经症"之间的内容对立。这也不是因为这样的分析被看作是不合理的或不可能的，而是因为这样的分析在问题是比方说要弄清楚犯罪行为如何才能变成医学鉴定的对象或者性偏离（déviation sexuelle）如何呈现为精神病学话语的可能对象时就是不恰当的。词汇内容的分析或者确定言说主体在既定时代中支配的意指要素，或者确定那出现在已经被说出来的话语的表面上的语义结构；它不涉及作为这样场所的话语实践，即多种多样的相互交错的——既重叠又缺项的——对象的形成与变形、出现与消失的场所。

有洞察力的评论者在此不会搞错：在我进行的这种分析中，**词**与**物**本身一样都是有意缺席的，对词汇的描述也不会多于对体验的生动充实性的求助。我们不会回到话语先前的状态——在其中任何东西尚未被说出来和物在昏暗的光线中若隐若现；我们不会到话语之外去重新发现话语部署好的和已然抛弃的形式；我们保持、试图保持在话语本身的层面上。既然有时应该对最明显的缺席的微小之处做出说明，那么我要说在所有这些我进展甚微的研究中,我想指出的是,就像人们能听到话语那样,就像人们能够在话语的文本形式中读到话语那样,"话语"不像人们能够预料的那样是一种纯粹而又简单的物与词的交织:物的晦涩的脉络,清楚可见的、生动多彩的词链;我想指出话语不是一种在现实与语言之间接触或对峙的微不足道的表面,不是词汇与体验的某种混杂;我想就具体的例子指出,通过分析话语本身,我们看到词与物在表面上如此紧密的束缚松开了,看到话语实践特有的一组规则显示出来。这些规则不确定现实的缄默存在,也不确定词汇符合规则的运用,而是确定对象的状况。"词与物",是问题的——严肃的——题目;是研究的——讽刺的——题目,这项研究改变它的形式,调整它的资料,终究要揭示一项完全不同的任务。这项任务不在于——不再在于——将话语当作(诉诸内容或再现的能指要素的)符号的集合来探讨,而是当作那些系统地形成话语所言说的对象的实践来探讨。当然,话语是由符号构成的,但话语所形成的东西就不止是使用这些符号来指称物。正是这个**不止**(plus)才使物不可简化为语言与言语。正是这个"不止"才应该被揭示、被描述。

4. 陈述样态的形成

定性描述,传记故事,症状的辨别、解释与核对,由类比、演绎进行的推理,统计估算,实验核对以及陈述的许多其他形式,这些是我们可在19世纪医生们的话语中找到的东西。它们相互之间有什么样的连接?有什么样的必然性?为什么是这些而不是其他？应该发现所有这些各种各样的陈述（énonciations）的法则和它们源自的场所。

a. 第一个问题：谁在说话？在所有言说个体的集合中，谁有充分理由占有这种言说活动？谁是这种言说活动的拥有者？谁从这种言说活动中获得他的独特性、他的威信？反过来，他从谁那里接受（即使不是他对真相的保证，也至少是他对真相的推测）呢？这样一些个体具有什么样的地位？即他们——而且只有他们——有合乎规定的或合乎传统的、法律上规定的或自发接受的权利来说同样的话语。医生的地位包含着能力与知识（savoir）的标准，教学制度、教学体系和教学规范，给知识（savoir）的实践和实验——不是没有给它固定界限——提供权利的法定条件。医生的地位还包含着一个与其他个体、其他群体的区分与关系（职权的分配、等级的归属、功能的补充、信息的需求、转达与交换）的系统，这些个体与群体本身也拥有自己的地位（以及政治权力和它的代理者、司法权力、不同的专业团体、宗教派别，如有需要还有牧师）。医生的地位还包含着某些相对于整个社会确定其作用的特征（根据医生被私人聘请或者以多少有点强迫的方式被社会征召、根据医生从事的职业或承担的功能而由此得到承认的医生角色；医生在这些不同的情况中得到承认的手术与决策的权利；要求医生担当全体人口、群体、家庭和个体健康之监护者、守护者和担保者的因素；医生从公共财富或私人财富中提取的份额；医生或者与他诊治的群体，或者与委托给他任务的机构，或者与向他提出咨询、治疗、康复的客户所签订的明确或含混的契约形式）。在社会与文明的全部形式中，医生的这一地位一般都是相当独特的：医生几乎从不是一种未被区分的或可相互替换的角色。医学言语（parole médicale）不可能出自任何人；它的价值、功效、治疗机构本身和它一般作为医疗言语的存在都与这种按照条例被确定的、拥有表达权利的角色密不可分，同时为医学言语要求得到某种消除痛苦和死亡的权力。但我们也知道，在18世纪末19世纪初，正值人口健康成为工业社会使用的经济标准之一，医生的这一地位在西方文明中发生了深刻的改变。

b.还应该描述医生从中掌握他的话语以及他的话语从中找到其合法来源和作用点——话语的特定对象和检验工具——的制度性场所（emplacements）。这些场所对于我们的社会来说是：医院、私人诊所、实验室、"图书馆"或资料库。医院是各有所司、等级分明的医疗人员保证持续的、可编码的、系统的观察和由此能构成就医人群的可计量范围的地方；私人诊所提供了比较偶然的、比较不完全的、比较少量的观察的领域，但它有时准许时间跨度更长的观察，伴随着一种有关既往病史和环境的更好的知识（connaissance）；实验室是独立自主的、长期以来不同于医院的地方，有关人体、生命、疾病、病变的一般范畴的某些真相在这里被确立，实验室提供诊断的某些要素、疾病演变的某些症状、痊愈的某些标准，并可以进行治疗实验；最后是所谓的"图书馆"或资料库（champ documentaire），它不仅包括那些在传统上被承认有价值的书籍或论文，而且包括全部发表过的和转载的报告与病历，还包括大量的统计信息（关于社会环境、气候、流行病、死亡率、发病率、传染病源、职业病），这些信息可以由政府部门、其他医生、社会学家、地理学家提供给医生。即便如此，医学话语的这些各种各样的"场所"也在19世纪发生了深刻的改变：文献的重要性不断地增加（也相应地降低了书籍或传统的威望）；医院对于疾病的话语而言曾只是补充的地方，而且在重要性和价值上不及私人诊所（在18世纪的私人诊所中，任由自然环境中发展的疾病应该在它们源自植物的真相中显示出来），医院于是成为进行系统而同质的观察，进行广泛对比，统计频率与概率，取消个体变异的地方，总之医院成为疾病出现的地方，疾病不再是一个在医生的目光下表现其基本特征的独特种类，而是一个伴随其有意义的测定、其界限、其演化机遇而出现的均衡过程。同样，正是在19世纪，日常的医疗实践才将实验室整合成为一种与物理、化学或生物学一样具有相同实验标准的话语场所。

  c. 主体的位置也可以由主体有可能相对于对象的各种各样的领域或群体所处的情境来确定：根据提问是否清楚的某种栅格，他是提问的主体，根据信息的某种程序，他是倾听的主体；根据典型特征的一览表，他是观看的主体，根据描述类型，他是记录的主体；他处于最佳的感知距离上，而这一距离的边界划定相关信息粒子的范围；他利用工具性的中间状态，这些中间状态调整信息的范围，随着间接的或直接的感知层次而改变主体，保证主体从表层向深层的过渡，促使主体在身体的内部空间中进行循环——从明显的症状到器官、从器官到组织，最后从组织到细胞。应该给这些可感知的情境增加主体在信息网络中所能占据的位置（在理论教学或医院教育学中、在口语交流或书写文献的系统中：作为病历、报告、统计资料、一般理论命题、计划或决策的发送者和接收者）。医学话语的主体所能占据的各种情境在 19 世纪初就被重新确定，伴随着对完全不同的感知范围的组织（这个范围被置于深处，被器械的交替所显示，被外科技术或尸体解剖方法所表现，且集中于病灶的周围）和对有关记录、注释、描述、分类、数列和统计中的整合的新系统的确立，伴随着新教学形式、信息流通、与其他理论领域（科学或哲学）和其他制度（不管它们是属于行政的、政治的还是经济的范畴）的关系的建立。

之所以医生在临床医学话语中依次成为最高的和直接的提问者、观看的眼睛、触摸的手指、症状辨认的器官、已经完成的描述的整合点、实验室的技术人员，乃因为整个关系簇被卷入其中。这些关系包括医院空间（作为一个既是救助，又是纯净的、系统化的观察，同时是局部检验、局部实验的治疗的场所）与人体——正如它被病理解剖学所定义的那样——知觉的整套技术和准则之间的关系；直接观察的范围与已经获得的信息的领域之间的关系；医生作为治疗者的角色、他的教育者角色、他在医学知识（savoir）传播中的中转者角色与他在社会空间中的公共健康责任人的角色之间的关系。既然临床医学被理解为是对归纳推理或者或然推理以及因果关系确定的类型进行描述与应用的视角、内容、形式、风格本身的革新，简而言之是陈述（énonciation）样态的革新，那么临床医学就不应被看作是观察新技术——19世纪以前就被实践了很久的尸体解剖技术——的结果，也不应被看作是研究有机体深层病因的结果——莫尔加尼（Giovanne Battista Morgagni）*在18世纪中叶就已经从事过，还不应被看作是医院临床这种新制度的结果——这种新制度在奥地利和意大利存在了数十年之久，更不应被看作是组织的概念被引入比沙的《论膜》（*Traité des Membranes*）的结果，而应被看作医学话语中某些有区别的要素的关系之建立，其中一些要素关涉着医生的地位，另一些要素关涉着医生说话的制度和技术的场所，还有一些要素关涉着医生作为感知、观察、描述、教学等方面的主体的位置。可以说不同要素之间的这种关系之建立（其中一些要素是新出现的，其他要素是预先存在的）是由临床医学话语实现的：正是作为实践的临床医学话语才在所有这些不同要素之间建立起一种既不会"实际上"被给定也不会提前被构成的关系系统；而且之所以临床医学话语具有统一性，之所以它所使用的或它所产生的那些陈述（énonciation）样态不会简单地因一系列历史偶然性并列，乃因为它在不断地使用这个关系簇。

　　还有一点要注意。在指出陈述（énonciation）类型在临床医学话语中的分歧后，我们不会试图通过揭示形式结构、范畴、逻辑连贯的方式、推理与归纳的类型、可在话语中被使用的分析与综合的形式来减少这种分歧；我们不想清理某种合理组织，其能够给一些像医学陈述一样的陈述提供它们所包含的

---

*　　莫尔加尼（1682—1771），意大利解剖学家，他从解剖学的立场解释疾病的性质与原因，确立了病灶的观念，创立了病理解剖学，著有《疾病的位置与病因》等。

内在必然性的东西。我们也不想把医学进步逐渐得以呈现的合理性的一般视域、医学向精密科学看齐而付出的努力、医学观察方法的限制、对萦绕着医学的影像或幻像进行缓慢而又艰难的驱逐、医学推理系统的纯化归之于创建行为或建构意识。最后,我们不会试图去描述医生心态的经验性起源,也不去描述医生心态的各种组成成分:医生们的兴趣如何发生转移,他们受到什么样的理论或实验模型的影响,什么样的哲学或什么样的道德主题确定他们进行反思的氛围,他们不得不回答什么样的疑问和请求,他们为了摆脱传统的偏见而应该付出什么样的努力,他们通过什么样的途径逐渐走向他们的知识(savoir)所从未完成的、从未达到的统一和一致。总之,我们不会将各种各样的陈述(énonciation)样态归结为主体的统一——不管是涉及那被看作合理性的纯粹创始的层级的主体,还是涉及那被看作综合的经验性功能的主体。它既不是"认识"(connaître),也不是诸"知识"(connaissances)。

在上述分析中,各种各样的陈述(énonciation)样态非但不归结于某个主体的某种综合或某种统一功能,反而显示着主体的弥散。[2]当主体掌握话语时,各种各样的陈述样态就归结于主体所能占据或接受的各种地位、各种场所、各种位置,归结于主体从中说话的诸层面的非连续性。如果这些层面被关系系统联系起来,那么这种系统就不会被那与自身同一的、缄默的和先于任何言语的意识的综合活动所确立,而是被话语实践的特殊性所确立。因此,我们不再想从话语中看到一种表达现象——对在别处进行的综合的逐字翻译;我们宁愿从话语中探

---

〔2〕 照此理由,《临床医学的诞生》中所运用的词组"医生的目光"令人极为不悦。

寻一个对主体性（subjectivité）的各种位置而言的规则性的范围。这样被构想的话语不是对思考、认知和说出话语的主体庄严进行的展示；它反而是主体的弥散、与主体自身相伴随的非连续性能够在其中被确定的集合。它是不同场所的网络在其中展开的外部性空间。我们刚刚指出话语形成的特有对象的状况既不应该由"词"也不应该由"物"来确定；现在应该以同一方式承认，确定主体的陈述（énonciations）的状况既不应该借助于先验的主体，也不应该借助于心理学的主体性。

5. 概念的形成

也许出现在林奈（Carl von Linné）[*]作品中的概念家族（当然还有我们在大卫·李嘉图的著作或波尔－罗瓦雅尔学派的语法论著中找到的概念家族）能够自成一个逻辑严密的集合。也许我们能够重建这个概念家族所形成的演绎结构。无论如何，经验都值得尝试——而且值得多次尝试。不过，如果我们采取更大的范围和选择语法学、经济学或生物研究等学科作为标志，那么我们会看到出现的概念运作不会遵从如此严格的条件：概念的历史不是高楼大厦的一砖一石式的建造。应该将这种弥散留在它无序的表面吗？应该从中看到一系列具有各自组织的，只是或者与问题的持久性，或者与传统的连续性，或者

---

[*] 林奈（1707—1778），瑞典生物学家、动植物双名命名法的创始人、现代分类学的创始人，他提出的界、门、纲、目、属、种的物种分类法至今仍被采用，著有《自然系统》《植物属志》《植物种志》等。

与影响的机制连接的概念系统吗？我们不能找到一种解释歧异概念接连或同时出现的法则吗？我们不能在这些概念之间找到一种出现频率不具有逻辑系统性的系统吗？不要把这些概念重新置于潜在的演绎结构中，而应描述这些概念在其中出现和流传的陈述范围（champ d'énoncés）的组织。

a. 这种组织首先包含着**更迭**的形式。而且在这些形式中间，有各种各样的**陈述系列的排列**（无论是推理、连续蕴含和论证推理的次序，还是描述的次序、这些系列所遵从的综合概括或者逐渐说明的模式、这些系列所遍及的空间分布、叙述的次序以及与时间有关的事件在陈述的线性序列中得以分布的方式）、陈述的各种各样的**依赖类型**（它们一直与陈述系列的明显的更迭既不同一，也不重叠：对于假设－验证、论点－批评、一般法则－特殊应用的依赖而言就是如此）、人们可据以**组合**陈述群的各种各样的修辞**图式**（描述、演绎、定义如何彼此连接，它们的序列确定文本结构的特点）。就以古典时代的**博物学**（Histoire naturelle）为例：它没有使用与16世纪相同的概念，某些旧有的概念（属〔genre〕、种〔espèce〕、症状）改变了用法；其他一些概念（例如结构的概念）出现了；还有其他一些概念（有机体的概念）稍后将形成。但是，对于整个**博物学**来说，17世纪被改变的、将要决定概念出现和复现的东西是诸陈述的总体布局与它们在规定的集合中进行的系列设置，是记录人们所观察到的东西和沿着陈述重建感知历程的方式，是描述、以有区别的线索来进行的连接、特征描述、分类之间的从属的关系与活动，是特殊观察与一般原理的相互设定，是所学的东西、所见的东西、所演绎的东西、被承认是有可能的东西、所假设的东西之间的依赖系统。**博物学**在17、18世纪不仅仅是给"属"或"特征"（caractère）的概念下新定义和引入"自然分类"或"哺乳动物"等新概念的知识（connaissance）形式；它首先是一套将陈述置入系列的规则，是一套有关依赖、秩序与更迭的强制性的图式，其中那些可作为概念具有价值的、不断出现的要素得以分配。

b. 陈述范围（champ énonciatif）的轮廓还包含着**共存**（coexistence）的形式。这些形式首先勾画出**在场的范围**（champ de présence）（应该是指别处已经被提出来的和作为公认的真理、准确的描述、充分的推理或必然的前提被重新置于话语中的全部陈述；还应指那些被批评、被讨论和被评判的陈述，就像那些被抛弃或被驱逐的陈述一样）；在这个在场的范围中，某些被建立起来的关系可能属于下述的范畴：实验的验证，逻辑的生效，纯粹而又简单的重复，传统和权威证明的接受，评论，隐藏的意指的研究，错误的分析；这些关系可能是明确的（而且有时甚至在专业的陈述的类型中被提出来：参考资料、批判性讨论），或者是隐含的，出现在普通的陈述中。即便如此，不难看出古典时代**博物学**的在场的范围所遵从的形式、选择标准、排除原则都不同于阿尔德罗万迪（Ulisse Aldrovandi）*的时代，他当时把诗人能看到的、观察到

---

* 阿尔德罗万迪（1522—1605），意大利文艺复兴时期博物学家，博物学之父，创立了欧洲最早的植物园——博洛尼亚植物园，著有《自然志》《鸟类学》《怪物志》等。福柯曾在《词与物》中提到过他的《蛇龙志》。

的、讲述的、屡次口耳相传的甚至诗人们想象的有关怪物的无稽之谈都收入到唯一的文本之中。人们还能描述一个与这个在场的范围不同的**相伴发生的范围**（champ de concomitance）（因此涉及一些与所有其他的对象领域有关的和属于截然不同的话语类型的陈述，但这些陈述在被研究的陈述中间获得活力，或者因为它们充当类比的肯定，或者因为它们充当一般原则、为推理所承认的前提，或者因为它们充当可转让给其他内容的模型，或者因为它们作为某些被肯定的命题至少不得不面对的和屈从的上游层级而发挥作用）：因此**博物学**的相伴发生的范围在林奈和布封的时代被某些与宇宙论、地球史、哲学、神学、《圣经》与《圣经》注释学、数学（以秩序科学［science de l'ordre］的极其概括的形式）的关系所确定；而且所有这些关系把这个相伴发生的范围与16世纪博物学家们的话语和19世纪生物学家的话语进行对比。最终陈述范围包含着所谓的**记忆领域**（domaine de mémoire）（涉及一些不再被接受或讨论的、不再因此确定真理的主体部分与有效性的领域的陈述，而是根据这些陈述建立起世系、起源、转换、连续性与历史的非连续性之间的关系）：因此，自杜纳福尔（Joseph Pitton de Tournefort）*以来的**博物学**的记忆范围与19世纪开始形成的生物学所呈现的如此广阔、如此累积、如此阐明的记忆范围进行比较时就在形式上显得极其狭隘和贫乏；不过，与文艺复兴时期

---

* 杜纳福尔（1656—1708），法国植物学家，是植物准确分类的第一人，著有《植物学原理或认识植物的方法》《植物志》等。

（Renaissance）围绕着动植物历史的记忆范围相比，这一记忆范围看起来被更好地确定、被更好地表达：因为文艺复兴时期的记忆范围当时与在场的范围难以区别；它与后者具有同一种外延和同一种形式，蕴含着同样的关系。

　　c. 最后我们能够确定那些可被合理地应用于诸陈述的**干预程序**（procedures d'intervention）。对于全部话语形成而言，这些程序的确是不一样的；在全部话语形成中被使用的这些程序（排除所有其他程序）、把它们联系起来的关系和它们以这种方式构成的集合可以逐一说明每个程序。这些程序可以出现在下述内容之中：**重写的技巧**（例如允许古典时代的博物学家们在分类表上重写线性描述的技巧，这些分类表与中世纪或文艺复兴期间确立的亲缘关系的列表和群体并不具有同样的法则与同一种轮廓）、根据多少被形式化的和人工的语言（我们可以在林奈和阿当松［Michel Adanson］[*]的著作中发现这种语言的计划，而且在某种程度上发现这种计划变成现实）来确定那些（在自然语言中被表达的）陈述的**转录方法**、从定量陈述到定性表达和从定性表达到定量陈述的**转译方式**（纯粹感知的测量与描述的关系之建立）、用于增加陈述的**近似**和提炼它们的精确性的方法（按照要素的形式、数量、布局与大小所做的结构分析从杜纳福尔开始就可以得到描述性陈述更大的且尤其是更恒久的近似）、我们重新——通过

---

* 阿当松（1727—1806），法国植物学家，他曾考察塞内加尔，著有《塞内加尔博物志》，他根据植物的自然特征提出了以科为主的分类体系和命名法，著有《植物科志》，为安托万-洛朗·德·朱西厄的《植物属志》的写作开辟了道路。

扩展或限制的方式——**划定陈述的有效性领域的方法**（具有结构特征的陈述［énonciation］从杜纳福尔到林奈都受到限制，随后从布封扩大到安托万－洛朗·德·朱西厄［Antoine-Laurent de Jussieu］*）；从一个应用范围的陈述的类型**转移到**另一个应用范围的陈述的类型的方式（例如从植物的特征描述转移到动物分类学，或者从表面特征的描述转移到有机体的内在要素）；由于以前曾被提出来而已经存在的但处于分离状态的诸命题的**系统化**的方法或者还有已经彼此相连的但在新的系统集合中被重构的诸陈述的重新分布的方法（因此，阿当松在一组人为的描述中重新采用了他之前的或由他自己就能完成的自然的特征描述，他通过抽象的组合分析就可以呈现出这种人为描述的预先图式）。

我们提议分析的这些要素是相当异质的。其中某些要素构成形式构造的规则，而另一些要素则构成修辞习惯；某些要素确定文本的内在布局，而另一些要素则确定不同文本之间的关系与干扰的方式；某些要素具有特定时代的特征，而另一些要素则具有遥远的起源和极其广大的时间跨度。本来属于话语形

---

* 安托万－洛朗·德·朱西厄（1748—1836），法国植物学家，出身植物学研究世家，其叔父安托万·德·朱西厄（Antoine de Jussieu）、贝尔纳·德·朱西厄（Bernard de Jussieu）与约瑟夫·德·朱西厄（Joseph de Jussieu）皆是植物学家。他发展了叔父贝尔纳的植物分类观念，运用形态学的方法改进林奈的分类方法，对被子植物的分类产生了重要影响，著有《植物属志》《植物自然方法原理》等。福柯往往只写 Jussieu，不容易判断究竟是哪一位 Jussieu，英译者 Sherridan Smith 错认为是他的叔父贝尔纳。另可参阅《词与物》法文版第 152、233、239、243、251、253、263、275、288、293 页。

成的东西和可以划定尽管是歧异的、话语形成特有的概念群的东西是这些不同要素用以相互联系的方式：例如，描述或叙述的布局与重写技巧相联系的方式；记忆范围与决定文本陈述的等级和从属的形式相联系的方式；陈述的近似和展开的语式与已经被提出的陈述的批评、评论、阐释的语式相联系的方式等。正是这个关系簇才构成概念形成的系统。

对于概念本身的直接和即时的描述而言，对这样一种系统的描述不可能有价值。关键不在于把这些概念变成完整的记录，不在于确立它们可能共有的特征，不在于对它们进行分类，不在于估量它们的内部一致性或检验它们彼此的相容性；我们不会把孤立的文本、个人作品或既定时刻的科学的概念结构作为分析的对象。对于这种明显的概念运作，我们要避而远之，而且我们试图确定陈述根据什么样的（系列的设置、同时发生的组合、线性的或相互的更改）模式能够在话语类型中彼此联系起来；我们由此试图辨别陈述的重现性要素如何能重新出现、分开、重构，如何能够在外延或规定性上有所进展、在新出现的逻辑结构的内部被重新使用，另一方面如何能够获得新的语义内容、在它们之间构成局部组织。这些模式可以让我们描述的——不是概念的内部建构的法则，不是概念在人的精神中渐进的和个体的起源，而是它们通过文本、书籍和作品而展开的匿名式的弥散。这种弥散确定话语类型的特征，并在概念之间确定演绎、派生（dérivation）、一致性的形式，不过也确定不相容、交错、替换、排除、相互改变、移位等形式。因此，这样的分析在可以说是**前概念的**层次上关涉着概念能够共存的范围和这个范围所遵从的规则。

为了明确"前概念的"在此处是什么意思，我将重新例举

《词与物》研究过的和17、18世纪确定**普通语法理论**（Grammaire générale）特征的四种"理论模式"。这四种模式——归因、连接、指称与派生——不是指古典语法学家们有效使用的概念；它们也不能超越不同的语法作品来重构一种更普遍、更抽象、更贫乏的系统，不过这种系统甚至由此会发现这些表面上对立的不同系统之间的深层相容性。它们可用来描述：

1. 不同的语法分析如何能被赋序、被展开；在名词、动词与形容词的分析之间，在有关语音的分析与有关句法的分析之间，在有关原始语言的分析与设想人工语言的分析之间，什么样的更迭形式是有可能的？这些不同的可能秩序被一些依赖关系所规定，而这些依赖关系可以在归因理论、连接理论、指称理论与派生理论之间被定位。

2. 普通语法（grammaire générale）如何为它自己确定**有效性**（validité）的领域（我们可以按照什么样的标准来讨论命题的真假）；普通语法如何为它自己构成**标准化**（normativité）的领域（我们可以按照什么样的标准来排除某些被认为是与话语不相关的，或者是不重要的和边缘的，或者是不科学的陈述）；普通语法如何为它自己构建**现实性**的领域（包括获得的解决方法、确定现存的问题、定位废弃不用的概念与断言）。

3. 普通语法与"**普遍知识**"（Mathesis，与笛卡尔和后笛卡尔的代数学、与一般的秩序科学的计划）、与再现（représentation）的哲学分析和符号理论，与**博物学**、特征化和分类学的问题，与财富分析、度量和交换的任意符号的问题保持着什么样的关系：通过定位这些关系，我们可以规定哪些途径保证着不同领域之间进行的概念的流通、转移、更改、概念形式的改变或概念应用领域的变化。上述四个理论部分构成的网络不会确定语法学家们所使用的全部概念的逻辑结构；它勾画出这些概念形成的有规则的空间。

4. 动词"是"（être）、系词、动词词根和词尾的各种构想（这对于**归因**的理论模式而言），语音要素、字母、名字、名词与形容词的各种构想（这对于**连接**的理论模式而言），专有名词与普通名词、指示词、名词词根、音节或表达响度的各种概念（这对于**指称**的理论部分而言），原始与派生的语言（langage）、隐喻与辞格、诗性语言（langage）的各种概念（这对于**派生**的理论部分而言），它们如何同时地或接连地成为可能（以交替选择、变化或替代的形式）。

我们由此突出的"前概念的"层次既不会诉诸理想性的视域，也不会诉诸抽象化的经验性起源。一方面，它不是由创始行为提出、发现或建立的理想性的视域——而且它在这个起始点上避开任何时序的插入；另一方面，它不是历史边界上永不枯竭的**先天性**（a priori），它既因为逃避任何开端、任何起源的复发而隐退，又因为它在明显的总体性中绝不可能与自身同时出现而后退。实际上，我们在话语本身的层次上提出问题，话语不再是外在的表达，而是概念出现的场所；我们不会把话语的常量与概念的理想结构联系起来，不过我们基于话语的内在规则性来描述概念网络；我们不会使陈述（énonciations）的多样性服从概念的一致性，而且不会使概念的一致性服从元历史的理想性的静思默想；我们建立相反的系列：我们将不矛盾（non-contradiction）的纯粹目的重新置于概念的相容与不相容的错综复杂的网络中；而且我们将这种错综复杂与那些确定话语实践特征的规则联系起来。因此，不必再求助于无限倒退的起源和无穷无尽的视域的主题：在话语的实践（pratique du discours）中，尽管一套规则的组织构成事件不比确定表达或发现更容易，但可以在历史的要素中被规定；之所以视域无穷无尽，乃因为它构成的完全可描述的系统在这一点上解释一组相当可观的概念和一组相当数量的转换，这些转换同时影响着这些概念和它们的关系。这样被描述的"前概念的"东西不会勾画出一种来自于历史深处和通过历史维持原状的视域，反而在最"表面的"层次上（在话语的层次上）是那些在话语中被实际应用的规则的集合。

  显然这也不会涉及抽象化的起源，这种起源试图重新发现那可以构成抽象化的操作系列：全部的直觉、特殊情况的发现、想象主题的隔离、理论障碍或技术障碍的碰撞、对传统模型的接连借用、适当的形式结构的确定等。在此处被提出的分析中，形成规则不是发生在个体的"心态"或意识中，而是发生在话语本身中；它们因此根据统一的匿名形式作用于所有试图在这一话语范围中说话的个体。此外，我们不会假设这些形成规则对所有领域都普遍有效；我们总是在特定的话语范围中描述它们，而且我们不会从一开始就承认它们的外延的无限可能性。我们顶多可以通过系统的比较来对照不同领域之间的概念的形成规则：我们以这种方式试图揭示这些规则集合在古典时代的**普通语法理论、博物学和财富分析理论**（Analyse des richesses）中可以呈现出来的同一与差异。在这些领域的每个领域中，这些规则集合都是相当特殊的，足以确定独特的、充分个体化的话语形成的特征；但它们呈现出相当多的类比性，以便我们看到这些各种各样的形成构成更加广泛的、更高层次的话语组合。总之，概念的形成规则，无论它们具有什么样的概括性，都不是个体进行操作的结果，这一结果被置于历史中，被沉淀在厚重的集体习惯中；它们不会建构整个晦涩研究的枯燥图式，诸概念在这一研究的过程中将通过错觉、偏见、错误、传统而得以出现。前概念的范围促使话语的规则性和限制显现出来，这些规则性和限制使概念的异质多样性成为可能，继而还进一步使我们写观念史时乐意讨论的这些丰富多彩的主题、信仰和再现成为可能。

如前所述，为了分析对象的形成规则，我们既不应该使对象扎根于物，也不应该将对象与词的范围联系起来；为了分析陈述类型的形成，我们既不应该将陈述类型（types énonciatifs）与认识主体（sujet connaissant）联系起来，也不应该将陈述类型与心理学的个体性联系起来。同样，为了分析概念的形成，我们既不应该将概念与**理想性**的视域联系起来，也不应该将概念与**观念**（idées）的经验性进展联系起来。

6. 策略的形成

经济学、医学、语法学、生物科学等话语导致概念的某些组织、对象的某些重组、陈述（énonciation）的某些类型，而它们根据自身的一致性、严密性、稳定性的程度形成主题或理论：在18世纪的语法理论中，有一个关于原始语言的主题，所有其他语言都派生于原始语言，而且承载着偶尔可辨认的回忆；在19世纪的语文学中有一种关于全部印欧语言之间的亲缘关系——血亲关系或姻亲关系——和充当它们共同起点的古代方言理论；18 世纪有在时间中展现自然的连续性和解释分类表之现有缺陷的物种进化的主题；有重农学派（Physiocrates）著作中出现的、基于农业生产的财富流通的理论。无论这些主题和理论具有什么样的形式层次，它们在惯例上都被称为"策略"（stratégies）。问题在于弄清楚这些策略在历史中如何被布局。把这些策略联系起来，使它们不可回避，准确要求它们先后各就各位并使它们成为唯一问题的接连的答案，这一切都有必要吗？或者是各种起源观念、影响、发现、思辨氛围、理论模型（个体的毅力或天赋将它们编排成或多或少被充分建构的集合）之间的偶然相遇吗？要不然就有可能在它们之间找到规则性，要不然我们就能确定它们的形成的共同系统。

  至于如何分析这些策略，我很难进入细节讨论。理由很简单，在我——也许摸索着和尤其开始时在方法上控制不够——清查不同的话语领域时，关键每次都是在其所有的维度上并根据其固有的特征来描述话语形成：因此每次都应该确定对象、陈述样态（modalités énonciatives）、概念、理论选择的形成规则。但是，碰巧分析的难点和最需要注意的方面每次都不一样。在《古典时代疯狂史》中，我讨论了其理论选择的要点很容易辨认的话语形成，它的概念系统相对数量较少，也不复杂，它的陈述状况（régime énonciatif）最终也相当同质和单调；全部错综复杂的对象的涌现反而成了问题；为了将精神病学话语的集合放在它的特殊性中进行定位，重要的是要首先描述这些对象的形成。在《临床医学的诞生》中，我研究的基本要点是 18 世纪末 19 世纪初医学话语的陈述（énonciation）形式被改变的方式；因此我的分析是针对正在说话语的主体（sujet discourant）的地位、制度性场所、情境和融入方式，而不是针对概念系统的形成或理论选择的形成。最后在《词与物》中，我的研究就其主要部分而言是针对概念的网络和概念的（同一的或差异的）形成规则，就像我们可以在**普通语法理论**、**博物学**和**财富分析理论**中定位它们的那样。至于策略选择，它们的位置与意蕴都被指示出来（例如，无论在林奈和布封的情况中，还是在重农学派和功利主义学派［Utilitaristes］的情况中）；但对它们的定位依旧挺粗略，而且分析几乎没有触及它们的形成。可以说对理论选择的分析还在进行中，直到出现一项能引起基本关注的今后的研究。

目前刚好有可能指出研究的方向。这些方向可概括如下：

1. 规定话语可能的**衍射点**（points de diffraction）。首先，这些衍射点的特征表现为**不相容的点**（points d'incompatibilité）：两个对象，或两种陈述（énonciation）类型，或两个概念可以出现在同一种话语形成中，却不能——冒着明显的矛盾或不合逻辑的危险——进入唯一的陈述系列。其次，这些衍射点的特征表现为**等价点**（points d'équivalence）：两种不相容的要素以相同的方式和基于相同的规则来形成；它们出现的条件是相同的；它们处于同样的层次；它们不会形成纯粹而又简单的一致性的缺陷，而是形成一种抉择：即使它们不会按照时间顺序同时出现，即使它们不会具有同一种重要性，而且假如它们不会在全体的实际陈述中以相同的方式被再现，那么它们仍以"或者……或者……"（ou bien...ou bien）的形式出现。最后，这些衍射点的特征表现为**系统化的勾连点**：基于这些同时是等价的和不相容的要素中的每个要素，一个有关对象、陈述形式（formes énonciatives）、概念的一致系列被派生出来（可能伴随着每个系列中新出现的不相容的点）。换言之，在上述的层次上被研究的弥散不会简单地构成间距、非－同一性、非连续的系列、缺项；它们有时会形成话语子集——这些话语子集本身通常会受到特别的重视，好像它们是那些更广泛的话语集合（"理论""构想""主题"）得以形成的直接单位和原始材料。例如，在这样的分析中，我们不会认为 18 世纪的**财富分析理论**是货币，需求物品的交换，价值和价格的形成，或者地租等几种不同的构想（通过同时发生的合成或者时序的更迭）得出的结果；我们也不会认为**财富分析理论**是由承继了威廉·配第衣钵的理查德·坎蒂隆（Richard Cantillon）*的观念、被各位理论家不断反思的约翰·劳（John Law）**的经验和与功利主义的构想相对立的重农主义体系构成的。我们宁可把**财富分析理论**当作分配单位（unité de distribution）来描述，后者打开可能选择的范围，并使得各种各样的、相互排斥的结构并行或轮流出现。

2. 但所有可能的运作的确都不会被实现：至少有许多不完全的集合、局部的相容性、本有可能出现却未显示出

---

* 理查德·坎蒂隆（1680—1734），爱尔兰裔法国经济学家、银行家，曾投资过约翰·劳的密西西比公司，其唯一著作《商业性质概论》对法国重农学派和英国政治经济学产生了重要影响。

** 约翰·劳（1671—1729），苏格兰经济学家，担任过法国路易十五的财政大臣，他创立银行，创办密西西比公司，过度发行纸币，导致法国通货膨胀、金融崩溃，尤其是"密西西比泡沫"导致法国经济全面崩溃。他嗜赌成性、赌术精湛，擅长利用复杂的概率创造制胜机会，提出稀缺价值理论、真实票据理论等经济学观念，著有《论货币和贸易》。

来的一致的结构。为了解释那些在所有本可能被实现的选择中已实现的选择（和仅仅解释这些被实现的选择），应该描述决定的特殊层级。在这些特殊层级中间，首先应该被描述的是被研究的话语相对于那些与它同时代的、与它毗邻的特殊层级所发挥的作用。因此，应该研究这种话语所属的**话语星座的布局**（économie de la constellation discursive）。这种话语的确可以发挥形式系统的作用，而其他话语则是这种形式系统在各种各样的语义范围中的应用；这种话语反而可以起到具体模型的作用，这种具体模型应该被应用于更高的抽象层次的其他话语（因此，17、18世纪的**普通语法理论**显示为符号与再现的一般理论的特殊模型）。被研究的话语还可以与某些其他话语具有类比、对立或互补的关系（例如，在古典时代，**财富分析理论**与**博物学**之间存在着类比关系；前者是对需求与欲望的再现，而后者则是对知觉与判断的再现；我们还能注意到**博物学**与**普通语法理论**相互对立为自然特征的理论与约定符号的理论；这两者轮流与财富分析相对立，就像定性符号研究与度量的定量符号研究相对立那样；最终每个都发展再现符号的三种互补作用中的一种：指称、分类、交换）。我们最后能够在几种话语之间描述相互划界的关系，尽管每一种话语都通过对它的领域、方法、工具、应用领域的区分来表现其独特性的特殊标志（对于精神病学与组织医学亦是如此，它们在18世纪末之前几乎不分彼此，而且自此开始就确立了一种确定它们特征的间距）。这整组关系构成一种在既定话语的内部允许或排除某些陈述的规定性原则：存在着概念的系统化、陈述的连贯、对象群与对象组织，它们本来是有可能的（在它们特有的形成规则的层次上，没有什么东西可以证明它们的不在场），但它们被一个属于更高层次和具有更广泛外延的话语星座所排斥。话语形成因此不会占据它的对象、陈述（énonciations）、概念的形成系统向它合理敞开的所有可能的容积；它基本是有缺陷的，而且这一点是由它的策略选择的形成系统造成的。由此出现的情况是，当一种既定的话语形成在新的话语星座中被重新采用、安置和解释时，它就有可能揭示新的可能性（由此在科学话语的现有分布中，波尔－罗瓦雅尔学派的**语法理论**或林奈的**分类学**可以释放一些对于它们既是内在的又是从未出现的要素）；但这并不关系着一种仍未被言明的缄默内容，它有可能在未被说出的情况下被说了出来，而且它超出明显的陈述而构成一种更基本的、现在终于重见天日的次话语；这关系着一种在选择之排除与选择之可能性的原则上出现的改变，即由于新话语星座中的插入而引起的改变。

3. 对实际进行的理论选择的规定还从属于另一种层级。这种层级的特征首先通过被研究的话语**在非话语实践的范围中**所应发挥的**功能**表现出来。因此，**普通语法理论**在教育实践中发挥作用；财富分析以更明显和更重要的方式不仅在政府的政治和经济的决策中而且在新生资本主义难以被概念化、难以被理论化的日常实践中和在确定古典时代特征的社会政治斗争中发挥作用。这种层级还包含着话语的**占有的状况与过程**：因为在我们的社会中（可能也在许多其他社会中），话语的属性——同时可被理解为言说的权利，理解的能力，对那些已被提出的陈述的汇编合法而又直接的探究，最后将这种话语应用于决策、制度或实践的能力——实际上（有时甚至以合乎规定的方式）被留给一群特定的个体；在16世纪以来就为人所熟知的资本主义社会中，经济话语从来就不是共同的话语（医学话语或文学话语也不是，尽管方式不同）。最终这种层级的特征通过**欲望相对于话语的可能位置**表现出来：话语的确可以是幻觉出现的场所、象征化的要素、禁止的形式、派生性满足的工具（话语与欲望相关的这种可能性并不仅仅是话语进行诗性的、浪漫的或想象的练习的事实：有关财富、言语活动、自然、疯癫、生与死的话语，当然还有其他一些也许更抽象的话语，它们能够相对于欲望占据明确规定的位置）。总之，对这种层级的分析应该指出话语与欲望的关系、话语的占有的过程、话语在非话语实践中间的作用都不会外在于话语的单位、话语的特征描述和话语形成的法则。它们不是与话语纯粹的、中性的、非时间性的和沉默的形式相重叠的，抑制这种形式和使乔装改扮的话语在其适当的位置上说话的干扰要素，而恰恰是话语的形成要素。

如果我们能够确定在话语形成中展开的不同策略的形成系统，换言之，如果我们能够指出这些策略如何全都（尽管它们的杂多性有时极大，尽管它们弥散在时间中）源自于同一组关系，那么话语形成将会被个体化。例如，17、18世纪财富分析的特征就是由能同时形成柯尔贝尔（Jean-Baptiste Colbert）*

---

* 柯尔贝尔（1619—1683），法国政治家，法国路易十四时期的财政大臣，鼓励发展工商业，被誉为重商主义之父。

的重商主义与理查德·坎蒂隆的"新重商主义"的系统、约翰·劳的策略与帕里斯－杜维尼（Joseph Pâris-Duverney）*的策略、重农主义的选择与功利主义的选择来确定。而且，如果我们能够描述经济话语的衍射点如何相互派生、支配和蕴含（一个有关价格的选择点如何来源于一个有关价值概念的决定），那些做出的选择如何取决于经济话语得以在其中成形的总体话语星座（对货币符号有利的选择在有关言语活动、再现分析、"普遍知识"和秩序科学的理论方面会与财富分析所占据的位置有关），这些选择如何与经济话语在新兴资本主义的实践中所占有的功能、经济话语以资产阶级名义作为对象的占有过程、经济话语在利益与欲望的实现中所能发挥的作用联系起来，那么我们就可以确定这种系统了。在古典时代，经济话语是由某种稳定方式所确定的，这种方式使某一话语内部的系统化的可能性、某一话语外部的其他一些话语与整个有关实践、占有、利益和欲望的非话语范围建立起关系。

  应该注意这样描述的策略不会在话语之前扎根于既是初步的又是基本的选择的沉默深处。所有这些不得不被描述的陈述组合不是本来有可能以词的形式来兑现的世界观的表达，也不是隐藏在理论借口之下的利益的虚伪转译；古典时代的博物学（histoire naturelle）不只是明确的历史之前的模糊状态中出现的、下述两者之间的对峙：一是一种静止的、有序的、被分隔的和从一开始审慎地服从于分类上的分区的宇宙（林奈意义上的）观，一是（承继着时间、充斥着意外和向进化的可能性敞

---

* 帕里斯－杜维尼（1684—1770），法国财政官，曾主持法国票据清查工作，清算约翰·劳给法国经济造成的重创。

开的)自然的还有点模糊的知觉;同样财富分析也不只是变成土地所有者的、通过重农学派的呼声来表达自己的经济要求或政治要求的资产阶级与通过功利主义学派来要求贸易保护或自由的政策的商业资产阶级之间的利益冲突。无论是**财富分析理论**,还是**博物学**,如果我们没有在它们的存在、统一(unité)、持久、转换的层次上思考它们,那么我们就不能把它们看作是这些各种各样的选择的总和。这些选择反而应被描述为探讨话语对象(划定它们的范围,对它们进行重组或分离,连接它们和使它们相互派生)、掌握陈述(énonciation)形式(选择、安置它们,构成系列,把它们构成重要的修辞单位)、操纵概念(给它们提供使用规则、使它们融入局部的一致性和由此构成概念的结构)在系统上各不相同的方式。这些选择不是话语的根源(这些根源不会在话语中被提前规定并以准微观的形式被预先呈现);它们是一些调动话语可能性的可调节的(和可以这样描述的)方式。

但这些策略也不应该作为次级要素来分析,这些次级素被附加在按理说有可能独立于它们的话语合理性之上。不存在(或者至少对于我们在此勾画出其可能性的历史描述而言,我们不能承认)一种既是最终的又是非时间性的理想话语,各种选择有可能从外在起源上歪曲、弄乱、抑制这种理想话语,并把它推向可能相当遥远的未来;例如我们不应假设它在自然或经济上掌握着两种重叠的、混杂的话语:一种话语缓慢发展,积累它的习得(acquis)和逐渐完善(真话语,但它只有在历史目的论的范围内才以纯粹的状态存在);另一种话语则总是被破坏、总是被重新开始,永远与自身分裂,它由异质的部分构成(历史随着时间的推移而抛到过去的意见话语)。如果撤开物种不变论（fixisme），那就不会有一种可能是精确的自然分类学；如果没有商业资产阶级的偏好和错觉，那就不会有一种可能是真实的、有关交换与效用的经济学。古典主义的分类学或财富分析就像它们确实存在的那样，就像它们构成历史形态的那样，将对象、陈述（énonciations）、概念与理论选择包含进一个被连接起来但不可分开的系统之中。而且，一切就像不应该将对象的形成与词或物，陈述（énonciations）的形成与知识（connaissance）的纯粹形式或心理学的主体，概念的形成与理想性的结构或观念的更迭联系起来一样，也不应该将理论选择的形成与基本的**计划**（projet）或**意见**（opinions）的次级运作联系起来。

7. 评语与结论

现在应该重述前面分析中的某些零散的指示，应该回答这些分析必定提出的某些疑问，而且首先应该考虑有可能出现的反对意见，因为这项研究的悖论马上就会出现。

我一开始就对这些预先确定的单位提出质疑，人们传统上根据这些单位来划分话语泛指的、单调的、丰富的领域。关键不在于对这些单位的整个价值提出异议，或者要禁止使用它们，而在于指出这些单位为了准确地被确定而需要理论构思。然而——上述进行的全部分析的确在这一点上显得很可疑——有必要在这些也许确实有点不肯定的单位上叠加另一个更少见的、更抽象的和必然更可疑的单位的范畴吗？甚至在这些分析的历史限制和它们的组织的特殊性相当容易感知的情况下（以

普通语法理论或**博物学**为证），这些话语形成提出了比书或作品更棘手的定位的问题。因此，为什么在那些看起来最明显的重组遭受质疑之际还进行如此令人怀疑的重组？我们希望发现什么样的新领域？到目前为止，什么样的关系仍然是晦涩难懂的或未被言明的？什么样的转换还处在历史学家们的影响之外？简而言之，我们能够给这些新分析提供什么样的描述功效？针对所有这些疑问，我以后会尝试着进行回答。但从现在开始，应该回答对于那些以后的分析是首要的、对于前面的分析是最终的提问：关于我试图确定的这些话语形成，我们真有权利谈论单位吗？我们提出的划分能使集合个体化吗？而且这样被发现或被建构的单位的本质是什么？

首先，我们可从这样一个察证开始：面对像临床医学或政治经济学或博物学一样的话语的单位，我们涉及诸要素的弥散。不过，这种弥散本身——与它的缺陷、裂缝、交错、重叠、不相容、置换与替代一起——可以从它的独特性上被描述，只要我们能够规定对象、陈述（énonciations）、概念、理论选择据以形成的那些特殊规则：如果有单位，那么它并不存在于被形成的诸要素可见的和横向的一致性中；它的确先于诸要素的形成，存在于使它们的形成得以可能和支配它们的形成的系统中。但我们能以什么样的名义来谈论单位和系统？如何断言我们的确使话语集合个体化？什么时候我们相当冒险地在对象、陈述（énonciations）、概念和选择的看似不可化约的多样性的背后启动了一堆数量不少的或更不弥散的但又相互异质的要素？什么时候我们将所有这些要素分成有区别的、其连接方式几乎未被确定的四个组？而且我们在什么意义上可以说所有从话语的对象、陈述（énonciations）、概念和策略的后面被揭示的这些要素保证着与作品或书一样具有个体性的集合的存在？

1. 如前所述（可能也没有重述的必要）：当我们谈论形成系统时，我们不仅理解那些异质性要素（制度、技术、社会群体、感知组织、各种话语之间的关系）的并置、共存或相互作用，而且理解它们通过话语实践——以明确规定的形式——建立起它们的关系。但这四种系统抑或这四个关系簇依次会怎么样？它们如何都能确定唯一的形成系统？

因为这样被确定的不同层次不是相互独立的。我们指出策略选择不会直接产生于世界观或本来属于这样或那样的言说主体的利益优势，但它们的可能性本身是被概念运作中出现的散射点所规定；我们还指出概念得以形成不会直接建立在观念近似的、混乱的和鲜活的基底上，而是基于陈述之间的共存形式；至于陈述（énonciation）样态，如前所述，它们被描述是基于主体相对于其所谈论的对象的领域占据的位置。这样就存在着垂直的依赖系统：主体的所有位置、陈述之间共存的所有类型、所有话语策略也不都是有可能的，而只有被前面的层次准许的那些才是有可能的；比方说，鉴于 18 世纪支配**博物学**对象的形成系统（作为带有特征的和由此可分类的个体性、作为能够变动的结构要素、作为可见的和可分析的表面、作为连续有规则的差异的范围），某些陈述（énonciation）样态遭到排斥（例如符号的辨认），其他陈述（énonciation）样态则被包含着（例如根据被规定的准则所进行的描述）；同样鉴于话语主体能够占据的不同位置（作为没有工具性中介的观看主体、作为从感知的复数性上提取独一无二的结构要素的主体、作为用可编码的词汇记录这些要素的主体等），陈述之间有某些共存遭到排斥(比方说对"已说之物"进行深入研究的再激活或者对神圣化的文本的注释性评论),相反其他一些共存是可能的或者是需要的(例如整体上或部分地类似的陈述融入分类表)。因此,诸层次彼此之间不是自由的,而且它们不会按照没有限制的自主性显示出来:从对象的初级区分到话语策略的形成,存在着一整套关系等级。

但是,这些关系也可以在相反的方向上被确立。低级的层次不会独立于那些高于它们的层次。理论选择在那些实现它们的陈述中排除或包含某些概念的形成,也就是说陈述之间的某些共存形式:因此在重农学派的文本中,我们将不会与在功利主义学派进行的分析中一样找到定量材料和度量的整合方式。并不是因为重农学派的选择能够改变保证18世纪经济概念形成的全部规则;但它能启用或排除这些规则中这样或那样的规则,由此能揭示某些不会在其他地方出现的概念(比如净产值的概念)。不是理论的选择规定了概念的形成,而是理论的选择通过概念的特殊的形成规则和通过它与这个层次保持的关系的运作产生了概念。

2. 这些形成系统不应被当作静止的聚块、静态的形式,后者从外部强加给话语和一劳永逸地确定话语的特征和可能性。这些并不是源于人类思想或再现手法的约束;但也不是在制度或社会关系或经济的层次上被形成的、要在话语的表面上强行被记录的规定性。这些系统——我们已经强调过——存在于话语本身中,抑或(既然这不涉及话语的内部性和这种内部性所能包含的东西,而是涉及话语的特殊存在和话语的条件)存在于话语的边界,存在于这种使话语这般存在的特殊规则得以确定的界限上。因此,形成系统应该是指复杂的、作为规则起作用的关系簇：它规定着那应该在话语实践中建立起关系的东西，以便话语实践指涉这样和那样的对象、启用这样和那样的陈述（énonciation）、使用这样和那样的概念、筹谋这样和那样的策略。把形成系统放在它的独特个体性上进行确定，因此是通过实践的规则性来确定一种话语或一组陈述的特征。

  作为一套针对话语实践而言的规则，形成系统并非与时间不相干。它不会将可能历经一系列数百年的陈述而出现的一切聚集成某个起点，这个点同时是开端、起源、根据、公理系统，而且基于这个起点，真实历史的曲折变化只是不得不以十分必要的方式展开。形成系统所勾画的是必须被启动的规则系统，以便某个对象发生转换，某种新陈述（énonciation）出现，某个概念被构思（无论它是被改变的还是被引入的），某种策略被改变——因此不断地归属于这同一种话语；形成系统还勾画的是必须被启动的规则系统，以便其他话语（其他实践、制度、社会关系、经济过程）中发生的变化能够在既定话语的内部被记录，由此建立新对象，引发新策略，导致新陈述（énonciations）或新概念。因此，话语形成不会起着阻止时间和冻结时间几十年或数个世纪的形态的作用；它规定着时间进程特有的规则性；它提出话语事件的系列与事件、转换、变化和过程的其他系列之间的连接原则。它不是非时间的形式，而是多个时间系列之间的对应模式。

  形成系统的这种活动性以两种方式显示出来。首先它在建立起关系的诸要素的层次上显示出来：这些要素的确能经受某些被整合到话语实践中的内在变化，但话语实践的规则性的一般形式不会被改变；因此在整个19世纪，刑事法学、人口压力、劳动力需求、救济形式、拘留的地位和司法条件一直都在发生变化；然而精神病学的话语实践继续在这些要素之间确立同一组关系；因此形成系统保留了其个体性的特征；通过相同的形成法则，新对象出现了（新型个体、新的行为分类被描述为病理学的），新陈述（énonciation）样态被启用了（定量标记和统计计算），新概念被勾画出来（像堕落、变态、神经症等概念），当然新的理论大厦可以被建造了。不过话语实践反而改变它们建立起关系的领域。它们徒劳地建立起那些只有在它们自己的层次上才能被分析的特殊关系，这些关系不会在唯一的话语中发挥作用：它们也处于它们彼此连接起来的那些要素中。例如，一旦医院的范围通过临床医学话语与实验室建立关系，它就不会保持不变：医院的安排、医生在医院中的地位、医生的目光的功能、医院中可被实现的分析层次都必定被改变。

3. 被描述为"形成系统"的东西不会构成话语的最终阶段，如果我们用这个术语来指某些文本（或某些言语）的话，就像它们与其词汇、句法、逻辑结构或修辞安排一起显示出来的那样。分析就处于这一明显的层次（它是完成的构造的层次）之内：在确定对象在话语中的分布原则时，分析不会解释对象的全部关联、对象的精致结构，也不会解释对象的内部细分；在寻找诸概念的弥散法则时，分析不会解释概念构思的全部过程，也不会解释概念在其中能够成形的全部演绎链；如果分析研究陈述（énonciation）样态，那么分析既不质疑句子的风格，也不质疑句子的连贯；简而言之，分析隐约可察地留下**文本**的最后置身之处。但应该弄清楚这一点：如果分析相对于这种最后的构造仍然退缩不前，那不是要避开话语，不是要诉诸思想的缄默运作，也不是要避开有系统的东西，也不是要揭露那些检验、企图、错误和重新开始所导致的"充满活力的"无序状态。

在这一点上,话语形成的分析与许多惯常的描述形成对比。我们的确习惯认为诸话语与它们的系统排列只是最终的状态,只是长期迂回构思的最后结果,语言与思维、经验性体验与范畴、亲身经历与理想的必然性、事件的偶然性与形式束缚的作用都卷入其中。在系统的可见的外表背后,我们可猜想无序的丰富的不确定性;而且在话语的微不足道的表面下,我们可猜想对于缄默的部分而言的整个变化:不属于系统的秩序的"前系统的东西"、属于原生性缄默的"前话语的东西"。话语与系统只会——一致地——产生在这一巨大储存的顶端。不过这里被分析的当然不是话语的最终状态;而是促使最终的系统形式成为可能的系统,是**终结前的规则性**,相对于这些规则性,最终状态远非构成系统的产生场所,毋宁说是被它的变量所确定。在完善的系统背后,形成的分析所发现的东西不是激昂的生命本身、尚未被捕获的生命,而是系统性的无限厚度、多样关系的紧密集合。不仅如此,这些关系当然不是文本的结构本身,它们在本质上并非与话语不相关。这些关系的确可以被称作"前话语的",但只要承认这种前话语的东西还是属于话语的东西,也就是说它们不会规定思维或意识或一组事后以完全没有必要的方式被记录在话语中的再现,而是它们确定某些话语层次的特征,它们确定话语作为独特实践所实现的规则。因此,我们不会力图从文本转向思想、从喋喋不休转向缄默不语、从外部转向内部、从空间的弥散转向对瞬间的纯粹冥思、从表面的多样性转向深层的统一性。我们继续留在话语的维度上。

第三章　陈述与档案

1. 确定陈述

我现在做出如下假定：我们接受了这种冒险；我们的确想为了确定话语的广阔表面而假设这些有点奇特的、有点久远的、我所称之为话语形成的形态；我们不是以明确的方式而是一度出于方法上的考虑而搁置书和作品的传统单位；我们不再将话语的建构法则（以及由之产生的形式组织）或者言说主体的情境（以及确定这一情境特征的语境和心理核心）当作单位的原则；我们不再将话语与体验的原始土壤联系起来，也不再与知识（connaissance）的**先天的**层级联系起来；而我们是根据话语形成的规则来考问话语本身。我假定我们乐意就有关诸对象的出现、陈述方式（modes énonciatifs）的显现与分配、概念的设置与弥散、策略选择展开的系统进行这些长期的调查研究。我假定我们的确想建构那些相当抽象的、相当可疑的单位，而不接受那些即使不被赋予不可置疑的自明性也至少被赋予几乎可感知的熟悉度的单位。

然而，关于这一点，我到此为止都说了什么？我调查研究的对象是什么？而且我想要描述什么？简而言之，就是诸"陈述"（énoncés）——既存在于这种使它们摆脱所有形式的非连续性中，而我们在其中很容易承认它们被掌握，又存在于一般的、无限制的、表面上无形式的话语范围中。不过，我避免给陈述下初步的定义。我不会试图随着我的深入研究来构思陈述的定义，以便给我幼稚的起点提供辩护。此外——这可能是漫不经心的必然后果——我思量着我是否中途不会改变方向，我是否不会以另外一种研究替代最初的视域，这些是否在我分析"对象"或"概念"时——尤其在我分析"策略"时——还的确是我说过的陈述，我由此描述话语形成特点的四组规则是否真就确定了陈述群。最后我不会逐渐地缩减"话语"这个词如此漂浮不定的意指，而我相信我增加了这个词的意义：我会把话语时而视作全部陈述的一般领域，时而视作可个体化的陈述群，时而视作解释某些陈述的、可调节的实践；话语这本应该在陈述结束时作为界限和外壳的同一个词，难道我不会使这个词随着我改变自己的分析或分析的应用点、随着陈述本身从我的视野消失而发生变化吗？

因此，我目前的任务是从根源上重新定义陈述，而且看看陈述的定义是否确实在前面的描述中被使用，看看我在话语形成的分析中是否确实涉及陈述。

我多次使用过陈述这个术语，或者为了谈论（好像我讨论过个体或独特事件）"陈述的种群"（population d'énoncés），或者为了将陈述与这些可能是"话语"的集合进行对比（就像部分［partie］区别于整体［tout］一样）。乍一看，陈述显得是一种最终的、不可分解的、本身就易于被孤立的要素，而且这种要素能够同其他与之类似的要素建立起一组关系。陈述是没有表面但可在分布的层面和组合的特殊形式中被辨认的点。陈述是在它作为构成要素的组织的表面上出现的粒子。陈述是话语的原子。

那么立即提出的问题是：如果陈述的确是话语的基本单位，那么它由什么构成？它的突出特点是什么？我们应该承认它具有什么样的界限？陈述这一单位与逻辑学家们以命题的术语确定的单位、与语法学家们描述为句子的单位或者还与"分析学家们"试图以**言语行为**（speech act）的名义区分的单位是不是一样的？在言语活动考察已经揭示的所有这些单位（而有关这些单位的理论经常是远未完成的，因为它们所提出的问题很棘手，在很多情况下难以严格划定它们的范围）中间，陈述占据着什么样的位置？

我不认为陈述存在的必要且充分的条件是呈现明确的命题结构，而且我也不认为我们当命题存在时且只有在这种情况下才能谈论陈述。我们的确能获得两种完全不同的陈述，尽管它们属于截然不同的话语组合，当我们只找到一个能具有唯一价值的命题时，它们遵从着唯一一组构成法则和包含着同样的使用可能性。"没有人听到"（Personne n'a entendu）和"确实没有人听到"（Il est vrai que personne n'a entendu）这两个表达从逻辑上是不可分辨的，而且不能被看作两个不同的命题。不过，作为陈述，这两种表达既不等价，也不可相互替换。它们在话语层面上不可能处于同一位置，的确也不属于同一陈述群。如果我们在小说的第一行读到"没有人听到"这个表达方式，那么我们直到新指令出现时才知道它是由作者或由人物（大声地或以内心独白的方式）所进行的观察；如果我们读到第二个表达"的确没有人听到",那么我们此时只能处于一组构成内心独白、缄默讨论、自我争吵或对话片段、问答集合的陈述之中。在这两种表达中,虽命题的结构相同,但陈述的特点(caractères énonciatifs)完全不同。不过,当我们显然要涉及一个简单、完整、自主的陈述时(即使它属于整个由其他陈述所构成的集合),可能会出现一些复杂的、重迭的命题形式,或者与之相反,也可能会出现一些支离破碎的、未完成的命题:"当今的法国国王是个秃子"是个众所周知的例子(只有我们以唯一陈述的形式辨别两个不同的、其中任何一个就其自身而言都有可能是真或假的命题,这个例子才会从逻辑的角度被分析),或者还有像"我撒谎"这个命题的例子,这个命题只有在它与低层次的论点的关系中才可能是真实的。有些标准可以确定命题的同一性,以表达的单位区别几个命题,确定命题的自主性或完备性特点,这些标准都不利于描述陈述的独特单位。

句子又会怎样呢?不应该接受句子与陈述之间的等价吗?在任何存在着语法上孤立的句子的地方,我们能辨认出独立的陈述的存在;但另一方面,当我们从句子本身之下触及其构成成分的层次时,我们就不能再谈论陈述。针对这种等价提出下面的反对意见毫无意义,即某些陈述可以在"主词－系词－谓词"这种标准形式之外由简单的名词性意群("这个人!"[Cet homme!])或副词("太好了!"[Parfaitement!])或人称代词("您!"[Vous!])构成。因为语法学家们自己在同样的表达中也承认独立句,即使这些句子通过一系列基于"主词－谓词"图式的转换而获得。不仅如此,他们将"可接受的"句子的地位赋予未被准确建构的语言要素的集合,只要这些集合是可解释的;他们另一方面将符合语法规则的句子的地位赋予可解释的集合，却只要这些集合可被正确地构成即可。通过句子的如此广泛的——在某种意义上又如此宽松的——定义，我们难以知晓如何辨别那些可能不是陈述的句子或者那些可能不是句子的陈述。

然而，这种等价还远不是全部；而且引用那些与句子的语言结构不相符的陈述是相对容易的。当我们在拉丁语的语法论著中找到一组排成一列的词 *amo*、*amas*、*amat* 时，我们所涉及的不是句子，而是动词 *amare* 直陈式现在时不同人称的词形变化的陈述。也许我们将觉得这个例子值得讨论；也许我们会说这涉及一种简单的表达手法，说这种陈述是一个被删减的、以相对不常用的方式被空间化的省略句，而且说它应该被读作句子"动词 *amare* 直陈式现在时的第一人称变化是 *amo*"，等等。其他例子无论如何都不会更加含糊不清：植物学物种的分类表是由陈述构成的，而不是由句子构成的（林奈的《植物属志》[*Genera Plantarum*] 是一整本有关陈述的书，我们从中只能辨认出一定数量的句子）；家谱、账簿、商业收支估算都是陈述：句子在哪里呢？我们可以进而言之：n 次方程或折射定律的代数式都应被看作陈述；而且如果句子具有相当严密的合语法性（grammaticalité）（因为句子是由意义被使用规则所规定的、更迭被建构法则所支配的象征符号构成的），那么这涉及的标准与那些可在自然中确定可接受的或可解释的句子的标准有所不同。最后，图表、增长曲线、年龄金字塔图、云层分布图都会形成陈述：至于陈述可附加其上的句子，它们都是陈述的解释或评论；它们不是陈述的等价物：其证据是在很多情况下只有无数的句子可与所有在这类陈述中被明确提出来的要素等价。因此，通过句子的语法特征来定义陈述似乎在整体上是不可能的。

还存在最后一种可能性：乍一看它是所有可能性中最有可

能的。我们不可以说在我们能认出和区分表达行为的任何地方都有陈述——像英国分析哲学家们谈论这种"**言语行为**"、这种"**以言行事**"（acte illocutoire）一样的某种东西？这里是指我们不会涉及那导致（高声地或低声地）说话和书写（手写或机器打字）的具体行为；我们也不涉及正在说话的个体的意图（事实上他希望说服某人、他想要某人服从、他试图发现问题的解决方法，或者他愿意提供他的消息）；我们也不以此指他说出的东西所产生的可能结果（他是说服了某人还是引起了怀疑，是否有人听从他和他的命令是否得到执行，他的祷告是否上达天听）；我们描述那些出现时就被程式本身所实现的操作：许诺、命令、法令、契约、承诺、察证。以言行事不是在陈述的确切时刻之前（在作者的思想或作者的意图活动中）发生的行为，不是能够在陈述本身之后、在陈述置于身后的尾流中和在陈述导致的结果中产生的行为，而恰恰是在极其特定的情况下因陈述存在这一事实本身——正是这种陈述（除了它没有任何其他陈述）——而产生的行为。因此，我们可以假设陈述的个体化与表达行为的定位都从属于相同的标准：每种行为都在陈述中成形，而且每种陈述都从内部被这些行为中的一种所萦绕。它们相互依存、互利互惠。

然而，这样的关联经不起检验。因为实现一个"**言语行为**"常常需要的陈述可不止一个，誓言、祷告、契约、许诺、论证大多数时候都要求某些不同的程式或分离的句子：以这些程式或句子都被唯一的"以言行事"所贯穿为借口来针对它们之中的每个程式或句子否认陈述的地位，这可能是棘手的。也许有人将会说，在这种情况下，行为本身在整个陈述系列中并不总是唯一的，说祷告中存在的有限的、接连的和并置的祷告行为与那些有区别的陈述提出的要求一样多,而且说许诺中存在的承诺与那些分离的陈述中的个体化序列一样多。然而,我们对这个回答不可能满意:首先因为表达行为不再用来确定陈述,反而应该被陈述所定义——陈述恰好提出问题和需要个体化标准。而且,只有几种陈述被连接起来,每种陈述都找到适合自己的位置,某些以言行事才能被看作在它们的独特单位中是完成的。这些以言行事因此是由这些陈述的系列或总和、这些陈述的必然并置构成的;我们不能认为它们全都出现在这些陈述之间的最微妙之处,它们与每种陈述一起进行更新。在这一点上,我们也不可能在陈述集合与以言行事的集合之间确立一一对应的关系。

因此,当我们想要使陈述个体化时,我们不能毫无保留地接受任何从语法学、逻辑学或"分析哲学"借来的模型。在这三种情况下,我们意识到那些被提出来的标准为数过多、太不灵活,它们不会给陈述留有外延空间,而且陈述即便偶尔真获得那些被描述的形式并恰好与它们保持一致,陈述有时也不会遵从它们:我们发现陈述缺乏合理的命题结构,我们在不能辨认句子的地方发现陈述,我们所发现的陈述要比我们能从"**言语行为**"区分出来的更多。好像陈述要比所有这些形态更微妙、更少规定性,结构上更不牢固,更是无所不在;好像陈述的特征为数更少,而且更容易连接起来;但是,好像陈述因此拒绝描述的任何可能性。而且这一点之所以如此,乃因为我们难以看出在哪个层次上定位陈述和通过什么样的方法来构思陈述:对于我们刚刚回顾的所有分析而言,陈述从来只是载体或偶然的实体;在逻辑分析上,陈述是我们提取和确定命题结构时"剩下"的东西;对于语法分析而言,陈述是我们在其中能否辨认出句子形式的语言要素的系列;对于言语行为(actes de langage）的分析而言，陈述看起来是言语行为得以在其中显示的可见形体。就所有这些描述方式而言，陈述都起着剩余的要素、纯粹简单的事实、不相关素材的作用。

最后，对于言语活动的所有分析而言，陈述是这些分析据以规定其对象的外在材料，在这一范围内，应该承认陈述不可能有自己的特征和陈述也不可能有恰当的定义吗？应该承认任何有关符号、形态、笔迹或痕迹的系列——无论它们的组织或可能性如何——都足以构成陈述吗？而且应该承认从语法上说这是否涉及句子、从逻辑上确定句子是否包含命题形式、从分析哲学上说明什么是能贯穿句子的言语行为吗？在这种情况下，应该承认，一旦有几个并置的符号——为什么不可能呢？——一旦有一个符号且唯一的符号，那就有陈述存在。陈述的界限可能就是符号存在的界限。但即便如此，事情还没这样简单，而且应该为像"符号的存在"一样的表达提供的意义还需要详细阐明。当我们说有一些符号存在和只要有一些符号*存在*就足以有*陈述存在*时，我们想要说什么？应该赋予这个"有……存在"（il y a）什么样的独特地位？

因为显然是，语言存在，而且一组与语言一起被其对立特征和使用规则所确定的符号也存在，陈述在这一意义上不会存在；语言的确从未在自身和总体中被给定；语言只有以次要的方式和借助着一种将语言当作对象的描述才能被给定；构成语言要素的符号是强加给陈述和从内部支配陈述的形式。如果没有陈述，那么语言就不会存在；但任何陈述都不是语言得以存在必不可少的条件（而且我们一直可以假设另一个取代任何陈述的、不会就此改变语言的陈述）。对于可能的陈述来说，语言只有作为建构系统才存在，但此外语言只有作为从一个真实的陈述的集合上获得的（或多或少彻底的）描述才存在。语言与陈述并不会处于同一种存在层次上，而且我们不能说有陈述存在，就像我们说有语言存在一样。但是，如果语言符号以这样或那样的方式被产生（被连接、被勾画、被制造、被描绘），如果语言符号出现在某个时刻或某个位点上，如果说出语言符号的声音或造就语言符号的动作给语言符号提供了物质性存在的维度，那么只要语言符号构成陈述就足够了吗？这是因为我随便在一页纸上写下的那些字母（作为不是陈述的例子），我们用于印书的那些铅字——和我们不能否认它们具有空间和体积的物质性，这些可展示的、可见的、可操作的符号，都可以理所当然地被看作陈述吗？

不过，进一步观察时，这两个例子（铅字和我写下的符号）不是完全重叠的。我可以握在手中的这一把印刷铅字或打字机键盘上显示出来的字母不会构成陈述：这些至多是我们能够用以写出陈述的工具。不过我随便在一页纸上写下的那些字母，就像它们出现在我的脑海中和为了指出它们不能在它们的无序状态中构成陈述一样，它们是什么？它们形成什么样的形态？如果不是偶然被选择的字母的图表，那么是除了偶然之外不会具有其他法则的字母系列的陈述吗？同样，统计学家有时使用的随机数字表是一连串数字符号，这些数字符号之间不会被任何句法结构联系起来；然而这一连串数字符号是陈述：一组通过一些步骤获得的数字的陈述，这些步骤排除那能使接连结果的或然性增加的一切。让我们再举这个例子：打字机的键盘不是陈述，但在打字手册中列出的字母A、Z、E、R、T构成的这同一系列是法国打字机采用的字母顺序的陈述。因此，我们现在面临着某些否定的结果：形成陈述未必需要有规则的

114

语言建构（陈述可以由最小概率的系列构成）；但是，语言要素的任何具体实现、符号在时空中的任何一次出现，都不足以使陈述出现和开始存在。因此，陈述与语言不会以同一方式存在（尽管陈述是由一些符号构成的，但这些符号只有从自然的或人工的语言系统的内部才在它们的个体性上是可确定的），陈述也不会与那些赋予知觉的任意对象以同一方式存在（尽管陈述一直被赋予某种物质性，尽管陈述一直可根据时空坐标被定位）。

　　回答有关陈述的一般提问还为时尚早，但我们今后可以勾勒出这个问题的轮廓：陈述不是一种与句子、命题或言语行为一样的单位；陈述因此不受制于同样的标准；但它也不是一种像具有自己的界限和独立性的物质对象可能成为的单位。在陈述的独特的（不完全是语言的，也不完全是物质的）存在方式上，它对于我们可以说句子、命题、言语行为是否存在是必不可少的，而且对于我们可以说句子是否正确（或者是可接受的，或者是可解释的）、命题是否合理和是否正确形成、言语行为是否符合要求和是否彻底被实现，它也是必不可少的。不应该在陈述中寻找一种或长或短的、结构上或强或弱的单位，而应该寻找一种像其他单位一样卷入到逻辑的、语法的或以言指事的关联中的单位。与其说这涉及其他要素中间的一种，与其说这涉及一种可在某种分析层次上定位的分割，倒不如说涉及一种相对于这些各种各样的单位可垂直地得以实施的功能，而且这种功能可就符号系列来说出这些单位是否会出现在其中。陈述因此不是一种结构（也就是说一个由此在可变要素之间准许数量上可能无限的具体模型存在的关系集合）；它是一种本来就属于符号的存在功能，而且基于这种功能，我们随后就能通过分析或直觉来决定这些符号是否"产生意义"，它们根据什么样的规则相继而来或相互并置，它们是有关什么的符号，什么类型的言语行为被它们的（口语的或书写的）表达所实现。因此，如果我们不能为陈述找到单位的结构性标准，那就不应该感到惊讶；因为陈述本身不是一种单位，而是一种横穿过结构和可能单位的领域，并在时空中与具体内容一起对结构和可能单位进行揭示的功能。

现在应该如实描述的正是这种功能，也就是说，在它的运行、它的条件、控制它的规则和它得以实现的范围中进行描述。

2. 陈述功能

陈述——因此从统一的符号组合方面寻找它是徒劳无功的。陈述既不是意群，也不是建构规则，还不是更迭与排列的标准形式，陈述是使这样的符号集合存在和允许这些规则或这些形式成为现实的东西。但是，如果陈述使它们得以存在，那是以独特的方式存在，而我们不能把这种方式与作为语言要素的符号存在混淆起来，也不能把这种方式与占有片段的、持续时长时短的那些标记的物质性存在混淆起来。现在要思考这种独特的存在方式，只要整个符号系列被陈述，这种存在方式就是整个符号系列的特点。

a. 再以前面讨论过的符号为例。这些符号在明确的物质性中被加工或被描述，而且以任意的或非任意的，但无论如何都不符合语法的方式被聚集起来。打字机的键盘、一把印刷铅字就是这样的例子。只要我在一页纸上（和在符号接连不断却不产生任何字的确切顺序中）重新抄写这样给定的符号，它们就足以构成一种陈述：按照一种便于打字的秩序排列的字母的陈述、一组随意组合的字母的陈述。为了陈述的存在，到底发生了什么？与第一个集合相比，这第二个集合能够具有什么样的新颖之处？重复（reduplication）是因为它是复本的这个事实吗？也许不是，因为打字机的键盘全都是复写某种模型，并不会因此是陈述。是因为主体的介入吗？这个答案可能令人备感不满：因为对系列的重申（réitération）归功于个体的主动性，以便系列因此转变成陈述，这是不够的；而且，问题无论如何都不在于重复的原因或起源，而在于这两个相同的系列之间的独特关系，这也是不够的。第二个系列的确不是陈述，只因为一一对应的关系能在第一个系列的每个要素之间被确立（或这种关系如果事关一种纯粹的、简单的复本就确定复制［duplication］事实的特点，或这种关系如果人们明确跨过陈述行为［énonciation］的界限就确定陈述［énoncé］的准确性的特点；但这种关系不能确定这一界限和陈述的事实本身）。一个符号系列要变成陈述，只要这个符号系列与"另一物"（它可以与这个符号系列离奇地类似、近乎一样，就像在可选择的例子中一样）具有特殊关系，而这种特殊关系会涉及这个符号系列本身——不涉及它的原因，不涉及它的要素。

也许有人将会说，这种关系中没有任何神秘的东西；说这种关系反而司空见惯，不断地被分析；说这涉及能指与所指、名词与它所指的东西之间的关系，句子与它的意义之间的关系，或者命题与它的指涉对象之间的关系。然而，我认为我们能指出陈述与被陈述的东西之间的关系不会与这些关系中的任何一种关系重叠。

陈述即使被缩小为一个名词性意群（"船！"），即使是被缩小为一个专有名词（"皮埃尔！"），它与其所陈述的东西之间具有的关系同名词与其所指称的东西或其所意指的东西之间具有的关系是不一样的。名词是能够在符合语法规则的集合中占有不同位置的语言要素：它的意义被它的使用规则所确定（不管这涉及那些能够有效地被它指称的个体，还是涉及它能够正确融入其中的那些句法结构）；名词可由它的重现可能性来确定。陈述存在于任何复现的可能性之外；它与其所陈述的东西保持的关系是和一组使用规则不一样的。这涉及独特的关系：而且如果同一种表达重新出现在这些条件中——这些的确是可被使用的相同的词，大体上是相同的名词，总体上是同一种句子，但未必是同一种陈述。

　　陈述与其所陈述的东西之间的关系也不应该同命题与它的指涉对象之间的关系混淆起来。众所周知，逻辑学家们说一个像"金山是在加利福尼亚"一样的命题是不可能被证实的，因为这个命题没有指涉对象：因此它的否定不再比它的肯定更真实，也不比它的肯定更不真实。同样应该说，如果借陈述而存在的命题没有指涉对象，那么这种陈述就不会与任何东西有关吗？恰恰应该相反。而且应该说，不是指涉对象的缺席连带导致陈述的相关方的缺席，而恰恰是陈述的相关方——陈述与之相关的东西、通过陈述被启用的东西，不仅有那被说出来的东西，而且有陈述所谈及的东西，它的"主题"——才可以说命题是否有指涉对象：正是陈述的相关方才能以明确的方式决定命题。让我们切实地假设"金山在加利福尼亚"这个表达既不存在于地理手册中，也不存在于游记中，而是存在于小说或任意故事中，我们将会辨认出它的真实或虚假的价值（根据与这个表达相关的想象世界是否准许同样的地质学和地理学意义上的幻想）。应该弄明白陈述与什么相关、陈述的关联空间是什么，以便可以说命题是否有指涉对象。"当今的法国国王是个秃子"这个表达只有在我们假设陈述与当今历史信息的世界相关的范围内才会缺少指涉对象。命题与指涉对象之间的关系，不可能作为陈述与其所陈述的东西之间的关系的模型和法则。后者与前者不仅不属于同一层次，而且它似乎还先于前者。

最后，陈述与其所陈述的东西之间的关系也不会同句子与它的意义之间可能存在的关系重叠在一起。这两种关系形式之间的差距很明显表现在这些著名的句子中，这些句子尽管语法结构完全正确，但毫无意义（例如"无色的绿色的念头狂怒地在睡觉"*［D'incolores idées vertes dorment furieusement］）。事实上，说这样的句子没有意义意味着我们已经排除某些可能性：我们承认这无关梦的叙述、诗歌文本、可编码的讯息（message）或者吸毒者的言语，而恰恰关涉着某种应该以明确的形式与可见的现实有关的陈述的类型。只有在特定的和相当稳定的陈述关系（relation énonciative）的内部，句子与它的意义之间的关系才能被确定。此外，这些句子即使在它们不具有意义的陈述层次（niveau énonciatif）上被理解，它们作为陈述也不会被剥夺关联：例如，首先是有一些关联可以说念头从不是有色的或无色的，因此可以说上述句子没有意义（而且这些关联关系着一个现实方面：其中念头是不可见的，颜色是让人看得见的，等等）；此外是有一些关联促使有问题的句子作为正确的但被剥夺意义的句法结构的批注而有价值（而且这些关联

---

* 译文参见［美］诺姆·乔姆斯基著，《句法结构》，黄长著等译，中国社会科学出版社，1979年，第8页。

关系着语言、它的法则和它的属性的方面）。句子不可能是非能指的，在它是陈述的范围内，它就与某物有关。

至于这种在本义上确定陈述特征的关系——似乎暗地里以句子或命题为条件并且好像又是句子或命题的先决条件——如何确定呢？如何使这种关系自为地摆脱它经常与之混淆不清的那些意义关系或那些真值？陈述不管它是什么样，也不管它被想象得多么简单，它都不把由句子的某个词所指称的个体或独特对象作为**相关方**：在像"金山是在加利福尼亚"这样一种陈述的情况下，**相关方**不是由承担主体功能的名词性意群指称的，实在的或想象的，可能的或愚蠢的这种形成。但陈述的**相关方**也不是一种事物状态或一种能够证实命题真伪的关系（在可挑选的例子中，这可能是指某座山在特定领域中的空间性包含）。不过，能够被界定为陈述的**相关方**的东西是一组领域，这样一些对象在其中可以出现，这样一些关系在其中可以被确定：比如，这将是具有某些可观察的物理属性、可感知大小的关系的物质对象的领域——或者相反，这将是具有任意属性的虚构对象的领域（即使这些属性具有某种稳定性和某种一致性），却没有由试验或感知证实的层级；这将是用邻域和包含的坐标、间距、联系进行空间和地理定位的领域——抑或相反，是象征的附属关系和隐秘的亲缘关系的领域；这将是在陈述得以提出的这同一时刻中和在这同一时间刻度上存在的诸对象的领域，或者这将是属于完全不同的现在——被陈述本身指示与建构的现在和尚不是陈述本身所从属的现在——的诸对象的领域。陈述面对现在时（和在面对面的状态中）不具有**相关方**——或者缺少**相关方**，就像命题有（或没有）指涉对象一样，就像专有名词指称个体（或个人）一样。毋宁说它与"参照系"（référentiel）有关，这个"参照系"不是由"物"、"事实"、"现实"或"存在物"构成，而对于那些在其中被命名、被指称或被描述的对象而言，对于那些在其中被肯定或被否定的关系而言，则是由可能性法则、存在规则构成。陈述的参照系形成陈述出现的场所、条件、范围，形成对个体或对象、对事物状态与陈述本身所启用的关系进行区分的层级；陈述确定着那些赋予句子意义、赋予命题真值的东西出现和划界的可能性。正是这个集合才会确定表达的**陈述的**（énonciatif）层次的特征，与表达的语法层次和逻辑层次相对立：就可能性的这些各种各样的领域而言，陈述把意群或象征符号系列变成能否被赋予意义的句子、能否接受真值的命题。

无论如何，我们都看到对这种陈述层次的描述能够实现，既不是通过形式分析，也不是通过语义调查，还不是通过验证，而是通过对陈述与陈述本身在其中促使差异出现的区分空间之间的关系所进行的分析。

b.陈述也有别于语言要素的任意系列，因为它与主体保持着特定的关系。这种关系，其本质应该被明确，而且尤其应该将它同那些可能与之相混淆的关系区分开来。

的确不应将陈述的主体（sujet de l'énoncé）简化为这些在这个句子内部、以第一人称出现的语法成分。首先，因为陈述的主体不会内在于语意群；其次，因为不包含第一人称的陈述仍然有主体；最后，特别是所有具有固定语法形式的陈述（无论是以第一人称还是以第二人称出现）与陈述的主体都不具有唯一的关系类型。我们容易设想这种关系在"夜幕正在降临"和"每个结果必有原因"类型的陈述中是不一样的；至于"在很长一段时间里，我早早地就上床睡觉了"类型的陈述，如果我们在对话过程中听到有人谈到这种陈述，在一本名叫《追忆似水年华》（*À la Recherche du temp perdu*）的书中的第一行读到这种陈述，那么这种陈述与陈述主体（sujet qui énonce）的关系也是不一样的。

这个外在于句子的主体不会这么简单的是说出或写出句子的那个真实个体？众所周知，没有说出符号的某个人，总之没有某种作为发送成分的东西，就不会有符号。为了符号系列存在，的确需要——根据因果关系的系统——"作者"或者生产符号的层级。但这个"作者"与陈述的主体不是同一的；他与表达之间所维持的生产关系不会与把正在陈述的主体（sujet énonçant）和其所陈述的东西连接起来的关系重叠。不要以物质上被加工或被勾勒的符号集合为例，因为这可能过于简单：符号的产生的确意味着作者的存在，然而不会有陈述，也不会有陈述的主体。为了指出符号发送者与一种陈述的主体之间的分裂，我们还可以提及第三人称读过的文本或者演员背诵台词的情况。但这都是些有限的案例。一般来说，至少乍一看陈述的主体似乎恰好是那个在意指的意图中产生陈述的不同要素的主体。然而事情不是这么简单。在一部小说中，我们的确知道表达的作者是那个名字出现在书的封面上的真实个体（还提出对话要素以及与人物思想有关的句子的问题，还提出匿名发表文本的问题；而且当这些两重性想整体上将这些表达与文本的作者、作者想说的意思、作者所想的东西联系起来，简言之就是与这种缄默的、不明显的和无变化的宏大话语联系起来，而它们将这整个具有不同层次的金字塔结构逼向这种话语，我们就知道这些两重性给解释性分析的持有者造成的所有困难）；但是，即使在这些与作者 – 个体（individu-auteur）不会同一的表达层级之外，小说的诸陈述也不具有同一种主体，根据它们好像从外部提供那被讲述的故事的历史定位与空间定位，根据它们描述事物就像与虚构的形象奇妙地混合起来的、不可见的、中立的匿名个体看到它们那样，或者根据它们好像通过内部的、直接的辨读提供人物默默经历的事情的口头版本。这些陈述，尽管它们的作者是同一个人，尽管作者将它们只归属于他自己，尽管作者没有在他自己是什么与被阅读的文本之间发明补充性的接替，但它们不会为正在陈述的主体假设相同的特征；它们也不意味着这个主体与他正在陈述的东西之间具有同一种关系。

也许有人会说，经常被引用的小说文本的例子并不具有令人信服的价值；或毋宁说这个例子质疑文学的确切本质，而不会质疑一般意义上的诸陈述的主体的地位。作者在作品中缺席、隐身、自我委托或者自我分身，这可能是文学的特性；而且我们不应该以普遍的方式从这种分裂中得出这样的结论：陈述的主体在任何方面——本性、地位、功能、同一性——都不同于表达的作者。然而，这种不一致并不仅局限于文学。这种不一致在下述情况绝对是普遍的：陈述的主体是一种特定的功能，但未必从一种陈述到另一种陈述会相同；陈述的主体是一种空洞的功能，一定程度上冷漠的个体在其想要表达陈述时可以将这种功能填满；还有就是唯一个体能在一系列陈述中轮流占据不同的位置和承担不同主体的角色。数学论文便是个例子。在序言的句子中，作者解释为什么、在什么样的情况下、为了回答什么样的尚未解决的问题或出于什么样的教学考虑、使用什么样的方法、在什么样的试验和失败之后写成这篇数学论文，陈述主体（sujet énonciatif）的位置只能被表达的作者或作者们所占据：主体个体化的条件的确过于苛刻，为数众多，而且在这种情况下只好准许可能的唯一主体。不过，如果我们在这篇论文的主体部分遇到一个像"与第三个量相等的两个量是彼此相等的"一样的命题，那么陈述的主体就是绝对中立的位置，这个位置与时间、空间、环境无关，在任何语言系统中和在任何书写或符号化的准则中都一样，任何个体为了肯定这样一个命题才可以占据这个位置。此外，"我们已经证明……"（On a déjà démontré que...）类型的句子为了能够被陈述出来而包含着明确的、未被前面的表达所暗示的上下文条件：这个位置因此被确定在一个由有限的陈述集合构成的领域的内部；它被局限于一系列应该已经发生的陈述事件之中；它在一段指示的时间中被确定，这段时间的各个先前时刻从未消逝，而且它们因此不需要为了再次出现而一致地被重启和被重复（一次提示就足以使它们在起源的有效性中重新激活）；它也被某些实际操作的先决性存在所规定，这些操作也许不会被唯一个体（正在说话的个体）所完成，但它们按理说属于正在陈述的主体，听从他的安排，需要时他就能重新启动它们。我们将用这些必要条件和这些可能性的集合来确定这样一种陈述的主体；而且我们不会将这样一种陈述的主体描述为有可能真正实现操作、生活在没有遗忘或断裂的时间中的个体，他有可能在意识的视域中将真命题的整个集合内在化，而且他要在其思维充满生机的现在中抓住这个集合的潜在重现（就不同的个体来说，这至多是他们作为正在陈述的主体的位置而呈现出的心理的和"亲身经历的"[vécu]方面）。

同样，我们也可以描述正在陈述的主体在像"我将点的整个集合叫作直线……"或"假设有一个由任意元素组成的有限集合"的句子中占据什么样的特殊位置；在这两种情况中，主体的位置关系着一种既是特定的又是当前的操作的存在；在这两种情况下，陈述的主体也是操作的主体（确立直线定义的主体也是陈述这个定义的主体；提出有限集合存在的主体也同时是提出陈述这个有限集合的主体）；最后，主体在这两种情况下通过这种操作和这种操作在其中得以形成的陈述来联系他的陈述和他未来的操作（作为正在陈述的主体，他接受这种陈述作为他自己的法则）。然而，存在着一种差异：在第一种情况下，被陈述的东西是言语活动的惯例——正在陈述的主体应该使用的和他在其中被确定的这种言语活动，正在陈述的主体与被陈述的东西因此处于同一层次（而对于形式分析而言，这样一种陈述意味着元语言［méta-langage］特有的参差不齐）；反而在第二种情况下，正在陈述的主体却使对象存在于他之外，而对象属于已经确定的领域，它的可能性法则已经被说出来，而且它的特征先于提出它的陈述（énonciation）。我们刚才看到，当问题是肯定真命题时，正在陈述的主体的位置并不总是同一的；我们现在看到，当问题是在陈述本身中实现操作时，正在陈述的主体的位置也不是相同的。

因此，不应该将陈述的主体设想为是与表达的作者一样的。无论是在实质上还是在功能上，它们都不一样。陈述的主体的确不是确定句子是口头表达还是书面表达这种现象的原因、起源或者起点；陈述的主体也不是默默超前于词而将词像其直觉的可见形体一样进行排列的这种有意义的意图；陈述的主体不是一系列操作不变的、静止的、与自身同一的焦点，诸陈述要轮流在话语的表面显示这些操作。陈述的主体是一个的确能被不同个体填充的、特定的、虚空的位置；但这个位置不是一经确定就永久不变，不是在文本、书或者作品的整个行文中维持原状,而是变化无常——或者毋宁说这个位置相当多变,或者使自己通过几个句子能与自身保持同一,或者能让自己随着每个句子发生变化。这个位置是一种维度,用以确定每个作为陈述的表达的特征。它是本义上属于陈述功能(fonction énonciative)和能够描述陈述功能的诸特征之一。如果命题、句子、符号集合能被说成"陈述",那不是因为某个人有一天把它们说了出来或在某个地方留下它们的暂时痕迹,而是因为主体的位置可以被确定。把表达作为陈述来描述并不在于分析作者与他说出来的(或者他想说出来的,或者无意说出来的)东西之间的关系,而在于规定什么是每个个体能够和必须占据的位置,以便他成为这个位置的主体。

c. 陈述功能的第三个特征:要是没有相关领域存在,它就不能发挥作用。这使得陈述成为另一物,而且不只成为一组纯粹的、只需要物质载体——记录的表面、声音的实体、可加工的材料、痕迹的凹形切口——便可存在的符号。但这也特别把陈述与句子、命题区分开来。

假设有词或象征符号的集合。为了决定词或象征符号是否的确构成像句子一样的语法单位或者像命题一样的逻辑单位,规定这种集合根据什么样的规则被构成是有必要的,是足够的。"Pierre est arrivé hier"(皮埃尔昨天就到了)形成一个句子,而"Hier est Pierre arrivé"(昨天是皮埃尔到达)则不行;A+B=C+D 构成一个命题,而 ABC+=D 则不行。参照——自然的或人工的——系统的不同要素及其分布的唯一考查可以区分何者是命题与何者不是命题,何者是句子与何者是文字的简单堆砌。再者,这种考查足以规定有问题的句子属于什么类型的语法结构(过去时态的、包含名词主语的肯定句等),或者规定可考虑的符号系列符合什么类型的命题（两个加法之间的相等）。在最不得已的情况下，我们可以设想一个自身规定为"完全唯一的"（toute seule）句子或命题，即便没有任何其他的句子或命题充当它的语境，没有任何其他相关的句子或命题的集合：这些句子或命题在这些条件下是无用的、不能使用的，尽管如此，我们甚至还能由此从它们的独特性上辨认出它们。

也许有人能提出某些反对意见。例如，说只要知道命题所遵从的公理系统，命题才能这样被确立、被个体化：这些定义、规则、写作惯例不会形成一个人们不能使之与命题分开的相关范围吗（同样，在主体的能力中暗暗起作用的语法规则是有必要的，以便人们能够辨认出句子和某种类型的句子）？然而，应该注意到这个——现实的或潜在的——集合与命题或句子不属于同一层次：但这个集合针对着命题或句子的成分，衔接及可能分布。这个集合与它们没有关系：它是由句子或命题假设的。有人可能会反驳说，许多（非重言式的）命题不能基于它们单独的建构规则被证实，而且借助指涉对象来决定它们的真假是有必要的：但是，不管是真是假，命题依然是命题，而且并不借助指涉对象来决定它是否是命题。这同样适用于句子：在许多情况下，句子只有相对于语境才能产生意义（也许句子包含着指涉具体情境的"指示的"成分，也许句子使用那些指称言说主体及其对话者的第一人称代词或第二人称代词；也许句子使用那些指涉前后句子的代词成分或关系虚词）；但句子的意义不能被完整地表达，这不会妨碍句子在语法上成为完整自主的单位。当然人们不太明白一组像"Cela, je vous le dirai demain"（这个嘛，我明天会告诉您）一样的词"想说"（veut dire）什么；无论如何，人们既不能确定这个明天的日期，也不能说出对话者的名字,还不能猜出什么应该被说出来。总之,这个句子仍不失为一个严格规定范围的、符合法语结构规则的句子。最后有人可能还会反驳说:没有语境,有时仍难以确定句子的结构("即使他死了,我也绝不可能知道这件事"[S'il est mort, je ne le saurai jamais]可以造句:"倘若他死了,我也永远不知道这件事"[Dans le cas où il est mort, j'ignorerai toujours telle chose],或者"我从未被告知过他的死讯"[Je ne serai jamais averti de sa mort])。然而,这里说的含糊性是完全被确定的,人们能够列举出它同时发生的可能性,而且它也是句子结构本身的一部分。一般来说,人们可以说句子或命题——即便它是孤立的、即便它与阐明它的语境是分开的、即便它与它明里暗里指涉的所有要素摆脱关系或断绝关系——永远是句子或命题,而且这样来辨认它一直是有可能的。

但陈述功能——由此确实指出它不是对以前存在的要素的单纯建构——不可能被应用于灵活的句子或命题。只要不说句子,甚至只要不在与对象范围或与主体的特定关系中说句子,就会有陈述存在——就会涉及陈述:应该使句子与整个邻近的范围建立起关系。抑或说,因为这不涉及一种要重叠在其他关系上的补充关系,所以我们不能说句子,我们不能使句子触及陈述的存在,而旁侧的空间却未被启用。陈述总有一些密布着其他陈述的边缘。这些边缘不同于通常所谓的——实际的或口头的——"语境",就是说不同于情境或言语活动的要素构成的集合,这些要素引起表达并规定着表达的意义。而且这些边缘不同于语境,恰恰就在于它们使语境成为可能:如果我们所讨论的是小说或物理论文,那么语境关系在句子与那些围绕句子的边缘之间就不一样;如果涉及对话或实验报告,那么语境关系在表达与对象环境之间将会不一样。正是基于表达之间存在的更一般的关系，正是基于整个言语网络，语境的效果才能被确定。这些边缘也不同于主体在说话时就能出现在脑海里的不同文本、不同句子；即便如此，这些边缘还比这种心理背景更具广延性；它们在某种程度上规定着这种心理背景，因为根据一个表达在所有其他表达中间的位置、地位和角色——根据它属于文学领域还是根据它必须作为无关紧要的谈话而消失，根据它是叙述的一部分还是根据它支配着论证——其他陈述在主体的意识中呈现的方式也不一样：在每种情况下被启用的既不是语言试验的、言语记忆的、"已说之物"的追述的同一层次，也不是它们的同一形式。表达的心理光晕从远处被陈述范围的安排所操控。

相关范围——把句子或符号系列变成陈述和能使它们具有特定的语境、被详述的再现内容——可形成复杂的网状结构。首先，它由其他一些表达的系列构成，陈述出现在这些表达的内部，并形成一种要素（形成对话的一组对答，一方面受制于它的前提另一方面受制于它的结论的论证结构，一连串构成叙述的断言）。其次，它也由陈述（明里或暗里）所参考的表达集合构成，也许为了重复这些表达，也许为了修订它们或改编它们，也许为了反对它们，也许为了依次谈论它们；没有陈述不是以这样或那样的方式来重新促使其他陈述（叙述中的仪式性要素，论证中已经被接受的命题，对话中约定俗成的句子）变成现实。它还由这样一些表达的集合构成，陈述谨慎对待这些表达今后的可能性，而且这些表达能作为陈述的结果、自然序列或反驳（秩序不会与公理系统的命题或叙述的开场一样开启相同的陈述的可能性［possibilités énonciatives］）出现在陈述之后。最后，它由这样一些表达的集合构成，有问题的陈述分享着这些表达的地位，陈述不考虑线性次序就可置身于它们中间，陈述将随着它们一起消失，或者相反，陈述将随着它们一起被增值、被保存、被神化，并作为可能的对象提供给未来的话语（陈述与它可能作为"文学"，或作为过后刚好就被遗忘的琐碎言语，或作为永远获得的科学真理，或作为预言性的言语等方面来接受的地位分不开）。一般而言，我们可以说语言要素的序列只有在它被融入它当时要在其中作为独特要素出现的陈述范围时才是陈述。

　　陈述不是一种特定情境或一组再现在言语活动层面上的直接投影。陈述不仅仅是言说主体对某些语言要素和语言规则进行的应用。陈述从一开始就在根本上出现在一个有自己位置和地位的陈述范围中，这个陈述范围为它部署与过去的可能关系，而且给它开启可能的未来。任何陈述都这样被详述：没有一般意义上的陈述，没有自由的、中立的和独立的陈述；但总是有属于系列或集合的陈述，它在其他陈述中间发挥作用，依赖其他陈述而又区别于其他陈述：陈述总是与陈述的运作（jeu énonciatif）融为一体，陈述在其中有它自己的份额，不管这一份额是多么少、多么微小。当语法结构只需要要素与规则就可实现时，当我们在万不得已的情况下构想一种仅仅用于造一个单独句子的（当然是人工的）语言时，当我们在字母表、形式系统的建构与转换的规则被给定后就能完全确定这种言语活动的第一命题时，这对于陈述而言就不一样了。没有陈述不以其他陈述为前提；没有陈述不被共存范围、系列与更迭的效果、功能和角色的分配包围着。如果我们能谈论陈述，那是因为句子（命题）在确定点上、与特定的位置一起出现在一

131

种超出它的陈述的运作中。

正是在陈述的共存（coexistence énonciative）这一背景下才清楚地在自主的、可描述的层次上显现出句子之间的语法关系，命题之间的逻辑关系，目标语言（langage-objet）*与确定其规则的那种目标语言之间的元语言关系，句群（或句子成分）之间的修辞关系。当然可以对所有这些关系进行分析，而我们不会把陈述范围本身（即陈述功能在其中得以发挥作用的共存领域）作为主题。但是，只有在这些句子"被陈述"的范围内，换言之，只有在这些句子展现在一种允许它们前后相继、有序排列和相互依存的陈述范围的情况下，所有这些关系才能存在，才可以进行分析。陈述远不是能指集合的个体化原则（有意义的"原子"是意义得以产生的最小单位），而是把这些有意义的单位置于一个空间中的东西，它们在其中增加和积累自身。

d. 最后，为了语言要素的序列可以被当作陈述来看待和分析，它应该满足第四个条件：它必须具有物质性存在。如果声音没有说出陈述，表面没有承载陈述的符号，陈述没有在可感的要素中形成，陈述没有在记忆或空间中留下痕迹——哪怕只是几个瞬间，那么我们还能谈论陈述吗？我们可以把陈述当作理想的、缄默的形态来谈论吗？陈述总是通过物质性的厚度被给定，即便这种厚度被隐藏起来，即便这种厚度一出现就不得不消失。不仅陈述需要这种物质性，而且这种物质性一旦它的所有规定性被适当地确定就不会再附加给陈述：在一定程度上，这种物质性可构成陈述。即使一个句子由相同的词构成，

---

*　此处原书该词拼写（langage objet）有误，两个词之间漏掉了连字符。

确实承载着相同的意义，保持着句法和语义的同一性，如果它在一次对话中由某个人说出来或者被印在小说中，如果它在几百年前的某一天被写出来，而且如果它现在重新出现在一个口头表达中，那么它不是由同一种陈述构成。陈述的坐标和物质地位是它内在特征的一部分。这是一个明显的事实，或者几乎如此。因为我们一旦对此稍加关注，事情就会变得乱七八糟，而且问题就会随之增加。

当然我们想说，如果陈述的特征是（至少部分是）由它的物质地位确定的，而且如果它的同一性对这一地位的变化很敏感，那么这对于句子或命题来说亦是如此：符号的物质性的确对语法乃至对逻辑并非完全无关紧要。我们知道那些被使用的象征符号的物质恒定性向符号的物质性提出的理论问题（如何通过象征符号能在其中形成的不同实体和它所承受的形式变化来确定它的同一性？如果它必须被定义为"具体的物体"，那么如何辨别它和保证它是同一的？）；我们的确也知道象征符号序列的观念本身向它提出的问题（先于［précéder］与随后［suivre］是什么意思？是"先"［avant］来和"后"［après］到吗？这样一种排列位于什么样的空间？）。更令人熟知的是物质性与语言的关系——书写与字母的角色，在书写文本和对话、报纸和书、书信和海报中所运用的都不是同一种意群或同一种词汇的这一事实；再者，有一些词的序列如果出现在报纸的大标题中就可以形成充分个体化的、完全可接受的句子，但它们在对话的过程中从不能作为有意义的句子而具有价值。然而，物质性在陈述中发挥着更重要的作用：它不仅仅是变化的原则、辨认标准的更改或语言子集的规定。它是由陈述本身构成的：陈述应该具有实体、载体、场所和日期。而且当这些必要条件发生改变时,陈述本身就会改变同一性。众多疑问马上就出现了:大声甚至低声重复的同一个句子形成唯一的陈述还是几种陈述?当人们用心学习一个文本时,每次诵读都会产生一种陈述还是应该认为那被重复的就是同一文本?一个句子被忠实地翻译成一种外语:是两种不同的陈述还是唯一的陈述?而且在一次集体诵读(祷告或课文)中,应该数出多少种陈述?如何通过这些各种各样的变化频率、重复、誊录来确立陈述的同一性?

问题也许被不同层次经常产生的混淆现象搞得晦涩难懂。首先应该搁置陈述(énonciations)的多样性。有人将会说,每当符号组合被表达时,就会有陈述(énonciation)。这些连接中的每一个都有自己的时空特性。两个人的确能同时说同一件事;既然他们是两个人,那么就会有两种有区别的陈述(énonciations)。唯一主体的确能几次重复同一种句子;时间中将会有同样多的有区别的陈述(énonciations)。陈述(énonciation)是一种不可重复的事件;它具有一种可被定位的和被注明日期的、不可被减少的独特性。然而,这种独特性准许某些常量:语法的、语义的、逻辑的常量,我们通过这些常量能够在使陈述(énonciation)的时刻与使之个体化的那些坐标中立化时辨认出句子、意指、命题的一般形式。因此,陈述(énonciation)的时间与地点、它所使用的物质载体至少在很大程度上都变得无关紧要;而且清楚显现出来的是可被无限重复的形式,它能够产生最弥散的陈述(énonciations)。不过,陈述(énoncé)本身不能被简化为这一纯粹的陈述行为(énonciation)事件,因为,尽管陈述具有物质性,但它仍可以被重复:我们可以很容易地说,两个人哪怕在一些有点不同的情况下说出来的同一个句子也只会构成一种陈述。然而，陈述不会简化为语法或逻辑的形式，因为它对质料、实体、时间和地点的差异要比语法或逻辑的形式敏感，而且方式也有所不同。那么，陈述特有的、准许某些独特的重复类型的这种物质性是什么？当几种不同的陈述存在时，我们可以谈论同一个陈述，而当我们能辨认出形式、结构、建构规则、相同目的时，我们的确应该谈论几种陈述，那如何产生这一情况呢？那么，确定陈述特征的**可重复的物质性**（matérialité répétable）的这一状况是什么？

也许这不是一种可感的，可定性的，以色彩、声音或硬度的形式被给定的，并被与感知空间同一的时空定位划分的物质性。举一个极其简单的例子：一个被复印几次的文本、一本书的接连再版；更好的例子是同一次印刷的不同样本不会产生同样多的、有区别的陈述：在《恶之花》的所有版本（修改稿和禁止收录的文本不在此列）中，我们重新发现同一组陈述；然而它们的字体、油墨、纸张，甚至还有文本的定位和符号的位置都不相同：物质性的整个纹理都发生了改变。但是，这些"微小的"差异在此对改变陈述的同一性和促使另一种陈述的出现不会有效果：这些差异在这本"书"的——当然是物质的、但也是制度的和经济的——一般要素中全都被抵消：一本书，无论它有多少册或多少版，无论它能够使用的各种实体是多少，对于陈述而言它是一个准确等同的场所、一种重复的层级，却不改变同一性。我们从第一个例子中看到陈述的物质性不是由被占据的空间或表达的日期确定的，而是由物或对象的地位确定的。这种地位从不是确定的，而是可改变的、相对的，而且总是有可能受到质疑：比方说，我们很清楚，对于文学史家而言，一本经作者精心修改而出版的书的版本与作者遗作的版本不会具有一样的地位，陈述在其中具有一种独特的价值，陈述不是唯一集合的诸表现之一，陈述与这种有且应该有重复的东西相关。同样在宪法、遗嘱或宗教启示录与所有用同一种笔迹、同样的字体和在相似的实体上准确复制它们的手稿或印刷品之间，我们也不能说两者可相提并论：一方面有陈述本身，另一方面有它们的复制品。陈述不会等同于物质的片段；但它的同一性会随着物质制度的复杂状况而发生变化。

因为写在纸上的或书中出版的陈述可能是同一的；口头说出的、海报印出的、录音机录下的陈述可能是同一的；不过，当小说家在日常生活中随意说了一句话，然后将这句话原原本本写进他正在写的手稿中，将它赋予某个人物，乃至让这个被看作是作者的匿名声音把它说出来，我们就不能说这两种情况下所涉及的是同一种陈述。陈述必然服从的物质性状况因此属于制度的秩序，而不属于时空的定位；它确定**重新记录和誊录的可能性**（还有界限和限制），而不确定受限制的和要消失的个体性。

陈述的同一性服从第二组条件和限制：陈述在其中成形的所有其他陈述、陈述可以在其中被使用或被应用的领域、陈述应该发挥的作用或功能给陈述强行规定着这些条件和限制。像地球是圆的或物种进化这样的断言在哥白尼（Copernic）、达尔文前后不会构成同一种陈述；对于相当简单的表达来说，不是词的意义改变了；被改变的是这些断言与其他命题的关系，是它们使用和再投入的条件，是它们所能指涉的，有关体验、可能的验证、有待解决的问题的范围。"梦实现欲望"这个句子历经数个世纪仍能被重述；但对柏拉图和弗洛伊德而言，它不是同一种陈述。使用的模式、应用的规则、它们能够在其中发挥作用的星座、它们策略上的潜在性都为诸陈述构成**稳定的范围**，这个范围能使诸陈述在它们的同一性中进行重复，陈述（énonciation）即便千差万别；但这同一范围还能以最明显的语义、语法或形式的同一性来确定一个界限，基于这个界限就不再有等同，而且应该清楚地辨认出新陈述的出现。但是，也许有可能更进一步：我们可以认为，即便词、句法、语言本身不相同，也只有唯一的陈述才存在。也许是话语与它的同步翻译，也许是用英语写成的科学文本和它的法语译本，也许是用三种不同语言写成的、占了三栏的通知：没有与那些被使用的语言一样多的陈述，但在不同的语言形式中有唯一的陈述集合。更好的情况是，一则给定的信息可以用其他词、简化的句法或者符合习俗的编码被重发；如果信息内容与使用的可能性是相同的，那么我们将会说这两种情况下的确是同一种陈述。

即便如此，这也不涉及陈述的个体化标准，而涉及陈述的**变化原则**：陈述有时比句子的结构更多变（它的同一性因此要比语义的或语法的集合的同一性更精妙、更不稳定、更容易改变），有时比这种结构更恒定（它的同一性因此更广泛、更稳定、更不容易受变化的影响）。再者，不仅陈述的这种同一性与句子的同一性相比不可能一劳永逸地被确定，而且它本身也是相对的，随着陈述被运用和陈述被操纵的方式而变动。当我们使用陈述来突出它的句法结构、修辞构造或它所承载的内涵，显然我们不能把它看作在它的原始语言中与在它的译文中是同一的。不过，如果我们想使它进入实验验证的程序，那么文本与译本便构成同一种陈述集合。或者，在宏观历史的某个范围内，我们还可以认为像"物种进化"一样的断言在达尔文和乔治·盖洛德·辛普森（George Gaylord Simpson）*的著作中会形成同一种陈述；在更精微的层次上和在考虑更受限制的使用范围（与狭义的达尔文主义体系相对立的"新达尔文主义"［néo-darwinisme］）时，我们便涉及两种不同的陈述。陈述的恒定性，陈述通过陈述行为（énonciations）的独特事件来对其同一性进行的维持，陈述通过形式的同一性来实现它的两重性，所有这一切都是陈述被置于其中的**使用范围**的功能。

显然陈述不应被看作一种有可能在特定的时间和地点中发生的事件，而且勉强有可能在记忆行为中回想起——和从远处颂扬——它。但是，显然陈述也不是我们在任意物体、无足轻重的集合中和在无关紧要的物质条件下总能实现的理想形式。陈述被重复得太多，以致无法完全与其出现的时空坐标连成一体（陈述不只是它出现的日期与地点），陈述与环绕它和支撑它的东西的关系太过于密切，以致它无法与纯粹的形式一样自由（陈述不只是针对一组要素的建构法则），陈述具有某种可改变的厚重，一种与它置身其中的范围相关的重负，一种准许多种用途的恒定性，一种不具有简单痕迹的惯性和不会沉湎于自己的过去的时间持久性。当陈述（énonciation）能**被重新开启**或者**被重新唤起**，当（语言的或逻辑的）形式能**被重新实现**，陈述，它本身就能**被重复**：但这永远是在严格的条件中发生的。

确定陈述功能的特征的这种可重复的物质性揭示着陈述是

---

* 乔治·盖洛德·辛普森（1902—1984），美国古生物学家，擅长研究灭绝的哺乳动物与它们的跨州迁徙，是新达尔文主义综合系统学派的奠基人之一，著有《进化的时间和调式》《动物分类学原理》《进化的地理学》等。

一个特殊的、悖谬的对象，不过是人类生产、操控、使用、转换、交换、组合、分解与重组、如有必要就摧毁的所有对象中间的一个对象。陈述不是一经说出就一成不变——像某次战役的决定、某次地质灾害或某个国王驾崩一样消失在过去——的东西，它在物质性中出现的同时，也随着某一地位一起出现，进入网状系统，置身于使用范围，自愿进行可能的转移和改变，融入其同一性在其中维持或消失的操作和策略之中。因此，陈述是流通的、有用的、逃避的，它允许或阻止欲望的实现，顺从或不顺从利益，进入抗议和斗争的秩序，成为占有或竞争的主题。

3. 陈述的描述

分析的阵线被大幅度地移动；我本来想重新利用这个开始就被搁置的陈述的定义。一切都发生了改变，而且一切都被说出来了，就好像陈述是一种容易确立的单位一样，关键在于描述陈述的组合的可能性和法则。不过，回顾我的分析，我意识到我不能将陈述确定为一种语言类型的单位（高于音素与词，低于文本）；但我意识到我宁愿在使用各种各样的单位（它们有时可以与句子相一致、有时与命题相一致；但它们有时由句子的片段、符号的系列或图表、一组命题或等同的表达构成）时讨论陈述功能；而且这种功能不但不会给这些单位提供"意义"，反而使它们与对象范围建立关系；它不但不会给它们赋予主体，反而向它们开启一组可能的主体位置；它不但不会确定它们的界限，反而将它们置于协同和共存的领域；它不但不会确定它们的同一性，反而将它们置于自身被投入、被使用和被重复的空间。简而言之，被发现的不是原子式的陈述（énoncé atomique）——连同它的意义效果、起源、界标和特性——而是陈述功能得以运行的范围和陈述功能据以揭示各种各样的单位（但它们未必属于语法的或逻辑的范畴）的条件。但我现在有责任回答下面两个疑问：起初被提出的描述诸陈述的任务今后应该表达什么意思？这种陈述理论如何能与其未出现就有雏形的对话语形成的分析协调一致？

A

1. 首先要确定词汇。如果我们愿意把任何确实基于自然的（或人工的）语言产生出来的整个符号集合称作**言语运用**（performance verbale），或者也许更好称作**语言运用**（performance linguistique），那么我们将会把基于任意材料并根据规定的形式促使这个符号群出现的个体的（或者在严格意义上是集体的）行为称作**表达**（formulation）：表达是一种至少按理说根据时空坐标总是可定位的、总是能与作者联系起来的和也许能由表达本身构成特殊行为（英国分析哲学家们说是一个"表述的"行为〔acte performatif〕）的事件；我们将会把语法或逻辑能从符号集合中辨认出来的单位称作**句子**或**命题**：这些单位总是能被那些出现其中的要素和那些将它们连接起来的建构规则确定特征；与句子和命题相比，有关起源、时间与地点、语境的疑问都只是辅助性的；决定性的疑问是对它们进行修正的疑问（即使只是以"可接受性"的形式出现）。我们将会把这个符号集合特有的存在样态称作**陈述**：这种样态使这个符号集合不只是一系列痕迹、一连串实体上的标记、人类制造的任意物品；它使这个符号集合与对象领域建立关系，能够给每个可能的主体规定确定的位置，能够在其他言语运用中间被定位，最终能被赋予可重复的物质性。至于我们在此在截然不同的意义上使用和滥用的**话语**，我们现在能理解话语之所以含糊不清的原因：话语以最一般的和最不确定的方式指称一组言语运用；因此，我们用话语指那些实际上被符号集合产生出来的东西（可能是被产生出来的一切）。我们还用话语指一组表达行为、一系列句子或命题。最后——而且就是这种意义最终被赋予特权（与给它充当视域的前一种意义一起）——话语是由一组符号序列构成的，前提条件是这些符号序列是陈述，也就是说我们能给这些符号序列确定特殊的存在样态。而且如果我就像我马上努力做的那样成功指出这样一种系列的法则恰好就是我迄今所谓的**话语形成**，如果我成功指出话语形成的确不是表达、句子、命题的弥散与分布的原则，而是陈述（在我给这个词所赋予的意义上）的弥散与分布的原则，话语这个术语将会被确定为：那些属于同一种形成系统的陈述集合，而且我由此就可以谈论临床医学话语、经济学话语、博物学话语和精神病学话语。

我很清楚这些定义大多都不符合日常用法：语言学家习惯给话语这个词赋予一种截然不同的意义，逻辑学家和分析哲学家则以不同的方式使用陈述这个术语。但我在此不想把别处形成的概念运作、分析形式、理论转移到一个只会期待这种阐释的领域。我不想使用这样一种模型，同时将它与它特有的效力一起应用于新内容。当然我不想对这样一种模型的价值提出质疑，我甚至不想在检验完这种模型之前来限定它的使用范围和专横地指出它不应该跨越的界限。但我想揭示描述的可能性，勾勒出这种可能性所接受的领域，确定它的界限和自主性。这种描述的可能性与其他可能性相连接，但它不会脱胎于它们。

很显然，陈述的分析（analyse des énoncés）不打算对"言语活动"或"被说出来的东西"进行全面而又彻底的描述。在言语运用所蕴含的整个厚度中，这种分析处于一个特殊的层次，这个层次应该从其他层次中抽离出来，相对于其他层次来确定它的特征，而且它应该是抽象的。尤其是这种分析不会取代命题的逻辑分析、句子的语法分析、表达的心理分析或语境分析：它是抨击言语运用、分解言语运用的复杂性、区分与言语运用交错在一起的各个术语和定位言语运用所服从的多种规则性的另一种方式。当我们将陈述与句子或命题相对比时，我们不会试图重新找回失去的总体性，也不会试图重新激活生动言语的完满性、动词的丰富性、**逻各斯**（Logos）的深刻单位，就像很多不甘沉默的思乡病所激励的那样。陈述的分析符合描述的特定层次。

2. 陈述因此不是要补充或参与语法学或逻辑学所描述的那些单位的一种基本单位。陈述不能像句子、命题或表达行为一样被区分出来。描述陈述不等于区分一个横向部分并确定它的特征，而是确定某种功能在其中发挥作用的诸条件，这种功能使符号系列（符号系列未必符合语法规则或逻辑结构）得以存在，且得以特殊存在。这种存在揭示符号系列不只是一种纯粹的痕迹，而是与对象领域相连的关系；它不只是行动或个体操作的结果，而是一组对于主体而言的可能位置；它不只是一种有机的、自主的、自身封闭的和单独就能形成意义的总体性，而是一种存在于共存范围（champ de coexistence）中的要素；它不只是一种稍纵即逝的事件或一种惰性的对象，而是一种可重复的物质性。根据一种可以说是垂直的维度，陈述的描述要涉及不同的能指集合的存在条件。由此就产生悖论:这种描述不会试图绕过言语运用,以便在言语运用背后或者在它们的清晰表面之下发现隐藏的要素、躲在它们之中的或者通过它们显露却未说出来的隐秘意义;然而陈述不是直接可见的;它不会以一种与语法或逻辑的结构一样明显的方式显现出来(即便这种结构不是完全清楚的,即便它是极难被阐明的)。陈述既不是可见的,也不是隐藏着的。

从定义上看,陈述不是隐藏着的,因为陈述确定那些实际产生的符号的集合特有的存在样态的特征。陈述分析(analyse énonciative)向来只能针对那些被说出来的东西、那些确实被说出来的或被写出来的句子、那些被勾画出来的或被说出来的能指要素——更确切地说是针对这种独特性,后者使它们在其他物中间但又不像其他物一样存在,供人观看和阅读,促进可能出现的重新激活,发挥不可计数的用途或者可能的转换。它只能涉及那些已被实现的言语运用,因为它在它们存在的层次上分析它们:对那些被说出来的东西的描述,恰好就在它们被说出来的范围内。因此,陈述分析是一种历史的但又处于任何解释之外的分析:它不会向那些被说出来的东西问它们隐藏什么、什么从它们当中被说出来,而且无意问它们所掩饰的"未说之物"及大量萦绕着它们的思想、影像或幻象;反而要问它们以什么方式存在,要问对它们来说得以显现的、留下痕迹的和也许仍留在那里以便有可能再次被使用的东西是什么,要问对它们而言显露出来的东西是什么——没有其他东西会取代它们。从这一点来看,我们不承认潜藏的陈述:因为我们所涉及的是实际言语活动的权能(patence)。

这是个难以支持的论题。我们很清楚——也许从人类开始说话以来——此物经常会被说成彼物；同一个句子可以同时有两种不同的意指；一种被人人毫不困难接受的明显的意义可能隐藏着另外一种秘传的或预言性的意义，更细微的辨读或者唯一的时间冲蚀终究要发现；在可见的表达下，有另一种表达能够占据着支配地位，这种表达控制它、弄乱它、干扰它，将一种只属于自己的声音（articulation）强加于它；总之，以这样或那样的方式被说出来的东西的确说出比自身更多的东西。但事实上，这些增减的效果、不管怎样都被说出来的这种"未说之物"都不会对陈述产生影响，至少就像陈述在此被确定的那样。一词多义——使解释学和另一种意义的发现成为可能——关系着句子与句子所应用的语义范围：唯一的一组词可以产生几种意义和几种可能出现的句法结构；因此可能有各种交错或交替的意指，但这是保持同一的陈述基底（socle énonciatif）。同样，一种言语运用被另一种言语运用施加的抑制、它们之间的替代或干扰都是属于表达层次的现象（即使这些现象对语言或逻辑的结构有影响）；但陈述本身并不受这种二分或这种抑制影响：因为陈述是言语运用的存在样态，就像这种存在样态被实现的那样。陈述不能被看作几种漂浮的、难以表达的、相互抛掷的陈述的累积结果或结晶。陈述不会被"未说之物"、隐藏的意指、抑制的隐秘出现所萦绕；相反这些被隐藏的要素发挥作用和它们能够得以恢复的方式取决于陈述样态本身；我们很清楚"未说之物""被抑制的东西"——不论在它的结构中还是在它的效果中——在事关数学的陈述和经济学的陈述时、在事关自传或梦的叙述时都不是同一的。

然而，在所有这些能在陈述范围的背景下被定位的"**未说之物**"的各种样态中，也许应该增加一种不是内部的、与这个范围相关的**缺失**（manque），这种缺失可能在其存在本身的规定中发挥作用。在陈述涌现的诸条件中，可能确实有——而且也许总是有排除、限制或缺陷来清晰地显示出它们的参照系，使唯一的样态系列生效，包围和封闭成群的共存，避免某些使用形式。但是，无论在缺失的地位上还是在它的效果上，都不应该将陈述的规则性（régularité énonciative）特有的缺失与那些隐藏在被表达的东西之中的意指混淆起来。

3. 不过，陈述是徒劳的，它不会被隐藏起来，它不会就此是可见的；它不会作为它的界限与特征的明显的承载者而呈现给知觉。需要看法和态度的某种转变才能辨认和思考陈述本身。也许陈述是这种极其熟知的、不断回避的东西；也许它就像这些习以为常的透明性，它们虽然不会在深处隐藏任何东西，但它们不会就此完全清晰地被给定。陈述层次出现在它的邻近性本身中。

对于这一点，有几个理由可供解释。第一个理由已经被说出来了：陈述不是一种相邻——高于或低于——句子或命题的单位；它总是被投入到这类单位中，甚至被投入到那些不会遵从这类单位的法则（和可能是清单、随机系列、图表）的符号序列中；陈述不是确定那在这类单位中被给定的东西或这类单位被划定范围的方式的特点，而是确定这类单位被给定的事实本身和它们被给定的方式的特点。陈述具有"有……存在"（il y a）的这种准-不可见性（quasi-invisibilité），甚至在我们可以说"有这样或那样的东西存在"这一点上，这种准-不可见性便自行消失了。

另一个理由是：因为言语活动的意指结构总是诉诸另一物；诸对象经常由另一物指称；意义被指向另一物；主体也通过某些符号来指涉另一物，即使主体本身不会出现在另一物中。

言语活动似乎总是密布着他者、彼处、距离、远处；它被缺席（absence）掏空了。它不是除自身之外的另一物出现的所在吗？而且在这一功能上，它自己的存在看样子不会消失吗？然而，如果我们想描述陈述层次，那么就应该考虑这种存在本身，应该在产生言语活动的维度上而不是在言语活动所指涉的方向上研究言语活动，应该忽略言语活动指称、命名、指示、揭示、成为意义和真理之所在的力量，反而应该停留在某个——立刻被凝固、陷入能指与所指的运作中的——时刻，这个时刻规定着它独特的和受限制的存在。关键是在言语活动的研究中要悬置的不仅是所指的视角（对此我们现在习惯了），而且是能指的视角，以便揭示这一事实：在每种情况下都有与对象领域和可能的主体、与其他表达和可能的再使用相关的言语活动。

陈述的这种准－不可见性的最后一个理由是：陈述是以言语活动的所有其他分析为条件，而这些分析从不必对陈述进行阐明。为了言语活动能被看作是对象，能被分解成不同的层次，并被描述和被分析，应该存在着总是可确定的、而非无限的"陈述的前提条件"（donné énonciatif）：语言分析总是在言语和文本的汇编上进行的；对那些未被言明的意指的解释和揭示总是基于一组限定的句子；系统的逻辑分析在改写及形式语言（langage）中包含着一组既定的命题。至于陈述层次，它每次都被中立化：也许它仅仅被确定为一种可以释放出无限应用的结构的代表性样本，也许它消失在纯粹的表象中，另一种言语的真实性应该在它背后显示出来，也许它作为无关紧要的、给形式关系充当载体的实体而具有价值。它每次都成为分析得以进行的必不可少的条件，这一点对于分析本身来说是使它失去任何相关性。如果我们对此补充说，所有这些描述只有在它们本身构成有限的陈述集合时才能被实现,那么我们将会同时理解为什么陈述范围从各个方面包围着它们,为什么它们不能从中解脱和为什么它们不能直接把陈述范围当作主题。考虑陈述本身不是要超越所有的这些分析和在更深刻的层次上探索言语活动可能被这些分析省略的某种秘密或某种根源,而是试图使这种如此临近的透明性变成可见的和可分析的,而这种透明性构成陈述的可能性的要素。

既然陈述层次既不是隐藏着的,也不是可见的,那么它就处于言语活动的界限上:它不是一组在语言中(甚至以非系统的方式)被提供给直接体验的特点,但它也不是它在语言背后没有表达出来的、神秘莫测而又缄默无声的剩余部分。它确定着它出现的样态:与其说是它的内部组织,不如说是它的周边;与其说是它的内容,倒不如说是它的表面。但我们能够描述这种陈述的表面(surface énonciative),这证明言语活动的"前提条件"不是要简单地撕裂基本的沉默,证明词、句子、意指、断言、命题的衔接不会直接依靠沉默的初夜;而是证明句子的突显、意义的闪现、指称的粗暴标志(index)总是出现在陈述功能发挥作用的领域中,证明在我们所读、所听但又已经说出来的言语活动与任何表达的缺席之间不会密集着所有难以被说出来的东西、所有悬而未决的句子、所有不完全表达的思想、只有些片言只语出现的这种没完没了的独白;但首先——或者无论如何在言语活动之前(因为它取决于下述条件)——是陈述功能得以实现的诸条件。这一点也证明了在对言语活动的结构、形式或解释的分析之外探寻最终要摆脱任何实证性的领域是徒劳无功的,主体的自由、人类的劳作或先验命运的开启都能在这个领域中展现出来。没必要对着语言方法或逻辑分析来反对说:"您——在谈了那么多结构规则之后——将那正值其主体部分最生动的言语活动本身变成什么?您将这种自由或这种先决于任何意指产生的意义——如果没有它们就没有言语活动的永无休止的运作中相互理解的个体——变成什么?难道您不明白,一旦使话语的无限成为可能但又不能建立和解释话语的无限的那些有限系统被跨越,我们所发现的是超越性(transcendance)的标记还是人类的作品?您知道您只是描述了言语活动——它的出现和存在方式完全不可简化为您的分析——的某些特征吗?"这些反对意见应该不予考虑:因为,如果的确存在着一种既不属于逻辑学也不属于语言学的维度,那么这个维度不会因此是失而复得的超越性,也不是那朝向不可进入的起源重新开启的路径,还不会是那由人类对其专有的意指所进行的构造。言语活动在它的出现和存在方式的层级中是陈述;就这样它属于一种既不是先验的也不是人类学的描述。陈述分析不会给语言或逻辑的分析规定界限,而语言或逻辑的分析应该基于这种界限来对它们的无能为力进行否认,进而对其进行承认;陈述分析不会标出那圈定它们领域的界线;陈述分析展现在另一个与它们相交叉的方向上。陈述分析的可能性如果被确立,那么它就一定可以撤去先验的障碍,而哲学话语的某种形式用这种先验的障碍来反对言语活动的所有分析,要考虑到这种言语活动的存在和它应该起源于其中的根据。

B

我现在应该转向第二组疑问:这样确定的陈述的描述如何能与我前面概述其原则的话语形成的分析相一致?反之,我们在什么范围内可以说话语形成的分析在我刚刚赋予这个词的意义上的确是一种对陈述的描述？回答这个提问是挺重要的；因为我这么多年来努力从事的、我有点盲目阐述的研究，但我现在试图——即使是重新调整这项研究、纠正它的许多错误或许多冒失——重新抓住其整体轮廓的这项研究，真应该在这一点上盖棺定论。如前所述，我不会试图在此谈及我过去在这样或那样的具体分析中想做的事情、我头脑中曾经有的计划、我遇到过的障碍、我不得不做出的放弃、我能得到的多少令人满意的结果；我不会描述一种实际的轨迹来指出它本来该是什么样子和它从今往后又会是什么样子：我试图就其本身来阐明一种我使用过的描述的可能性——以便估量它的重要性和确定它的要求——但我不十分了解它的限制和资源；与其研究我说出来的东西和我本来有可能说出来的东西，我倒不如努力在它特有的和我难以掌握的规则性中揭示那使我说出来的东西成为可能的东西。但人们也会看到我在此不会在术语严格的、牢固的意义上阐述理论：基于某些公理、某种可应用于无数经验性描述的抽象模型进行的推断。即使这样的理论建构有可能出现，那么时机肯定还没有到来。我不会从充当根据的陈述的定义推论出话语形成的分析；我也不会从话语形成是什么的追问中推论出陈述的本质，就像我们能从这样或那样的描述中对话语形成所进行的抽象；但我试图指出这样一个领域如何能在没有断层、矛盾和内在任意性的情况下组织起来，而诸陈述、它们的组合原理、它们能够构成的那些重要历史单位和那些用以描述它们的方法在这个领域中遭受质疑。我不会运用线性演绎的方式而是运用同心圆的方式进行研究，有时走向最外围有时走向最内层：从话语中的非连续性问题和陈述的独特性（中心主题）出发，我曾力图从外围分析某些高深莫测的组合形式；但我当时面对着的，不合乎语法、逻辑、心理学的，和因此不能针对句子、命题和再现的那些统一原理，它们要求我向着中心回到陈述这个问题，并要求我尽力阐明陈述应该是指什么意思。而且我不会认为我建立了严格的理论模型，而是认为我释放出一致的描述领域，即便我不会确立这个模型，那么我至少开启和调整可能性，如果我能"结束循环"（boucler le cercle）和指出话语形成的分析的确集中于陈述在其特殊性中的描述的话，简而言之，如果我能指出恰恰是陈述的固有维度才在话语形成的定位上被启用。与其说要按理创立（fonder）理论——和在有可能创立理论之前（我不否认我遗憾还没有达到这一步）——不如说要暂时确立（établir）可能性。

在考查陈述的过程中，我们所发现的是一种与符号集合有关的功能，它既不可与合乎语法的"可接受性"也不可与合乎逻辑的修正相混淆，而且它为了发挥作用就需要参照系（确实不是事实、事态，甚至不是对象，而是区分原则）、主体（不是言说的意识，也不是表达的作者，而是在某些条件下可以被无关紧要的个体填补的位置）、相关范围（不是表达的真实语境、表达在其中被说出来的情境，而是适合于其他陈述的共存领域）、物质性（不仅仅是发声的实体或载体，而且是地位、抄录的规则、使用或再使用的可能性）。不过我们在话语形成的名义下所描述的东西在严格意义上是陈述群。也就是说言语运用的集合，它们没有彼此在**句子**的层次上被语法的（句法的或语义的）关系联系起来，它们没有彼此在**命题**的层次上被逻辑的（形式上一致的或概念上衔接的）关系重新联系起来，它们也没有在**表达**的层次上被心理学的关系重新联系起来（无论是意识形式的同一性、心态的恒定性还是计划的重复），但它们在**陈述**的层次（niveau des énoncés）上被重新联系起来。这意味着我们能够确定陈述的对象所遵从的一般状况、有规则分布陈述所谈论的东西的弥散形式、陈述的参照系的系统；这意味着我们确定不同的陈述（énonciation）方式所遵从的一般状况、主体位置的可能分布与确定、规定这些主体位置的系统；这还意味着我们确定陈述的所有相关领域共有的状况、陈述全都可以接受的更迭、同时性和重复的形式与在它们之间把所有这些共存范围重新联系起来的系统；这最后意味着我们能够确定这些陈述的地位所遵从的一般状况，它们彼此被制度化、被接受、被应用、被重新使用、被组合的方式，它们依据这种方式变成占有的对象，欲望或利益的工具，策略的要素。描述诸陈述，描述它们所承载的陈述功能，分析这一功能在其中发挥作用的诸条件，贯穿那些作为这一功能前提条件的不同领域和这些领域被连接起来的方式，就是要试图揭示那将会被个体化为话语形成的东西。或者还就是一回事，不过是在相反的方向上：话语形成是一组言语运用所遵从的、一般的陈述系统（système énonciatif）——不只是决定这组言语运用的系统，因为它还根据它的其他维度来服从逻辑的、语言的、心理学的系统。被定义为"话语形成"的东西强调那些在陈述的特殊层次上被说出来的东西的一般方面。我们分析话语形成所处的四个方向（对象的形成、主体位置的形成、概念的形成、策略选择的形成）与陈述功能发挥作用的四个领域相一致。而且之所以诸话语形成与文本或书的重要修辞单位相比是自由的，它们不会把演绎结构的严密性作为法则，它们不会与作者的作品相混同，乃因为它们使陈述层次与确定它的特征的规则性一起发挥作用，而不是使句子的语法层次、命题的逻辑层次或表达的

152

心理层次发挥作用。

基于这一点，我们可以提出某些处于所有这些分析中心的主张。

1. 我们可以说不受其他可能统一的原则支配的那些话语形成的定位揭示着陈述的特殊层次，但我们还可以说对诸陈述和陈述层次得以组织的方式的描述导致了话语形成的个体化。这两种方法同样都是可解释的、可逆转的。陈述的分析与形成的分析息息相关。当创立理论的时机到来时，的确应该确定演绎的秩序。

2. 陈述属于话语形成，就像句子属于文本和命题属于演绎集合一样。但当句子的规则性被语言的法则所确定、命题的规则性被逻辑的法则所确定时，陈述的规则性就被话语形成本身所确定。它的归属与它的法则只是同一回事；这不矛盾，因为话语形成的特点并非由结构的原则所确定，而是由事实的弥散所确定，因为话语形成对于陈述而言不是可能性的条件，而是共存的法则，而且因为诸陈述反过来并不是可相互交换的要素，而是以它们的存在样态为特征的集合。

3. 因此，我们现在可以给前面提出的"话语"的定义赋予完整的意义。我们将在诸陈述属于同一种话语形成的范围内把话语称作陈述集合，话语不会形成一种修辞的或形式的、可无限重复的单位，我们可以指出（和如有必要就解释）这种单位在历史中的出现或使用；话语由一些有限的陈述构成，我们能够为这些陈述确定一组存在条件。这样被理解的话语不是一种理想的或非时间的，而且可能还具有历史的形式；问题因此不在于考问话语如何和为什么能在时间的这个点上出现和形成；话语自始至终都是历史的——历史的碎片、历史本身中的单位和非连续性，同时话语对自己的限制、割裂、转换、话语时间性的特殊方式提出问题，而不对话语在时间的共谋关系中的突然出现提出问题。

4. 最后所谓的"话语实践"现在可以详细说明。我们不可以将话语实践与个体赖以表达观念、欲望、形象所使用的操作混淆起来，也不要将它与能够在干扰系统中起作用的理性活动混淆起来，还不要将它与言说主体在构造合乎语法规则的句子时所使用的"能力"（conpétence）混淆起来；正是一套匿名的、历史的、总是在时间与空间中被规定的规则，才在既定时代和为某个社会的、经济的、地理的或语言既定的领域确定陈述功能发挥作用的条件。

现在我要改变分析方向，而且在使话语形成指涉它们所描述的陈述之后，我这次要在另一个方向上朝着外部来探索这些观念的合理使用：我们通过话语形成能够发现什么、话语形成如何能在其他描述方法中间占据位置、话语形成在什么范围内能够调整和重新分配观念史的领域。但在实现这种颠转之前和为了更安全地进行这种颠转，我还将在我刚才解释的维度上稍作停留，而且我试图说明对陈述范围和划分它的诸形成进行的分析所要求和排斥的东西。

4. 稀缺性、外部性、累积

陈述分析重视稀缺性的效果。

话语分析往往被置于总体性和过剩（pléthore）的双重符

号之下。我们指出我们所涉及的不同文本如何相互指涉,如何组织成唯一的形态,如何与不同的制度和实践汇聚在一起,而且如何具有那些可能是整个时代共有的意指。每个受重视的要素都被接受为它所属的、超出其范围的总体性的表达。我们由此以一种统一的、从未被清楚表达的宏大文本取代那些被说出来的东西的杂多性,而这种宏大文本第一次阐明人类不仅在他们的言语和文本、他们的话语和著作中而且在制度、实践、技术和他们生产的对象中曾"想说"(voulu dire)什么。与这种暗含的、最终的和共同的"意义"相比,诸陈述在它们的激增中显得过剩,因为它们都只指涉这种意义,而且因为它们将它们的真实性只系于这种意义:与这个唯一的所指相关的能指要素的过剩。但因为这种最初的和最终的意义通过清楚的表达而产生,因为它藏在那显示出来的东西之下,并秘密地将其分开,因此每种话语都隐藏着那说它所言之外东西的和由此包含意义复数性的能力:与唯一的能指相关的所指的过剩。由此看来,话语既是完满自足的,又是无限丰富的。

陈述与话语形成的分析开启了完全相反的方向:它希望规定那些被陈述的、独一无二的能指集合可据以出现的原则。它试图确立稀缺性的法则。这项任务包含着几个方面:

——它依据"被说出来的东西永远都不是**全部**"(tout n'est jamais dit)的原则;与本来可在自然语言中被陈述的东西相比,与语言要素不受限制的组合相比,诸陈述(不管它们的数量有多少)总是有缺陷的;基于人们在既定时代所掌握的语法和词汇库,总共只有比较少的东西被说出来。因此,我们将探求可能表达的范围的稀缺

（raréfaction）或至少是非–填满（non-remplissement）的原则，就如同这个原则被语言所开启的那样。话语形成既在话语的交错中显示为划分原则，又在言语活动的范围中显示为空虚（vacuité）原则。

——我们在把诸陈述与未被说出来的东西区分开的界限上、在使这些陈述排除所有其他陈述时得以出现的层级中研究它们。关键不在于使那围绕着这些陈述的沉默发声，也不在于重新发现一切在它们之中和在它们旁边保持沉默或被迫沉默的东西。关键还不在于研究如下一些障碍——它们阻止某种发现，抓住某种表达，抑制某种陈述（énonciation）的形式、某种无意识的意指或某种正在变化的合理性，而在于确定一种受限制的在场的系统。话语形成因此不是一种正在发展的总体性，因为它具有自身的活力或特殊的惰性，它把它不再说出的、还没有说出的或马上反驳它的东西随身带入未被表达的话语中；它并不是一种丰富的、艰难的萌发，而是一种有关缺陷、空洞、缺席、限制、分割的分布。

——然而，我们不会把这些"排除"与抑制或压抑联系起来；我们不会假设某物在明显的陈述下面仍然是隐藏着的、依然是隐蔽的。我们所分析的诸陈述不是要它们取代其他一些落到可能的出现界线以下的陈述，而是要它们永远处于它们自己的场所。我们把它们重新置于一个可能完全被展开的、没有包含任何重复的空间。不再有次文本（texte d'en dessous），因此也就没有任何过剩。陈述领域（domaine énonciatif）完全致力于它自己的表面。每种陈述都在其中占据着一个只属于它自己的位置。因此，关于陈述的描述不在于重新发现陈述占据着哪种"未说之物"的位置,也不在于我们如何能使它简化为沉默的、共同的文本,反而在于它占据什么样的独特位置,什么样的分支在话语形成的系统中可以确定它的定位,它如何在陈述的一般弥散中被区分出来。

——陈述的这种稀缺性,陈述范围有缺陷的、被撕碎的形式,总共有不多的东西可以被说出来的事实,这些都可解释:陈述不是一种像我们呼吸的空气那样的无限的透明性,而是一些可被传播和被保存的、具有价值的以及我们试图据为己有的东西,我们重复、复制和转换它们,我们为它们设置一些预先确立的路线,并赋予它们在制度中的地位,它们是一些不仅被复本或译本而且被注释、评论和意义的内部增殖区分开的东西。因为诸陈述是稀缺的,所以我们在统一它们的总体性中将它们集中起来,而且我们会增加萦绕在它们之中的每种陈述的意义。

话语形成的分析不同于所有这些解释,这些解释的存在本身只有通过诸陈述实际的稀缺性才得以可能,然而它们不承认这种稀缺性,反而把那被说出来的东西密集的丰富性作为主题,话语形成的分析转向这种稀缺性本身,它把这种稀缺性作为明确的对象,力图规定这种稀缺性的独特系统,同时对可能有解释的这一事实进行分析。解释是对陈述的贫乏做出反应和通过意义的增加来对这种贫乏进行补偿的方式,是基于这种贫乏而又不顾这种贫乏阻挡的言说方式。但是,分析话语形成是寻找这种贫乏的法则,认识它的重要性和规定它的特殊形式,因此在一定意义上就是权衡诸陈述的"价值"。这种价值不是被诸陈述的真实性所确定,不是被隐秘内容的在场所评价,而它不仅在话语的布局中而且还一般在稀缺资源的管理中确定诸陈述的位置、它们流通与交换的能力、它们关于转换之可能性的特征。这样理解的话语不再是它之于注释态度所是的东西:取之不尽的宝藏,人们总能从中汲取新的、每次都无法预料的财富;总是有先见之明的天意,只要人们善于聆听,它就能让人们听见回溯性的神谕:话语显得是一种——有限的、受限制的、令人渴望的、有用的——财富,它有自己的出现规则,但也有自己的占有和使用的条件;话语显得是一种因此从它的存在开始(不仅仅在它的"实践的应用"中)就提出权力问题的财富;话语显得是一种本性上是斗争对象的,而且是政治斗争对象的财富。

　　另一个特征是:陈述的分析以外部性的系统形式来探讨陈述。通常对那些被说出来的东西进行的历史分析完全被内与外的对立所贯穿,而且完全被从这种外部性——它可能只是偶然性或纯粹的物质必然性、可见的形体或不确定的表达——回到内部性的基本核心的任务所操纵。研究那被说出来的东西的历史因此是在另一方向上重做表达的工作:使得那些随着时间的流逝保存下来的和弥散于空间的陈述回溯到这个先于它们、沉淀在它们之中和被它们背叛(在这个词的所有意义上)的内部秘密。创始的主体性的核心就这样被解放了。这一主体性永远落后于明显清楚的历史,而且在诸事件下面发现另一种更严肃、更隐秘、更根本、更接近起源、更好地与其最终的视域相连接(因此更能控制它的全部规定性)的历史。这另一种历史流动在历史的下面,不断地抢在历史的前面,而且无限地收集过去,有人的确可以把过去——以社会学或心理学的方式——描述为心态的演变,有人的确可以在**逻各斯**的追忆和理性的目的论中赋予过去以哲学地位，有人最终的确可尝试着在痕迹的问题域中提纯过去，这种痕迹先于任何言语而可能是记录的开启和延异时间的间隔，永远是历史先验论的主题一再上演。

　　这就是陈述分析试图超越的主题。为了使诸陈述恢复它们的纯粹的弥散；为了把它们放在一种可能是矛盾的外部性中进行分析，因为这种外部性不会诉诸内部性的任何相反形式；为了把它们放在非连续性中进行思考，而不必借由那些使它们脱离轨道和把它们变得无关紧要的变动中的一种变动，来把它们与一种开启或一种更基本的差异联系起来；为了重新抓住它们何时何地得以产生的介入本身；为了重新发现它们作为事件的影响；也许与其谈论外部性，还不如最好谈论"中性"（neutralité）。但这个词本身太容易诉诸信仰的悬置、对任何的存在设定的擦除或存而不论，而关键在于重新发现陈述事件在它们的相对稀缺性中、在它们有缺项的邻域中、在它们得以展开的空间中得以分布的这种域外（dehors）。

　　——这项任务假设陈述的范围（champ des énoncés）不会被描述为发生在别处（在人类的思想中，意识或无意识中，先验构造的范围中）的操作或过程的"翻译"，而是假设陈述的范围在它的经验性节制中被接受为事件、规则性、关系的建立、被规定的变化、成系统的转换的场所；简而言之是假设陈述的范围不会被看作另一物的结果或痕迹，而被看作自主的（尽管是依赖的）和可以在它自己的层次上被描述的实践领域（尽管应该把它与除它以外的另一物联系起来）。

　　——这项任务还假设这个陈述领域既不被用来指涉个

体性的主体，也不被用来指涉某种像集体意识一样的东西，还不被用来指涉先验的主体性，而是假设这个陈述领域被描述为其轮廓确定着言说主体的可能位置的匿名范围。不应再相对于至高无上的主体性来定位陈述，而应该在言说主体性的不同形式中辨认陈述范围特有的效果。

——这项任务由此假设陈述的范围在它的转换、它的接连系列、它的派生中不会像遵从它的必要模型一样遵从意识的时间性。不应希望——至少在这个层次上和在这种描述形式中——能写一部被说出来的东西的历史，这部历史可能理所当然在它的形式、规则性和本质上同时是关于个体的或匿名的意识、计划、意图系统、目的集合的历史。话语的时间不是思维的模糊时间在可见的时序中的表达。

因此，陈述的分析不用参照我思（cogito）就可进行。陈述的分析不会提出言说者的问题，而言说者显露或隐匿在他说的话中，他发出言语时会行使最高的自由，或者他在不知不觉的情况下屈从他难以感知的束缚。陈述的分析实际上处于"人们说"（on dit）的层次上——而且不应被理解为一种强加于每个个体的共同意见、集体再现，不应被理解为一个必然通过每个人的话语说出的、响亮的匿名声音；而应被理解为那些被说出来的东西的集合，被理解为那些可从中观察到的关系、规则性和转换，被理解为某些形态、某些交错指出言说主体的独特位置和能够接受作者名字的领域。"任何人都说话"，但他说的话不是从任何地方说出来的。他必然陷入外部性的运作中。

陈述分析的第三个特点是：陈述分析诉诸累积（cumul）的特殊形式，这些形式既不能与一种以回忆形式进行的内部化相混同，也不能与一种无关紧要的文献总体化相混同。通常，当我们分析那些已经实现的话语时，我们将它们看作受到固有惯性的影响：偶然性保存它们，或者保存人类的关怀和人类能对自己言语的价值与永久的尊严产生的错觉；但它们从此之后只不过是堆积在图书馆的尘埃下的笔迹而已，自从它们被发表以来，自从它们被遗忘和它们的可见效果消失在时间中以来，就一直沉睡在它们不断滑向的梦乡中。它们至多能有幸再度与阅读重逢；至多能从中发现它们承载着一些参照其陈述（énonciation）的层级的标记；这些标记一旦被辨认出来，至多能通过一种历经时间考验的记忆来解救那些被埋藏的意指、思想、欲望、幻象。这四个术语：阅读－痕迹－辨认－记忆（不管人们赋予这样或那样的术语多大的特权，也不管人们赋予它多大的、使它重新考虑其他三个术语的隐喻范围）确定这样一种系统，即它通常可以使过去的话语摆脱惯性，并瞬间就能重新找到其丧失掉的活力所产生的某物。

不过，陈述分析的本义不在于唤醒那些正在沉睡的文本，以便通过解读它们表面上尚可识别的标记来重新发现它们诞生的刹那间；关键反而是要随着它们的沉睡而去，或者毋宁说从沉睡、遗忘、迷失的起源中提取相关的主题，进而探究什么样的存在方式能够不考虑诸陈述的陈述行为（énonciation）而在其得以持存的时间长河中确定诸陈述的特征，它们在这一时间长河中被保存、被重新激活和被使用，它们还被遗忘，甚至有可能被毁灭，但不是出于原来的目的。

——这种分析假设诸陈述在它们特有的**残留**中被考虑，而且这种残留不是对过去的表达事件永远可实现的参考的残留。说诸陈述是残留的，不等于说它们残留在记忆的范围中或者我们能够重新发现它们的意思，而是意味着它们得以保存，多亏某些载体和物质技术（书当然只是其中的一个个例而已）、依照某些机构类型（图书馆是其中的一种类型）并借助某些合乎规定的样态（它们在涉及宗教文本、法规或科学真理时就会有所不同）。这还意味着诸陈述被投入到那些应用它们的技术、那些从它们派生出来的实践、那些通过它们得以形成或改变的社会关系中。这最终意味着物完全不再具有同一种存在方式、与它们周围的东西相连的同一种关系系统、相同的使用模式、在它们被说出来后就有的相同的转换可能性。这种经历时间考验的维持远非瞬间逝去就形成的存在之意外的或令人非常快乐的延长，残留理所当然属于陈述；遗忘和毁灭可以说只是这种残留的零度。而且在这种残留构成的背景下，记忆与回忆的作用才能展现。

——这种分析还假设我们把诸陈述放在它们特有的**相加性**（additivité）的形式中进行探讨。的确接连出现的陈述之间的组合类型不会处处相同，而且它们从不通过接连出现的要素的简单相加或并置来进行。数学的陈述不会像宗教文本或法律文件（它们彼此具有一种相互形成、相互抵消、相互排斥、相互补充、形成一些群的特殊方式，这些群在某种程度上是不可分离的，并具有独特的属性）那样相互追加。此外，这些相加性的形式不是一成不变的，不是针对陈述的特定范畴给定的：如今的医疗病历形成的汇编并不遵循与18世纪病例集一样的写作规则；现代数学不会按照与欧氏几何一样的模型累积它们的陈述。

——陈述分析最后假设我们把**复现**现象列入考虑范围。每种陈述都包含着一个与它进行定位相关的先前要素的范围，但它能够根据新关系来重新组织和重新分配这个范围。陈述由它的过去构成，它在先于它的东西中确定它自己的演变关系，它重新勾勒那使陈述成为可能或必然的东西，排除那不能与它相容的东西。而且陈述把这种陈述的过去（passé énonciatif）设定为可获得的真实、发生的事件、可被改变的形式、可转换的物质，或者还设定为可被谈论的对象等。与复现的所有这些可能性相比，记忆与遗忘、对意义的再发现或压制都远不是基本的规律，而只是些独特的形态而已。

因此，对陈述与话语形成的描述必须摆脱回归的如此频繁的、如此执拗的形象。它不打算超越一种可能只是坠落、潜伏、遗忘、掩饰或漂泊的时间就回到创始的时刻，言语在这个时刻尚未被卷入任何物质性，未遭受任何持久性，并局限于开启的未确定的维度。它不会试图为"已说之物"构建第二次产生的反常瞬间；它不会祈求一道出现在回归点上的曙光。它反而在累积的厚度中探讨陈述，陈述陷于其中，却又不断地调整、扰乱、变革和偶尔毁灭这种厚度。

描述陈述集合，不是把它当作意指的封闭、过剩的总体性，而是当作有缺陷的、被撕碎的形态；描述陈述集合，不是参照意图、思维或主体的内部性，而是根据外部性的弥散；描述陈述集合，不是为了从中重新发现起源的时刻或痕迹，而是为了重新发现累积的特殊形式，这肯定不是揭示阐释、发现根据、解放构成行为，也不是决定合理性或遍览目的论。描述陈述集合就是要确立我乐意称作的**实证性**（positivité）。因此，分析话语形成就是在陈述和确定陈述特征的实证性形式的层次上探讨一套言语运用，或更简单地说是确定话语的实证性的类型。如果用稀缺性的分析取代总体性的研究、用外部性关系的描述取代先验根据的主题、用累积的分析取代起源的探寻，人人都是实证主义者，好吧，那么我也是一个快乐的实证主义者，我起码同意这一点。因此，我曾几次（尽管还有点盲目）使用实证性这个术语来遥指我试图理清的复杂脉络，对此我并未感到不快。

5. 历史的先天性与档案

话语的实证性——例如博物学、政治经济学或临床医学的话语——历经时间的考验和远远超越个人的作品、书和文本来确定话语单位的特征。这种单位当然不能用来在林奈或布封、魁奈或杜尔哥（Anne Robert Jacques Turgot）*、弗朗索瓦·布鲁赛（Françis-Joseph-Victor Broussais）** 或比沙之间判定谁说得对，

---

* 杜尔哥（1727—1781），法国政治家、经济学家，重农学派最重要的代表人物之一、经济自由主义的早期倡导者之一，曾为《百科全书》撰过稿，担任过法国路易十六时期的海军大臣、财政大臣，推动法国经济改革，著有《关于财富的形成与分配的考察》《价值与货币》等。

** 弗朗索瓦·布鲁赛（1772—1838），法国医生，是比沙、皮内尔的学生，做过拿破仑军队的随军医生，曾严厉攻击皮内尔和拉埃奈克的医学学说，创立了名噪一时的"布鲁赛体系"，著有《炎症或慢性炎症史》《通常接受的医学学说的研究与疾病分类学的现代体系》《生理医学年鉴》《论愤怒与疯癫》等。福柯曾在《临床医学的诞生》中突出了布鲁赛在发烧研究史上的重要意义。

谁推理严谨，谁最符合他自己的公设；这种单位也不能说这些人的著作中的哪一部最接近最初的或最终的目的、哪一部最彻底地提出科学的总体计划。但这种单位所揭示的是布封与林奈（或杜尔哥与魁奈、布鲁赛与比沙）据以谈论"同一事物"的尺度，通过置身于"同一层次"或"同一间距"，通过展开"同一概念范围"，通过他们在"同一战场"上的相互对立；而这种单位却揭示我们为什么不能说达尔文与狄德罗所谈的是同一事物，为什么不能说拉埃奈克承继了斯威腾或者为什么不能说杰文斯（William Stanley Jevons）*与重农学派相呼应。这种单位确定着交流的有限空间。这个空间之所以相对受限制，乃因为它远不具备科学在它的整个历史变化（从它最遥远的起源到它完成的当下时刻）所达到的程度；然而它是比作者之间能够相互影响所产生的作用或公开论战的领域更宽广的空间。各有不同的作品、到处流传的书、属于同一种话语形成的各种文本总集——与许多相互认识和相互鄙视、相互批评、相互贬低、相互抄袭的作者，他们重逢却又浑然不知，而且他们固执地将他们的独特话语交错在他们不会掌握、不会统观全局和他们难以估计其广度的网络中——所有这些各种各样的形态和个体性的交流甚至不是通过他们提出的命题的逻辑衔接，也不是通过主题的复现，还不是通过对一种被传播、被遗忘、被重新发现的意指的迷恋；他们通过其话语的实证性的形式来交流。或者更确切地说，实证性的这种形式（与陈述功能发挥作用的条件）确定着

---

*　杰文斯（1835—1882），英国经济学家、逻辑学家，边际效应学派的创始人之一、数理经济学派的创始人之一，著有《政治经济学数学通论》《纯逻辑》《煤炭问题》《政治经济学理论》《货币与交换机制》《科学原理》等。

形式的同一性、主题的连续性、概念的转换、论战活动如有必要就能在其中展开的范围。实证性由此发挥着我们可以称作**历史的先天性**（a priori historique）的作用。

这两个词一旦并置在一起就会产生有点令人不满的效果；我的意思是指**先天性**不是诸判断的有效条件，而是诸陈述的现实条件。关键不在于重新发现那可以使论点合理的东西，而在于据以区分出诸陈述出现的条件，它们与其他陈述共存的法则，它们的存在方式的特殊形式，它们存在、转换和消失的原则。**先天性**不是那些从不能被说出来的也从不能真正被给予经验的真理的**先天性**，而是被给定的历史的**先天性**，因为这是那些实际上被说出来的东西的历史。使用这个有点野蛮的术语的理由是这一**先天性**应该把诸陈述放在它们的弥散、被它们的不一致性开启的所有断层、它们的重叠和相互替代、它们的不可统一的同时性和它们的不可演绎的更迭中进行阐述；简而言之，陈述不得不解释这一事实，即话语不仅具有意义或真理，而且具有历史，具有特殊的、不可将话语归结于奇特变化的法则的历史。比如，话语应该指出语法史不是一种一般来说可能是理性或者心态的历史，一种无论如何它都与医学、力学或神学分享的历史在言语活动及其问题的范围中的投射；但语法史包含着一种历史类型（时间中的弥散形式，更迭、稳定性和重新激活的方式，进展或旋转的速度），这种历史类型本身属于语法史，即使它与其他历史类型并非毫无关系。再者，这种**先天性**不会回避历史性：它不会在事件之上和在没有变化的天空中建构非时间的结构；它被确定为一些确定话语实践特征的规则的集合；然而这些规则不会从外部给自己强加那些由它们建立起关系的要素；它们被卷入它们连接起来这一事实本身之中；而且如果它们没有在自身之间发生丝毫改变，那么它们就会改变这些要素，而且与这些要素一起转变成某些决定性的界限。实证性的**先天性**甚至不是时间弥散的系统；它本身是可转换的集合。

面对其裁决权不会偶然展开的形式的**先天性**，实证性的**先天性**是纯经验的形态；但此外因为它可以让我们在话语的实际变化的法则中抓住话语，所以它应该能解释这一事实，即这样一种话语在既定时刻能够接受和使用或者反而排除、遗忘或忽视这样或那样的形式结构。虽它不能（经由某种像心理的或文化的发生一样的东西）解释形式的**先天性**，但它可以让我们理解形式的**先天性**如何能够在历史中具有勾连点，具有嵌入、侵入或出现的地点，具有应用的领域或时机，而且让我们理解这种历史如何不可能是绝对外在的偶然性、展开自身辩证法的形式的必然性，而是特殊的规则性。因此，没有任何事情比把这种历史的**先天性**构想为一种可能还具有历史的形式的**先天性**更令人愉快但更不确切——一种静止的、空洞的重要形态，它有一天突然出现在时间的表面上，它将对人类的思想施加任何人都不能逃避的暴政，然后它在任何事件都不可能提前发生的情况下突然消失：先验的切分法，闪烁的形式的运作。形式的**先天性**与历史的**先天性**既不属于同一层次，也不共有同一性质：之所以它们相互交叉，乃因为它们占据着两种不同的维度。

由此根据历史的**先天性**被表达的，由此以不同的实证性类型为特征的，和被有区别的话语形成划分的陈述的领域，它不再有我开始谈论"话语的表面"时就赋予它的单调乏味、无限延展的样子；它也不再显示为惰性的、光滑的和中性的要素，而主题、观念、概念、知识（connaissances）在这种要素中都各自按照自己的运动纷沓而至或者被某种晦暗的动力所驱使。我们目前涉及一种复杂的容积，其中一些性质相异的领域得以区分，一些不能被重叠的实践根据特殊的规则得以展开。我们不会看到那些把之前和别处形成的思想变成可见的铅字的词如何整齐地排列在历史的神秘全书中，而是在话语实践的厚度中拥有一些把诸陈述当作事件（具有自己的条件和出现领域）和物（包含着自己的使用可能性和使用范围）来建立的系统。正是陈述的所有这些系统（一方面是事件，另一方面是物），我才提议把它们称作**档案**。

我不会用档案这个术语指全部文本的总和，文化在这种总和面前把这些文本保存为它自己的过去的文献或它所保持的同一性的证据，我也不用这个术语指某些制度，它们使人们在既定的社会中记录和保存他们想记住和任意支配的那些话语。与此相反，它宁可是导致下述情况发生的东西，数千年来被很多人说出来的很多东西并没有根据独一无二的思想法则或独一无二的情境作用而出现，它们不仅仅是在言语运用的层次上能在精神的秩序或物的秩序中发生的东西的信号；不过它们得以出现多亏了本身就确定话语层次特征的一整组关系；它们不是附加的、像有点偶然地被移植到沉默过程上的形态，它们根据特殊的规则性产生；简而言之，如果那些被说出来的东西——只有它们——存在，那就不应该向那些被说出来的东西或说出它们的人询问直接原因，而应该向话语性（discursivité）的系统、这种系统所掌握的陈述的（énonciatives）可能性和不可能性询问。档案首先是可以被说出来的东西的法则，是支配着陈述作为独特事件出现的系统。但是，档案也是导致下述情况发生的东西：所有这些被说出来的东西不会无限地堆积在无定形的多元体（multitude）中，也不会被铭记在没有断裂的线性中，而且不会只随着外在的意外情况而消失；不过，它们组合成不同的形态，根据多种多样的关系而相互形成，根据特殊的规则性来维持原状或变得模糊不清；它们不会与时间同步后退，但它们就像一些星星一样光芒四射，这些星星似乎离我们很近，实则离我们很遥远，而同时出现的所有其他东西却已暗淡无光。档案不是不顾它的瞬间即逝而保护陈述的事件和为未来记忆而保存它脱逃者身份的东西，而是一开始就在事件－陈述（l'énoncé-événement）的确切根源上和在它得以呈现的物体中确定**它的可陈述性（énonçabilité）的系统**的东西。档案也不是搜集再度变得沉寂的诸陈述的尘埃和使它们复活的偶然奇迹得以可能的东西，是确定事物－陈述（l'énoncé-chose）*的现实性方式的东西，是**它的运作的系统**。它绝不是把那在**某个**话语庞杂的窃窃私语中所说出的一切加以统一的东西，甚至绝不是保障我们在得以维持的话语**的**中间安身立命的东西，而是**某些**话语在其多种多样的存在中得以区分和在其自己的绵延中得以详述的东西。

在确定可能的句子之构造系统的**语言**与被动地汇集被说出来的言语的**素材（corpus）**之间，**档案**界定着特殊的层次：致使大量的陈述作为许多有规则的事件、许多可供讨论和可操纵的东西出现的实践层次。档案不会背负传统的包袱；而且它要

---

* 根据日本学者石田英敬的研究，《知识考古学》有一部应该被称作初稿的草稿，提出了一种与作为"事"的 énoncé-événement 理论相关的 énoncé-chose 理论，其中 l'énoncé-chose 理论占有一定的篇幅，但福柯在《知识考古学》定稿时却略而不谈这种作为"物"的 énoncé-chose 理论，以区别于乔姆斯基语言学的命题论、英美分析哲学的言语行为理论，转而以内在性的视角来构建自己的话语理论。

是没有所有图书馆的时间和地点就不会构成图书馆；但它也不是受人欢迎的遗忘，后者向任何新言语敞开它的自由的运作范围；在传统与遗忘之间，它揭示着实践的规则，而实践既可使陈述持续存在又可使陈述发生规则变化。这就是**诸陈述的形成与转换的一般系统**。

显然人们不能完整地描述社会、文化或文明的档案，甚至也不可能描述整个时代的档案。此外，我们不可能描述我们自己的档案，因为我们就在它的规则的内部说话，因为恰恰是档案给我们所能说出的东西——给它自己、即我们的话语的对象——提供它的出现方式，它的存在与共存的形式，它的累积、历史性和消失的系统。档案在它的总体性上是不可描述的；而且它在它的现实性上是无法回避的。它通过片段、领域和层次呈现出来，由于时间将我们与它分开，它可能显得更好、更清楚：说到底，如果不是因为文献的稀缺性，最大的时序差距对于分析档案可能是必要的。然而，对档案的这种描述如何能为自身辩护，澄清那使它成为可能的东西，定位它自己言说的场所，监控它的责任与权利，试验和构思它的概念？（至少在它只有在这些概念得以使用的时刻才能确定它的可能性的这个研究阶段——如果它只是执意描述那些最遥远的视域的话。）它不应该尽可能地接近它本身所服从的这种实证性和这个一般让我们如今可谈论档案的档案系统吗？它不应该——尽管只是转弯抹角地——澄清它本身是其中一部分的这个陈述范围吗？因此，档案的分析包含着一个有特权的领域：它既接近我们，但又相异于我们的现实性，正是时间的边缘环绕着我们的现在，凌驾于我们的现在之上和在它的相异性中指示着我们的现在；这就是在我们之外给我们划定范围的东西。档案的描述基于那些刚好不再属于我们的话语来展开它的可能性（和对它的可能性的掌握）；它的存在界限被那种将我们与我们不再能说出的东西、与落在我们话语实践之外的东西区分开的割裂所建立；它开始于我们自己的言语活动的域外；它的场所是我们自己的话语实践的间距。在这种意义上，档案的描述有利于我们的诊断，并不是因为它使我们绘制出我们的鲜明特征和提前勾勒出我们将来具有的形态。但它使我们抛弃我们的连续性；它消除我们喜欢观看自己来避免历史断裂的这种时间上的同一性；它中断先验目的论的思路；而且当人类学思想考问人的存在或人的主体性时，它就使他者与域外显露出来。这样被理解的诊断不会通过区分的手段来证明我们的同一性。它证实我们是差异，我们的理性是话语的差异，我们的历史是时间的差异，我们的自我是面具的差异。它证实差异远非被遗忘、被掩饰的起源，而是我们所是的、我们所造成的这种弥散。

  对档案永远不会完成的、永远不会完整获得的揭示，形成了话语形成的描述、实证性的分析、陈述范围的定位所属于的一般视域。词的权利——它与语文学家的权利不一致——因此准许给所有这些研究提供**考古学**的题目。考古学这个术语不会促使对任何开端的探寻；它不会将分析同任何地质学意义上的挖掘或探测联系起来。它是指描述的总主题，而描述把"已说之物"放在自身存在的层次上进行考问：即后者之中运作的陈述功能、后者所属的话语形成、后者隶属的档案的一般系统这些层次。考古学将话语描述为一些在档案的要素中被详细说明的实践。

第四章 考古学的描述

1. 考古学与观念史

现在可以颠倒一下研究步骤；我们可以顺势而下，而且一旦我们通览话语形成和陈述的领域，一旦我们勾勒出它们的一般理论，就可以着手研究它们应用的可能领域。稍微考虑一下我也许会堂而皇之取名为"考古学"的这种分析究竟有什么用。况且也应该这么做：因为，坦率地讲，目前的情况还真相当令人担忧。我开始就提出一个相对简单的问题：根据那些不是作品、作者、书或者主题的重要单位来对话语进行的划分。现在仅仅为了确立这些重要单位，我建构了一整系列的观念（话语形成、实证性、档案），我确定了一个领域（陈述、陈述范围、话语实践），我试图揭示一种可能既不是形式化的也不是解释性的方法的特殊性，简而言之，我求助于一整套运作机制，它的笨重不堪、可能还有它的奇怪的装备都令人感到为难。这出于两三个理由：已经存在相当多的、能够描述和分析言语活动的方法，想再增添一种方法才不至于有自以为是之嫌。况且我一向对那些像"书"或"作品"一样的话语的单位表示怀疑,因为我怀疑它们不会像它们显现出来的那样直接和明显:我们付出这样的努力、经过反复的探索并根据如此晦涩以至需要一百多页来阐释清楚的原则才被确立起来的单位来反对它们,这样做是充分合理的吗?所有这些工具最终限定的东西,其同一性被这些工具辨别的这些著名"话语"的确与我凭借经验提出的、给我充当借口来调整这套奇特工具的这些形态(所谓的"精神病学"或"政治经济学"或"博物学")是一回事吗?现在我应该衡量我曾试图确定的诸观念的描述的有效性。我应该弄清楚我的理论机器是否运行正常以及它能产生什么样的结果。因此,这种"考古学"能提供其他描述不可能给予的什么东西?这么繁重的研究会有什么样的回报?

第一个怀疑立刻就涌上我的心头。我的所作所为就好像我发现了一个新领域,而且好像为了盘点这个新领域,我需要一些新的尺度和定位。但事实上我确实不会栖身于这个众所周知的和长久以来就以"观念史"命名的空间吗?即使我曾有两三次试图保持距离,我不也暗暗地参照观念史吗?假如我的确不想转移视线,那么我不可能发觉我所寻找的一切就在观念史中而且是已经准备好的、已经分析过的吗?其实我也许就只是一个观念史学家而已,不过是一个羞愧不已的,或者如有人所愿意的那样是傲慢的观念史学家。一个想彻底更新学科的观念史学家,也许希望给这个学科提供很多极其类似的其他描述新近获得的这种严谨性,但不能真正改变这种陈旧的分析形式、不能使它跨越科学性的门槛(要么这样一种变化是永远不可能的,要么他自己没有能力进行这种转换),他为了制造错觉而声称他一直做和希望做不一样的事情。这新出现的整团迷雾是为了隐瞒人们仍待在同一风景中，被束缚在一片古老的、被消耗殆尽的土地上。只要我没有与"观念史"断绝关系，只要我还没有指出考古学的分析在什么方面有别于它的描述，我就没有权利心安理得。

描述像"观念史"这样的学科的特征不是件容易事：不确定的对象、难以明确的边界、左凑右借的方法、既不正确也不固定的步骤。然而，我们似乎能够辨认出它的两种作用。一方面，它叙述细枝末节和边边角角的历史。它所叙述的不是科学的历史，而是那些不完善的、先天不足的知识（connaissances）的历史，那些知识从不能在顽强生命的整个过程中达到科学性的形式（炼金术的历史而非化学的历史、动物精神或颅相学的历史而非生理学的历史、原子说主题的历史而非物理学的历史）。它叙述那些隐而不彰的哲学的历史，那些哲学萦绕着文学、艺术、科学、法学、伦理学乃至人类日常生活；它叙述那些数百年的主题关系（thématismes）的历史，那些主题关系从未在严密的、个体的系统中得以凝聚，不过却形成那些不进行哲学思考的人的自发性哲学。它叙述的不是文学史，而是那种旁门左道的流言史、那种日常琐碎的写作史，而这种写作消失得如此快，从未获得作品的地位或马上就丧失这种地位：针对亚文学、年鉴、杂志与报纸、轰动一时的影视作品、无名无姓的作者所进行的分析。观念史就这样被确定——但我们立刻就看到要给它固定明确的界限是多么困难——它专注于这整个潜伏的思想、这整个在人们中间匿名流传的再现的活动；在庞大的话语遗迹的缝隙中，观念史揭示这些遗迹所基于的脆弱土壤。这是有关漂浮不定的言语活动、尚未成形的作品、没有联系的主题的学科。这是对意见而非对知识(savoir)、对错误而非对真理、对心态类型而非对思维形式的分析。

但另一方面,观念史给自己规定的任务是贯通现存的学科、探讨它们和重新阐释它们。因此,它与其说构成一个边缘的领域,不如说构成一种分析风格、一种视角的应用。它承载着科学、文学和哲学的历史领域:但它在其中描述那些给以后的形式化充当体验而非反思的基底的知识(connaissances);它试图重新发现话语所记录的直接体验;它追随着那些基于被接受的或被获得的再现而将会促使系统和作品产生的起源。它反而指出这些由此建立起来的重要形态如何逐渐地解体:诸主题如何自行展开,如何继续它们孤立的存在,如何沦为一无用处或以新方式重组。观念史因此是有关起始与结束的学科,是对模糊的连续性与回归的描述,是以历史的线性形式对发展的重构。但它也可以,甚至由此从一个领域到另一个领域来描述交换与中间状态的整个运作:它指出科学知识(savoir)如何扩散、如何产生哲学概念和如何有可能在文学作品中形成;它指出问题、观念、主题如何能从它们被提出的哲学领域移向科学的或政治的话语;它在作品与制度、习惯或社交行为、技术、需求、缄默的实践之间建立起关系;它试图促使话语最精心构思的形式重新出现在具体的背景中,重新出现在见证这些形式产生的增长和发展的环境中。它因此成为某种研究干扰的学科,成为同心圆式的描述,而这些同心圆环绕着作品、突出作品、把作品联系起来并将作品融入所有不是作品的东西之中。

我们清楚地看到观念史的这两个作用如何连接起来。在其最一般的形式下,我们可以说它不断地——在这种转变得以实现的所有方向上——描述从非哲学向哲学、从非科学性向科学、从非文学向作品本身的转变。它所分析的是浑浊不明的诞生、遥远的联系、在明显变化下顽固坚持的持久性、从无数盲目的共谋关系中受益的缓慢形成、那些逐渐结成的和突然凝聚成作品精华的整体形态。起源、连续性、总体化：这些是观念史的重要主题，而且借着这些主题，观念史与某种现在看来是传统的历史分析形式联系在一起。在这些条件下，对历史及其方法、要求和可能性还持有这种从今以后有点过时的观点的任何人都不可能设想人们会抛弃像观念史这样的学科，或者宁可认为话语分析的任何其他形式都是对历史本身的背叛，这都是正常的。不过，考古学的描述恰恰是对观念史的抛弃，是对观念史的公设和程序的系统拒绝，试图要创造一种有关人类说出来的东西的、截然不同的历史。有些人并不会在这一研究中辨认出他们童年时代就熟悉的历史，他们怀念这种历史，而且他们在一个不再为这种历史而产生的时代中祈求往昔的这个巨大阴影，这一切当然都表明他们的耿耿忠心。但这种保守的热忱让我坚定我的决心，并让我对我曾想做的事情充满信心。

在考古学分析与观念史之间，有许多分歧点。我马上就尽力确立四种在我看来最重要的差异：关于新事物的确定，关于矛盾的分析，关于比较的描述，最后是关于转换的定位。我希望我们可以在这些差异点上抓住考古学分析的特殊性，而且我们如有必要的话还可以估量它的描述能力。但愿目前只要确定某些原则就够了。

1. 考古学试图确定的并不是隐藏或显现在话语中的思想、再现、影像、主题、烦扰，而是那些话语本身、那些作为遵从规则的实践的话语。考古学不会把话语看作是**文献**、另一物的符号、应该是透明的要素，但应该经常穿过这种要素令人讨厌的不透明性，以便最终在这种不透明性得以保留的地方重返主要部分的深处；考古学在话语自己的容积中把话语作为**遗迹**来探讨。它不是一门解释性的学科：它不会探寻隐藏得更好的"另一种话语"。它拒绝是"寓意的"。

2. 考古学并不试图去重新发现连续的、不可察觉的转变，这种转变缓缓地将诸话语与它们之前的、周围的或之后的东西联系起来。考古学不等待诸话语基于它们尚不是的东西来变成它们所是的东西的时机，它也不等待诸话语在解决它们的形态的稳固性之后逐渐丧失它们的同一性的时机。考古学的问题反而把诸话语放在它们的特殊性中来确定，指出它们所使用的成套规则在什么方面不可简化为任何其他东西，沿着它们的外部轮廓和为了更好地突出它们来追踪它们。考古学不会缓慢地从意见的混乱范围推进到系统的独特性或科学的最终稳定性；它并不是"光荣经"（doxologie），而是对诸话语样态进行的差异分析。

3. 考古学并不按照作品的至高无上的形态被安排；它并不试图抓住作品挣脱匿名性视域的时机。它并不想重新发现个体与社会相互颠倒的谜一般的瞬间。考古学既不是心理学，也不是社会学，在更一般的意义上也不是创造的人类学。作品对考古学而言不是相关的部分（découpe），即使关键是将考古学重新置于它的整体语境或支撑它的因果关系的网络之中。考古学确定话语实践的类型与规则，而这些话语实践贯通、有时完全支配和操纵个体的作品，却不让任何东西逃脱它们；但它们有时也只控制这些作品的一部分。创造主体的层级，作为作品的存在理由和作品统一的原理，是与作品不相干的。

4. 最后，考古学不会试图恢复人在说出话语的确切瞬间所思、所想、所求、所感、所欲的东西；考古学不打算捕捉这个转瞬即逝的核心，其中作者和作品互换它们的同一性，思想在尚未蜕变的同一形式中仍与自身很接近，言语活动在话语的空间的、接连的弥散中尚未展开。换言之，考古学并不试图使那被说出来的东西重归其同一性本身时对其进行重复。考古学不想自行消失在阅读的模棱两可的节制中，这种阅读在纯粹的情况下使遥远的、闪烁不定的、近乎消失的起源之光重放光芒。考古学只不过是一种重写而已：就是说在外部性得以保存的形式上是一种对那已经被写出来的东西的可调节的转换。这不是向起源的秘密本身的回归；这是对目标话语（discours-objet）的系统描述。

2. 原创的与有规则的

184

一般来说，观念史将话语范围看作具有双重价值的领域：任何在其中被定位的要素都可被描述为新的或旧的、从未听说的或被重复的、传统的或原创的、符合平常类型或异常类型的。因此，我们可以区分两类表达范畴：一类表达更受重视，且数量相对较少，它们第一次出现，没有与它们类似的先例，它们有可能作为其他表达的模型，而且它们在这种估量中就值得被看作创造；而另一类表达则是平庸的、日常的、众多的，它们对自己都不负责任，而且它们来自那已经被说出来的东西，有时是为了逐字逐句地重复它。观念史给这两类表达中的每一类都赋予地位，而且不会对它们进行同样的分析：在描述第一类表达时，观念史叙述发明、变化、变形的历史，它指出真理如何摆脱错误，意识如何从连续的沉睡中苏醒，新形式如何相继产生，以便给我们提供如今属于我们的景观；历史学家的职责是基于这些孤立的点、这些接连的断裂来重新发现演变的连续路线。第二类表达反而将历史表现为惯性和沉重、对过去的缓慢积累和对那些被说出来的东西的无声沉淀；诸陈述必须从总量上并根据它们的共性来加以研究；它们所具有的事件的独特性可以被抵消；它们的作者的同一性、它们出现的时间与场合也不再重要；不过，恰恰是诸陈述的范围必须被估量：它们在什么地方和什么时候重复出现、它们通过什么途径被传播、它们在什么样的群中流通；它们为人类思想勾勒出什么样的一般视域、它们给人类思想规定什么样的界限、它们在确定时代特征时如何将该时代有别于其他时代——我们因此描述了一系列整体形态。在第一种情况中，观念史描述一连串思想事件；在第二种情况中，我们取得层次分明的、连续不断的效果；在第一种情况中，我们重现真理或形式；在第二种情况中，我们重建被遗忘的相互关联，而且使诸话语诉诸它们的相对性。

诚然，观念史在这两种层级之间不断地规定关系；我们从未在观念史中发现这两种分析中的一种分析以纯粹的状态出现：观念史描述新旧之间的冲突、对习得的抵制、习得对"尚未说之物"所施加的抑制、习得伪装"尚未说之物"所凭借的遮掩、习得偶尔成功地使"尚未说之物"所遭受的遗忘；但观念史也描述那些默默地和远远地预备未来话语的便利条件；它描述一些发现的影响、这些发现扩散的速度和广度、替换的缓慢过程或变革熟悉的言语活动的突然冲击；它描述新事物如何融入那已经被结构的习得范围，原创如何逐渐落入传统的窠臼，或者它还描述"已说之物"的重新显现和对起源的重新揭示。但这种交错不会妨碍观念史永远保持着一种对新与旧的两极分析。这种分析重新把起源的问题域投入到历史的经验性要素和这些时刻的每个时刻之中：在每部作品、每本书、最小的文本中，问题因此是重新发现断裂点，尽可能精确地在"既在"（déjà-là）暗含的厚度、对既得意见也许是并非自愿的忠实、话语宿命的法则与创造的生机、向着不可缩减的差异的骤变之间进行划分。对原创性的这种描述尽管看起来是不言而喻的，但它提出了两个相当棘手的方法论问题：相似的问题与前导（procession）的问题。它的确假设人们能够确立一个唯一的重要系列，每个表达都在这个系列上根据同质的年代定位来写明日期。但近而观之，正是以同一方式和在同一时间线索上，雅各布·格林（Jacob Grimm）[*]才凭借他的元音变化规律走在了葆朴（Franz Bopp）^{**}前面吗（葆朴引述、使用了他的变化规律，对它进行具体应用，并对之进行调整）？格尔都（Gaston-Laurent Cœurdoux）^{***}和杜伯龙（Abraham

---

* 雅各布·格林（1785—1863），德国语言学家、童话作家，他与弟弟威廉·格林（Wilhelm Grimm, 1786—1859）同是德国语言学的奠基人，他们搜集和编辑《儿童与家庭童话集》（通称《格林童话》），合编《德语词典》。雅各布·格林编著了4卷本《德语语法》，他在1822年的修订版中阐述了丹麦语言学家拉斯科首先发现的印欧诸语言音演变的规则，后人称之为格林定律。

** 葆朴（1791—1867），德国语言学家，历史比较语言学创始人之一，著有《论梵语动词变位体系与希腊语、拉丁语、波斯语和日耳曼语的对比》《梵语小词汇》《梵语、古波斯语、希腊语、拉丁语、立陶宛语、哥特语和德语的比较语法》《论马来-波利尼西亚诸语言与印欧语的亲缘关系》等。

*** 格尔都（1691—1779），法国印度学家、耶稣会传教士，曾到印度南部传教，他首次证明了梵语、拉丁语、希腊语，甚至德语与俄语之间的共同渊源，他编过《泰卢固语、法语与梵语词典》，著有《印度习俗》。

Hyacinthe Anquetil-Duperron）*（在他们观察到希腊语与梵语之间的类似性时）才提前确定了印欧语言并领先了比较语法的奠基者们吗？正是在同一系列中和根据同一种先前性语式（mode d'antériorité），索绪尔（Ferdinand de Saussure）才被皮尔斯（Charles Sanders Peirce）**和他的符号学、安托万·阿尔诺（Antoine Arnauld）***和克洛德·朗斯洛及其符号的古典分析、斯多葛派（stoïciens）和能指理论"领先"了吗？前导不是不可简化的、首要的前提条件；它不能起着可以评价任何话语、区分原创与重复的绝对尺度的作用。先行状态的定位并不足以完全单独地规定话语秩序（ordre discursif）：这一定位反而从属于人们所分析的话语、人们所选择的层次、人们所确立的标度。如果沿着时间表展开话语和为每种话语要素确定日期，那么人们就不会获得前导与原创性的最终等级，这一等级从来只是与它试图赋予价值的话语系统有关。

至于两个或多个前后连贯的表达之间的相似，它依次提出了一整系列的问题。人们在何种意义上和根据什么样的标准可以肯定："这已经被说出来了""人们已经在某个文本中找到同一种东西""这个命题已经非常接近那个命题"等等？在

---

* 杜伯龙（1731—1805），法国印度学家、翻译家，曾将波斯文的《奥义书》《阿维斯陀》译成法语。
** 皮尔斯（1839—1914），美国哲学家、数学家和逻辑学家，实用主义之父，符号学的创始人，著述颇丰，代表作品有《数学原理》《皮尔斯文选》《皮尔斯哲学集》等。
*** 安托万·阿尔诺（1612—1694），法国神学家、逻辑学家、哲学家，詹森派代表人物之一，他当时声名显赫，与笛卡尔、马勒伯朗士、莱布尼茨等人都有过深刻的哲学讨论，与笛卡尔一样，他也是坚定的唯理论者，他与皮埃尔·尼古拉（Pierre Nicolas）合编《逻辑学或思考的艺术》，与克洛德·朗斯洛合编语法著作《普遍唯理语法》，开创了波尔–罗瓦雅尔学派。

话语的秩序中，什么是局部的或总体的同一性？即便两种陈述（énonciations）真是同一的，它们由那些在同一种意义上被使用的相同的词构成，众所周知这也不会准许将它们看作是绝对同一的。即使人们在狄德罗和拉马克（Jean-Baptiste de Lamarck）*的著作中或在博努瓦·德·马耶和达尔文的著作中发现进化原理的同一表达，人们也不能认为他们各自的著作中所涉及的是唯一的话语事件，这个话语事件可能随着时间的流逝而屈从于一系列重复。同一性即便在详尽无遗的情况下也不是标准；更何况同一性是局部的，词不会每次都在相同的意义上被使用或者相同的意义核心通过不同的词被理解：人们在什么程度上可以肯定，正是通过布封、安托万-洛朗·德·朱西厄和居维叶（Georges Cuvier）**如此不同的话语和词汇，同一种有机论主题才得以产生？反过来人们可以说组织这个词在路易·道本顿（Louis Jean-Marie Daubenton）***、布鲁门巴

---

* 拉马克（1744—1829），法国博物学家、生物学家，布封的学生，他对无脊椎动物进行分类，是最早使用"生物学"一词的科学家之一，他是提出生物起源的自然理论的第一人，改变了物理主义或形而上学的方式来研究生物的传统，著有《法国植物志》《无脊椎动物系统》《动物学哲学》等。他是进化论的倡导者和先驱，他的进化理论，即所谓的拉马克学说，对达尔文的进化论产生了深刻影响，达尔文在《物种起源》中多次引用他的著作。

** 居维叶（1769—1832），法国生物学家，比较解剖学与古生物学的创始人，作为物种不变论的支持者，他提出了"灾变论"，反对拉马克的进化论，并与圣-伊莱尔展开了激烈的辩论，尽管他赢得了这场辩论，但也促进了进化论的传播，著有《比较解剖学讲义》《四足动物骨化石研究》《动物界》《论地表的革命》《鱼的自然史》等。

*** 路易·道本顿（1716—1799），法国医生、博物学家，比较解剖学和古生物学的先驱，担任过法国国家博物馆首任馆长，曾为《百科全书》撰过稿，参与撰写布封的《博物志》。

赫（Johann Friedrich Blumenbach）*和圣－伊莱尔（Étienne Geoffroy Saint-Hilaire）**的著作中包含着同一种意义吗？一般来说，人们在居维叶与达尔文之间和在这同一个居维叶与林奈（或亚里士多德）之间所辨认出的真是同一类型的相似吗？表达之间不会有可直接辨认的相似本身：它们之间的类似性是相似得以在其中被辨认的话语范围的效果。

因此，向所研究的文本直截了当地询问它们的原创性资格和询问它们是否的确有这些因前人缺席而在此处可被衡量的高明之处，这是不合情理的。这种疑问只能在极其准确地被确定的系列中、在其限制和领域已被确立的集合中、在限定充分同质的话语范围的定位之间才能具有意义。[1]但在堆积如山的"已说之物"中探寻某种"预先"就与以后的文本相似的文本，到处搜索以便通过历史来重新发现预期或回响的作用，上溯到最初的萌芽或再下到最近的痕迹，依次针对作品来突出它对传统的忠实或它的不可简化的独特性的部分，提高或贬低它的原创性的份额，说波尔－罗瓦雅尔学派的语法学家们没有创造任何东西，或者发现居维叶的前辈们比人们所认为的更多，这些都是幼稚的历史学家讨人喜欢但又姗姗来迟的消遣而已。

考古学的描述诉诸接连的事实所应参照的那些话语实践，

---

〔1〕 正是以这种方式，康吉莱姆才确立了从托马斯·威利斯到普罗查斯卡使得反射定义成为可能的命题序列。
* 布鲁门巴赫（1752—1840），德国医生、人类学家、生物学家，他区分了高加索人种、蒙古人种、尼格罗人种、亚美利加人种和马来人种，著有《人类的自然变种》《博物学指南》《比较解剖学手册》等。
** 圣－伊莱尔（1772—1844），法国博物学家，他是拉马克的同事，与居维叶就生物起源问题进行过大辩论，发展和宣扬了拉马克的进化论，他曾随拿破仑军队参加过埃及科学调查，与居维叶、安托万－洛朗·德·朱西厄等生物学家有过通信讨论，著有《埃及考察记：1798—1802年》《埃及通信集》等。

如果我们不想以不正规的和天真的方式，也就是不想根据价值来确立这些接连的事实的话。在考古学的描述所处的层次上，原创性与平庸性（originalité-banalité）之间的对立因此是不恰当的：在一个最初的表达与数年后、数个世纪后多多少少准确地重复这个表达的句子之间，考古学的描述不会确立任何的价值等级，不会产生根本的差异。考古学的描述只是尽力确立陈述的规则性（régularité）。规则性在此不会与不规则性（irrégularité）相对立，后者在通常的意见或最常见的文本的边缘处确定脱离常规的（异常的、预言性的、延迟的、天才的或病态的）陈述的特征；对于任何（无论是非凡的还是平庸的、唯一的还是无数次被重复的）言语运用而言，规则性是指诸条件的集合，在这些条件中保证和确定其存在的陈述功能发挥作用。这样被理解的规则性不会确定统计曲线的界限之间的某种核心位置的特征——它因此不会作为频率或概率的指数而具有价值，它明确实际的出现范围。任何陈述都蕴含着某种规则性，并且不可能与之分离。因此，我们不必将一种陈述的规则性与另一种陈述的不规则性（它可能是更少被预料的、更加独特的、更富有革新性的）相对立，而是与确定其他陈述之特征的其他规则性相对立。

考古学并不寻求创新；而且它仍然对某个人第一次就相信某个真理的那个时刻（我的确希望它是个动人心弦的时刻）无动于衷；它不会试图重现那些欢快的晨曦。但这不是针对意见的一般现象和所有人在某个时代所能重复的东西的暗淡状态。考古学在林奈或布封、威廉·配第或大卫·李嘉图、皮内尔或比沙的著作中所探寻的不是确立那些神圣的创始人的清单，而是揭示话语实践的规则性。这种实践以同一方式在他们所有的、原创性最少的继任者的著作中或某些前辈的著作中起作用；而且这种实践在他们的著作本身中不仅分析最具原创性的（以及没有人在他们之前考虑过的）断言，而且分析他们甚至从其前辈们的著作中复述、重抄的那些断言。从陈述的角度看（point de vue énonciatif），一项发现并不比重复和传播它的文本更少规则性；规则性在陈词滥调中并不比在不寻常的形成中更少可行性、有效性和主动性。在这样一种描述中，我们不能接受创造性的陈述（它们促使某种新事物出现，传播从未见过或听过的信息，而且可以说它们是"主动的"）与摹仿性的陈述（它们接受和重复信息，可以说它们依然是"被动的"）之间的本性差异。陈述的范围不是一个被丰富的时刻划分的、诸惰性区域（plages inertes）的集合，而是一个自始至终都活跃的领域。

对陈述的规则性的这种分析可在几个方向上展开，也许有一天应该对它们进行更仔细的探讨。

1. 某种规则性的形式因此确定陈述集合的特征，却没有必要也不可能区分什么是新的和什么不是新的。但这些规则性——我们以后还要再提到——不是一劳永逸地被给定的；这与我们在杜纳福尔与达尔文或者克洛德·朗斯洛与索绪尔、威廉·配第与凯恩斯（John Maynard Keynes）的著作中所发现的那种起作用的规则性不一样。因此，我们获得陈述的规则性的同质性范围（它们确定话语形成的特征），但这些范围又相互区别。不过，向陈述的规则性的新范围的这种过渡不必伴随着那些与话语的所有其他层次相对应的变化。我们可以发现这样一些言语运用，它们从语法（词汇、句法和一般意义上的语言)的角度来看是同一的,它们从逻辑的角度(从命题结构或其所处的演绎系统的角度)来看也是同一的,但它们**在陈述上**(énonciativement)却是有差异的。因此,价格与流通货币总量之间的定量关系的表达可以用相同的词——或同义词来实现——和由同一推理来获得;在陈述上,这种表达在托马斯·格雷欣(Thomas Gresham)*或洛克(John Locke)的著作中与在19世纪边际主义者们的著作中是不一样的;它在每种情况下都不属于对象和概念的同一种形成系统。因此,应该区分**语言的类似性**(或可译性)、**逻辑的同一性**(或等价性)与**陈述的同质性**(homogénéité énonciative)。考古学关注且唯一关注的就是这些同质性。考古学因此能看到一种通过语言上保持类似的或逻辑上保持等价的诸言语表达而出现的新话语实践(在复述和偶尔逐字地复述归因句和系动词的旧理论时,波尔-罗瓦雅尔学派的语法学家们由此展示了陈述的规则性,考古学应该描述它的特殊性)。反之,考古学可以忽略词汇的差异,可以略过语义范围或有差异的演绎结构,如果考古学在每种情况下且不管这种异质性就能辨认出某种陈述的规则性的话(从这种视角看,行为语言[langage d'action]的理论、语言起源的研究、原始词根的确立,正如它们在18世纪被发现的那样,与克洛德·朗斯洛所做的"逻辑的"分析相比都不是"新的")。

我们由此就会看到某些脱节和连接的出现。我们不再可以

---

* 托马斯·格雷欣(1519—1579),英国商人、金融家,做过英国皇室的财政顾问,他于1558年创建英国皇家交易所,提出了"劣币驱逐良币"的"格雷欣法则"。

说发现、一般原理的表达或计划的确定会极大地开创话语史上的新阶段。我们不必再寻找绝对起源或总体变革的这个点，基于这个点，一切都被组织起来，一切都变成可能的和必要的，一切都为了重新开始而被废除。我们讨论那些陷入有区别的历史脉络之中的不同类型和不同层次的事件；被确立的陈述的同质性绝不意味着人类今后几十年或几百年要说和要想同一事物；它也不意味着对某些原则的明确或不明确的确定，而所有其余部分都作为结果来自这些原则。陈述的同质性（和异质性）与语言的连续性（和变化）、逻辑的同一（和差异）相互交织，而它们却不会步调一致或者它们不必相互牵制。然而它们之间必定存在着某些关系和相互依赖，后两者的领域可能是极其复杂的，将不得不被清点一番。

2. 另一个研究方向是：陈述的规则性的内部等级。我们看到每种陈述都从属于某种规则性——没有一种陈述因此可被看作纯粹的、简单的创造或天才的令人赞叹的无序。但我们也会看到任何陈述都不可被看作不主动的，都不可作为初始陈述的几乎不真实的阴影或移印而具有价值。整个陈述范围既是有规则的又是警觉的：它毫无倦意；最小的——最谨慎的或最平庸的——陈述启用成套的规则，按照这些规则，陈述的对象、样态、它所使用的概念和它所组成的策略才得以形成。这些规则从不在某个表达中被给定，这些规则横贯某些表达并给它们构建共存的空间；我们因此不能重新发现那为了它们而将它们连接起来的独特陈述。然而，某些陈述群以它们最一般的、最广泛应用的形式启用这些规则；以它们为基础，我们能看到其他对象、其他概念、其他陈述样态或其他策略选择如何基于那些更不一般的和其应用领域被更加明确的规则才能被形成。我们由此可以描述一棵有关陈述的**派生**（dérivation énonciative）的树：在它的根部是那些在其最广阔的范围中启用形成规则的陈述；在顶部和在某些枝权之后是那些启用同一种规则性的陈述，但这种规则性被更精巧地表述出来，在它的广延上被更好地划定界限和定位。

考古学由此能构建话语的派生树——这是它的重要主题之一。比如**博物学**的派生树。考古学将下述陈述作为**导向性的陈述**（énoncés recteurs）放在根部：它们关系着对可观察的结构和可能对象的范围的确定，它们规定着描述的形式和可能对象的范围可以利用的感知准则；它们促使特征化的最一般的可能性出现并由此打开有待建构的概念的整个领域，它们最终在构成策略选择时给今后最多的选择留有余地。而且考古学将在派生树的最顶端或至少在整个荆棘丛生的历程中重新找到"发现"（如化石系列的发现）、概念的转换（如种的新定义）、从未见过或听过的观念的出现（如哺乳动物或有机体的观念）、技术的调整（标本的组织原理、分类与术语分类的方法）。基于导向性的陈述的这种派生不可与基于公理而得以实现的演绎混淆不清；它也不应该与一般观念或哲学核心的萌芽相混同，而这种一般观念或这个哲学核心的意指在经验或明确的概念化中逐渐展开；最后它不应该被看作基于某一发现的心理学的起源，而这一发现逐渐显示出它的结果和展现它的可能性。它不同于所有这些历程，而且它应该在它的自主性中被描述。我们由此可以描述**博物学**的考古学意义上的派生，却不会从它不可论证的原理或基本主题着手（例如自然的连续性），而且不会将最初的发现或最初的方法（杜纳福尔的发现先于林奈的发现、扬·琼斯顿[Jan Jonston]*的发现先于杜纳福尔的发现）作为起点或主线。考古学的秩序既不是系统性的秩序，也不是时序更迭（successions chronologiques）的秩序。

但是，我们看到可能产生的疑问的整个领域展现出来。因为这些不同的秩序虽具有特殊性，且每种秩序具有自主性，但这也是徒劳的，所以它们之间应该存在着关系和依赖。对于某些话语形成而言，考古学的秩序也许不会截然有别于系统的秩序，正如它在其他情况下也许遵循着时序更迭的线索那样。这些相似的情况（相反的是人们在别处找到的某些扭曲）值得被分析。无论如何，重要的都不是混淆这些有差异的布局，不是在初始的"发现"或表达的原创性中寻找人们可演绎一切和派生一切的原理，不是在一般原理中寻找陈述的规则性或个体发明的法则，不是要求考古学意义上的派生来重现时间的顺序或揭示演绎的图式。

没有什么比在话语形成的分析中看到总体的历史分期的企图更错误：基于某个时刻和对于某个时期而言，每个人都以同一方式进行思考，不管表面上的差异如何，每个人都通过多种形态的词汇来说同一事物，并产生一种人们能在全部意义上不加区别地经历的宏大话语。与此相反，考古学描述陈述的同质性的层次，这一层次具有自己的时间分割，它不会与考古学一起夺走人们可在言语活动中进行定位的同一与差异的所有其他形式；而且在这个层次上，考古学确立布局、等级、整个荆棘

---

* 扬·琼斯顿（1603—1675），波兰博物学家、医生，致力于博物学研究，编撰多卷博物志，其中绘有不少怪兽图。

丛生的状态,后者排斥笨拙的、无定形的和只此一次就全部被给定的共时性。在这些人们称之为"年代"的、如此混杂的单位中,考古学与这些单位的特殊性一起揭示那些与概念的时间、理论的阶段、形式化的阶段和语言演化的阶段连接起来的"陈述的时期"(périodes énonciatives),但后者不会与这些单位混淆起来。

3. 诸矛盾

观念史通常赋予它所分析的话语一致性。它有时会察觉到词的使用中的不规则性、几个不相容的命题、一组彼此不会配合的意指、一些不能被一起系统化的概念吗?它的责任是在多少有些深刻的层次上找到一种凝聚原则,这种原则组织话语,并恢复话语被隐藏的单位。这种一致性法则是启发性的规则、程序的义务,近乎是研究的道德约束:不要徒增矛盾,不要被那些微小的差异所牵累,不要太重视变化、修改、回归过去、论战,不要假设人类的话语永远从内部被他们的欲望的矛盾、他们所遭受的影响或者他们所处的条件所损坏,而是要承认这一点,只要他们说话和他们彼此之间进行对话,就宁可要克服这些矛盾和找到它们能被控制的起点。但这同一种一致性也是探讨的结果:它确定着完成分析的最终单位;它发现文本的内部组织、个人作品的发展形式或不同话语之间的交会之处。为了重构这种一致性,人们确实不得不对它进行假设,而且只有人们相当远地、相当久地追踪它,人们才有信心找到它。它好像是一种最佳状态:用最简单的方法解决最可能多的矛盾。

然而，可使用的方法相当多，因此被找到的一致性可能会极其不同。在分析命题的真实性和那些把命题连起来的关系时，人们可以确定合乎逻辑的不矛盾的范围：因此人们将发现一种系统性，人们将从句子的可见形体追溯到这种纯粹的理想结构，而语法的模糊性、词的意义超载也许将这种结构掩饰起来，就如同它们将这种结构表现出来一样。但人们完全可以反其道而行之，循着类比和象征的线索来重新发现一组更富有想象而较少话语、更富有情感而较少理性、更多接近欲望而较少接近概念的主题；它的力量使那些最对立的形态活跃起来，但立刻就将它们融入到一个可缓慢转换的单位之中；人们因而所发现的是一种可塑的连续性，是意义在各种各样的再现、影像与隐喻中形成的过程。这些一致性无论是有主题的还是成系统的，它们都有可能是明确的或隐含的：人们可以在言说主体意识到的诸再现的层次上探寻它们，但他的话语——出于情境的理由或由于与他的言语活动的形式本身有关的无能为力——难以表达这些再现；人们还可以在诸结构中探寻它们，诸结构对作者的束缚可能要多于作者对它们的建构，而且诸结构在作者不知不觉的情况下给作者强加公设、操作图式、语言规则、一组断言与基本信仰、影像类型或幻象的整个逻辑。最终这可能涉及人们在个体——他的传记或他的话语的独特情境——的层次上确立的一致性，但人们还能根据更广泛的定位来确立它们，并给它们提供集体和历时性的维度：时代的，一般意识形式的，社会类型的，某组传统的，整个文化共有的想象格局的。在所有这些形式下，这样被发现的一致性永远发挥着同一作用：指出那些直接可见的矛盾只不过是表面的闪光而已，而且应该使这组弥散的光芒返回到唯一的发源地。矛盾是隐藏的或被隐藏的单位的错觉:它只有在意识与无意识、思想与文本、理想性与表达的偶然形体之间的差距中才有自己的场所。无论如何,分析都应尽可能地消除矛盾。

在这项研究工作结束时,只有一些残存的矛盾依然存在——意外、缺陷、缺乏——或者与之相反,基本矛盾突然出现,好像整个分析秘密地、不由自主地导致它:在系统的确切起源上对不相容的公设的启用、不能被调和的影响的交错、欲望的最初的衍射、将社会与自身对立起来的经济和政治的冲突,所有这些非但不显示为许多应该被简化的表面要素,反而最终显示为组织原理,显示为那用以解释全部次要矛盾并给它们提供坚实根据的创始的、隐秘的法则——总之,它们是所有其他对立的模型。这样一种矛盾远非话语的表象或意外,远非为了话语最终释放其得以展现的真实性而应该使话语摆脱的东西,而是构成话语存在的法则本身:正是基于这种矛盾,话语才会出现,正是为了同时表现和克服这种矛盾,话语才开始说话;就是为了逃避这种矛盾,而这种矛盾却不断地通过话语重新出现,话语继续进行且没完没了地重新开始;就是因为这种矛盾永远先于话语,因为话语竟从未能完全绕开它,因为话语发生改变、变形,因为话语自动逃避它自己的连续性。矛盾因此作为话语的历史性的原理而随着话语发挥作用。

观念史因此辨认出矛盾的两个层次:引起话语的深层单位的表象层次和导致话语本身的根据层次。相对于矛盾的第一个层次,话语是应该从它们的意外出现、它们的极其明显的形体解脱出来的理想形态;相对于矛盾的第二个层次,话语是诸矛盾可能采取的和其表面凝聚力必被摧毁的经验性形态,以便最终在诸矛盾的突然侵入和暴力中重新发现这些矛盾。话语是从

198

一个矛盾转向另一个矛盾的路径：之所以话语导致那些可见的矛盾，乃因为话语遵从那个被它掩盖的矛盾。分析话语就是促使诸矛盾消失和重现，就是指出它们在话语中所发挥的作用，就是表明话语如何能表达它们、促使它们具体化或给它们提供瞬间即逝的表象。

对于考古学分析而言，诸矛盾既不是要克服的表象，也不是应该被阐明的秘密原则。它们就其本身而言是可描述的对象，而人们却不需探寻这些对象会从什么样的视角逐渐消失或者在什么样的层次上变得更极端和从结果变成原因。举一个在本书中几次被提及的简单例子：林奈的物种不变论原则在 18 世纪没有如此这般地被那仅仅改变其应用样态的**正常异形花**（Peloria）的发现所驳斥，而是被某些可在布封、狄德罗、博尔德、博努瓦·德·马耶乃至其他人的著作中找到的"进化论的"主张所驳斥。考古学分析不在于指出每个人在这种对立下和在更基本的层次上都接受某些基本论题（自然的连续性与自然的完满性、新近的品种［formes］与生存环境［climat］之间的关联、从无生命体向生命体的几乎难以察觉的转变）；考古学分析也不在于指出这样一种对立在博物学的特殊领域内反映了一种划分 18 世纪全部知识（savoir）和全部思想的更一般的冲突（创造的主题与自然的主题之间的冲突，其中创造是有序的，只此一次就被获得，没有不可化约的秘密就被展开，而自然丰富多彩，具有谜一般的力量，逐渐在历史中展开，并随着时间的猛烈推力来弄乱所有的空间秩序）。考古学试图指出这两种主张——物种不变论的主张与"进化论的"主张——如何在某种有关种属的描述中具有共同之处：这种描述把器官的可见结构作为对象（也就是器官的形式、大小、数量和空间排列),而且它能以两种方式来限制这个对象(限制在整个有机体上,或者限制在有机体的某些要么鉴于其重要性要么出于其分类学便利而被规定的要素上);人们因此在第二种情况中揭示一种有规则的图表,它具有一些确定的格子,而且可以说它构成任何可能的创造的程序(因此,无论是现存的、有待发生的还是已经消失的,种属的排列最终都得以被确定);而在第一种情况中,人们揭示某些具有亲缘关系的群,它们仍处于不确定的和开放的状态,它们相互分离,而且容忍着一些数量不定的新形式,不管人们希望这些新形式是多么地接近预先存在的形式。由此即便人们使两个论题之间的矛盾来自某个对象领域、它的划界和分格控制,也没有解决矛盾,也没有发现调和点。但人们也没有将矛盾转移到一个更基本的层次,人们确定矛盾所在的场所,揭示交替的交叉点,定位两种话语并列的分歧和场所。结构理论不是一种共有的公设、一种由林奈和布封所共享的一般信仰的基底、一种可靠的和基本的主张,这种主张将进化论与物种不变论之间的冲突推到附加争论的层面;结构理论是两者不相容的原则,是支配两者派生和共存的法则。在考古学分析将诸矛盾作为可描述的对象时,它不会试图发现可取代诸矛盾的一种共有形式或一组共同主题,而是试图规定诸矛盾之差距的程度与形式。相对于观念史——它要将诸矛盾融入一种整体形态的晦暗不明的单位或要把诸矛盾变成一般的、抽象的和一致的解释或阐述原则,考古学则描述各有不同的**纷争空间**(espaces de dissension)。

考古学因此拒绝将矛盾当作以同一方式作用于全部话语层次的一般功能,而且考古学分析应该完全取消这种一般功能或者将它引回到最初的、建构的形式:考古学借着对矛盾的不同类型、对矛盾可被辨认所根据的不同层次、对矛盾能够发挥的不同功能的分析来取代某种矛盾——以众多面目呈现、然后被消除，最终在它达到顶点的更大冲突中重现——的重要运作。

首先讨论矛盾的不同类型。某些矛盾仅局限于命题或论点的层面，却毫不影响那种使它们成为可能的陈述状况：由此在18世纪出现了化石的动物特征的论题，与更传统的化石的矿物性质的论题相对立；当然，人们可从这两个论题中得出的结论为数众多，且影响深远；但人们可以指出这两个论题产生于同一种话语形成，源自同一点，而且依据陈述功能发挥作用的相同条件；它们是在考古学意义上**派生出来的**和构成最终状态的矛盾。与此相反，其他论题则跨过话语形成的限制，并与那些不属于相同的陈述（énonciation）条件的论题相对立：由此林奈的物种不变论遭到了达尔文的进化论的驳斥，但只发生在前者所属的**博物学**与后者所属的生物学之间的差异被抵消的范围内。这些是**外在的**矛盾，它们反映不同的话语形成之间的对立。对于考古学的描述而言（以及在此不考虑程序可能出现的活动），这种对立构成分析的**起点**（terminus a quo），而派生出来的矛盾则构成分析的**终点**（terminus a quem）。在这两个极端之间，考古学则描述所谓的**内在的**矛盾，即在话语形成本身中展开的和产生于形成系统的某个点、促使次级系统出现的那些矛盾（便于人们沿用18世纪**博物学**的例子，由此就出现了将"方法的"分析与"系统的"分析对立起来的矛盾）。这种对立在此不是终极状态：它们并不是有关同一对象的两个矛盾命题，并不是对同一概念的两种不可调和的应用，而是形成诸陈述的两种方式，两者的特点相互由某些对象、某些主体性的位置、某些概念和某些策略选择来确定。然而这些系统不是首要的：因为人们可以指出它们在何种程度上使这两种方式全都源自唯一的实证性，即**博物学**的实证性。正是这些**内在的对立**才是与考古学分析相关的。

其次讨论矛盾的不同层次。考古学意义上内在的矛盾不是被确认为原则或被解释为效果就足够的、纯粹而又简单的事实。它是分布在话语形成的不同层面上的复杂现象。因此，对于整个 18 世纪不断相互对立的系统的**博物学**与方法的**博物学**而言，人们可以辨认出：对象的**不适合**（在某种情况下，有人描述植物的一般形态，而在另一种情况下，有人则描述某些可提前规定的变量；在某种情况下，有人描述植物的整体［totalité］，或者至少描述植物最重要的部分，而在另一种情况下，有人则出于分类学的便利描述某些被任意选择的要素；有时，有人考虑到植物生长和成熟的不同状态，有时，有人仅限于最佳可见性的某个时刻和某个阶段）、陈述样态的**分歧**（在对植物进行系统分析的情况下，人们按照恒定的标度来运用严谨的语言学意义上的感知准则；对于方法的描述而言，准则是相对自由的，而且测定的标度是可以变动的）、概念的**不相容**（在诸"系统"中，属特征［caractère générique］的概念是个虽不骗人但却用来指称属的任意标志；在诸方法中，这同一概念应当包含着对属的实在定义），人们最后可以辨认出对理论选择的排斥（系统的分类学使"物种不变论"成为可能，即使物种不变论被时间中继续的、逐渐展现图表要素的有关创造的观念纠正，或者被自然灾变的观念纠正，而自然灾变以我们现在的眼光来看则扰乱自然邻域的线性秩序，但这种分类学排斥这一方法所接受但绝对不涉及的转换的可能性）。

接下来谈谈功能。所有这些对立形式在话语实践中不会发挥着同一作用：它们并不统一是有待克服的障碍或增长的原则。无论如何，从它们中间寻找历史减速或加速的原因都是不够的；时间不是基于对立的空洞的、一般的形式才被引入话语的真实性与理想性之中。这些对立永远是特定的功能时刻。其中有些对立保证着陈述范围的**补充性发展**：它们开启辩论、经验、验证、各种干扰的诸序列；它们可以让人们确定新对象，引起新的陈述样态，它们确定新概念或更改那些现存的概念的应用范围；但在话语的实证性的系统上却没有任何东西被更改（因此话语曾经是 18 世纪博物学家们针对矿物与植物的边界、针对生命或自然与化石起源的界限所进行的争论）；这样一些补充的过程能够以决定性的方式由一种驳斥它们的论证或一种使它们不再运作的发现保持着开放的状态或处于封闭的状态。其他一些对立则促使话语范围的**重组**：它们提出一陈述群在另一陈述群中可能出现的表达的问题、能使这些陈述相互连接起来的衔接点的问题、这些陈述融入更广泛的空间的问题（由此 18 世纪博物学家的著作中出现的系统与方法的对立促使一系列尝试，试图以唯一的描述形式对这两者进行重写，给方法提供系统的严谨性和规则性，使系统的任意性与方法的具体分析相一致）；恰恰不是新对象、新概念、新的陈述样态以线性方式来补充旧对象、旧概念和旧的陈述样态，而是属于（更一般的或更特殊的）另一层次的对象，是具有另一种结构和另一个应用范围的概念，是属于另一种类型的陈述（énonciations），然而形成规则却未被改变。还有其他一些对立发挥着**关键的作**用：它们促使话语实践的存在与"可接受性"付诸施行；它们确定话语实践的实际的不可能性和历史性倒转的某个点（因此在**博物学**本身中对有机体的相互关联和通过解剖学的变量在存在的确定条件中发挥作用的诸功能的描述,至少作为自主的话语形成不再使**博物学**成为可能,后者是一门以其可见的特征为基础的生物分类科学)。

因此,话语形成不是理想的、连续而平滑的、在矛盾的多样性下流传的和将矛盾化解于严密思维的静谧的单位中的文本;它也不是永远退缩但到处起支配作用的矛盾要以无数不同的形态在其中反映出来的表面。它毋宁说是一个充满各种各样的纠纷的空间;它是一组有差异的、应当描述其层次和作用的对立。因此,考古学分析的确在对唯一命题同时进行的肯定与否定中树立一种具有自己模型的矛盾的优先性。但这不是要把全部对立在思想的一般形式中拉平,不是借助约束的**先天性**来强行平息这些对立。关键反而是在特定的话语实践中定位这些对立得以构建的点,确定它们采取的形式、它们之间具有的关系和它们控制的领域。简而言之,关键是将话语保持在话语的各种各样的不规则状态中,并因此将一律失而复得、解决而又总是重生的矛盾的主题消灭在**逻各斯**的未加区分的要素中。

4. 比较的事实

考古学分析使诸话语形成进行个体化,并对它们进行描述。这就是说考古学分析应在这些话语形成出现的同时性中对它们进行相互比较,使它们相互对立,使它们区别于那些不具有同一时间表的话语形成,使它们在它们可具有的特殊的东西中与围绕着它们和给它们充当一般要素的非话语实践建立关系。还是在这一点上,考古学研究截然不同于对理论的内部结构进行分析的知识论的或"建筑术的"(architectonique)描述，它永远处于复数的状态：它表现在多种领域，它穿过缝隙与间距，它具有自己的领域，其中诸单位相互并列、相互分离、确定它们的边缘、相互对立，并在它们之间勾勒出空白空间。当考古学研究专注于某一独特的话语类型(《古典时代疯狂史》中的精神病学话语或《临床医学的诞生》中的医学话语)时，这是为了通过比较来确立话语的时序界限，这也是为了在这些时序界限出现的同时并在与它们关联的情况下描述一个制度的范围，描述一组事件、实践、政治决策，描述一连串经济过程，其中出现了人口的变化、救济的技巧、劳动力的需求、失业的不同层次等。但考古学研究还能通过侧面接近的方式(如在《词与物》中那样)来使几种有区别的实证性付诸实施，它在某个特定时期中比较这几种实证性伴随发生的状态，而且将这几种实证性与其他一些在既定时代取代它们的话语类型进行对比。

但所有的这些分析都与人们通常进行的那些分析迥然不同。

1. 比较在这些分析中一直是受限制的、局部的。考古学远非要揭示一般形式，而是力图勾勒出独特的轮廓。当我们将古典时代的**普通语法理论**、**财富分析理论**和**博物学**进行对比时，这不是要重新聚集17、18世纪的一般心态的三种表现——它们格外具有表达意义且至今被离奇地忽略，不是基于缩减的模型和独特的领域来重建那些曾经在整个古典科学中起作用的合理性形式，甚至不是为了阐明我们认为熟悉的文化面貌最不为人所知的轮廓。我们不想指出18世纪的人一般对秩序而非对历史、对分类而非对变化、对符号而非对因果机制感兴趣。关键在于揭示一组被完全确定的话语形成,而这些话语形成之间具有某些可描述的关系。这些关系不会涌入毗邻的领域,而且它们不能逐渐被转移给同时代的话语的集合,尤其不可能被转移给通常所谓的"古典精神":它们被紧紧限定在上述所研究的三段式上,而且它们只有在由此被明确的领域中才具有价值。这种话语之间的集合本身就以其组群的形式与其他话语类型建立关系(一方面与解释的分析、符号总论和"意识形态"建立关系,另一方面与数学、**代数分析**和创立"*普遍知识*"的企图建立关系)。正是这些内在和外在的关系确定**博物学**、**财富分析理论**和**普通语法理论**作为特殊集合的特征,而且让人们从它们中辨认出**话语之间的构型**(configuration interdiscursive)。

有些人会说:"为什么不谈论宇宙论、生理学或圣经注释?是因为拉瓦锡(Antoine Lavoisier)以前的化学或欧拉(Leonhard Euler)的数学或维科(Giambattista Vico)的**历史学**如果未被付诸使用就不能宣告人们可从《词与物》中找到的所有分析无效吗?是因为18世纪有创造性的财富中不存在许多其他并未融入考古学的僵硬框架中的观念吗?"对于他们,对于他们的合乎情理的焦躁,对于他们的确有可能提出的所有反例,我倒也清楚,我将回答道:"当然!不仅我承认我的分析是受限制的,而且我希望如此,并刻意使它如此。"对我来说可能是反例的东西也许恰好是有可能这样说:"您就三种特殊形成描述过的所有这些关系,归因理论、连接理论、指称理论与派生理论在其中相互连接起来的所有这些网络,以非连续的特征化与秩序的连续性为基础的这整个分类学,人们千篇一律地并以同一方式在几何学、理性力学(mécanique rationnelle)、体液与胚芽的生理学、圣经故事的批评(la critique de l'histoire sainte）与新兴的晶体学中重新发现它们。"这可能确实证明我本来就像我打算做的那样描述**实证间性的领域**；我本来要描绘某个时代的精神或科学——我的整个研究转而反对的东西——的特征。我描述过的那些关系值得去确定特殊的轮廓，这并不是从整体上描述文化面貌的符号。至于那些倡导**世界观**（Weltanschauung）的朋友要失望了；我坚持我做过的描述与他们的描述不属于同一类型。在他们的著作中可能是有关缺陷、遗忘、错误的东西，对我而言则坚决地、有条理地排斥。

但有人还会说："您将**普通语法理论**与**博物学**、**财富分析理论**进行对比，但您为什么不像人们当时实践它的那样把它与**历史学**、圣经批评、修辞学、美术理论进行对比呢？这不是您本来发现的、完全不同的实证间性（interpositivité）的范围吗？您描述过的范围因此有什么特权吗？"至于特权，根本就没有；它只是一些可描述的集合中的一种而已，如果人们确实要重提**普通语法理论**，并试图确定它与历史学科、文本批评之间的关系，那么人们必定会看到一种完全不同的关系系统出现；而且对这种系统的描述会揭示一种话语之间的网络，该网络不会与原先的网络重叠，而是与后者在它的某些点上交错。同样，博物学家的分类学也可能不再面对语法学和经济学，而是面对生理学和病理学：这里还有新的实证间性出现了（只要人们将《词与物》中分析过的分类学－语法学－经济学的关系与《临床医学的诞生》中研究过的分类学－病理学的关系进行比较）。因此，这些网络事先在数目上不是确定的；只有分析的试验才能指出它们是否存在和其中的哪些网络存在（就是说那些可被描述的网络）。此外，每种话语形成不属于（无论如何都必然不属于）这些系统中的唯一一种系统；但它同时融入它不会占据同一位置和不会发挥着同一功能的几个关系范围（分类学－病理学的关系与分类学－语法学的关系不是同构的；语法－财富分析的关系与语法－注释的关系也不是同构的）。

考古学所涉及的视域因此不是一门科学（*une* science）、一种合理性（*une* rationalité）、一种心态（*une* mentalité）、一种文化（*une* culture），而是诸实证间性的交错，而这些实证间性的界限和交会点不可能一下子就被固定下来。考古学是一种比较分析，这种分析注定不会减少诸话语的杂多性，且不会勾勒出那应该整合话语的单位，而是注定将它们的杂多性分布在不同的形态中。考古学的比较不具有统一的效果，但具有倍增的效果。

2. 在对 17、18 世纪的**普通语法理论**、**博物学**和**财富分析理论**进行对比时，人们可能会考虑语言学家、博物学家和经济学家当时共享着什么样的观念；人们可能会考虑他们不顾他们的理论的杂多性而共同假设了哪些未曾言明的公设，他们也许默默地遵从哪些一般原理；人们可能会考虑言语活动的分析对分类学施加了什么样的影响或者井然有序的自然的观念在财富理论中发挥着什么样的作用；人们还可以研究这些不同的话语类型的各自传播、每种话语类型得到公认的威信、每种话语类型因其资历（或反之因其新近出现）和因其更重要的严谨性而具有的价值增值、信息交换赖以产生的传播渠道与路径；人们最后在把那些完全传统的分析重新连接起来时可能会考虑卢梭（Jean-Jacques Rousseau）在什么范围内将他作为植物学家的知识（savoir）和经验转移到语言的分析和语言的起源，杜尔哥把哪些共同的范畴应用于货币分析与言语活动和词源学的理论,通用的、人工的和完善的语言的观念如何被林奈或阿当松等分类学家修改和使用。当然,所有这些疑问(至少其中的某些疑问……)都是合理的。但它们当中没有一个与考古学的层次有关。

考古学要释放的,首先是——在各种各样的话语形成所维持的特殊性与间距中——类似与差异的运作,就像它们在形成规则的层次上出现的那样。这涉及五种不同的任务:

　　a. 指出截然不同的话语要素如何可以是在类似规则的基础上形成的(普通语法的概念,如动词、主语、补语、词根等,它们是基于与**博物学**和**经济学**迥然不同的、完全异质的概念具有一样的布局、基于陈述范围——归因理论、连接理论、指称理论、派生理论——形成的);指出不同的形成之间的**考古学的同构性**。

　　b. 指出这些规则在什么范围内是否以同一方式应用、是否在同一秩序中连接、是否在不同的话语类型中根据同一模型排列(**普通语法理论**在这种秩序本身中把归因理论、连接理论、指称理论和派生理论相互连接起来;**博物学**和**财富分析理论**重新聚集前两种理论和后两种理论,不过它们各自在相反的秩序中把这些理论连接起来):确定每种形成的**考古学模型**。

　　c. 指出完全不同的概念(如价值和特性的概念或价格与属特征的概念)如何在它们的实证性系统的分支中占据类似的位置——它们因此具有**考古学的同位性**——尽管它们的应用领域、形式化程度,尤其是它们的历史起源使它们彼此完全相异。

d. 此外指出唯一的观念（有可能用唯一的词表示）如何能包含着两种在考古学上有区别的要素（起源的观念和进化的观念在**普通语法理论**和**博物学**的实证性系统中既不具有同一作用、同一位置，也不具有同一种形成）；指出**考古学的移动**。

e. 最后指出从属关系或补充关系如何能在不同的实证性之间被确立（由此与财富分析和物种分析相比，言语活动的描述在古典时代是在它是制度符号的理论的范围内发挥着主导性作用，而这些符号会对再现本身进行分解、标记和再现）：确立**考古学的关联**。

在所有这些描述中，没有任何东西依靠着对影响、交换、传播信息、交流的确定。这不是说关键在于否定它们或否认它们曾有可能成为描述的对象，而宁可相对于它们采取有节制的后退、变动分析的攻击层次、揭示那使它们成为可能的东西，定位一个概念向另一个概念的投射能够实现的点、确定那使方法或技巧的转移成为可能的同构性、指出那些可以进行概括的邻域、对称、类比，总之就是描述矢量和微分的易感性（渗透性和不可渗透性）的范围，这种范围对于交互作用而言是历史可能性的条件。实证间性所呈现出的轮廓不是一组毗邻的学科，甚至不是一种可观察到的相似现象，甚至也不是几种话语与这样或那样的其他话语之间的整体关系，而是话语交流的法则。这不是说：因为卢梭和其他人同他一起轮流思考了物种的排列和语言的起源，所以就在分类学与语法学之间建立起关系和产生交换；因为杜尔哥在约翰·劳和威廉·配第之后想把货币视作符号，所以经济学和言语活动理论的关系就变得密切起

◆ 第四章 考古学的描述

来，而且它们的历史还带有这些尝试的痕迹。而毋宁说——至少如果人们想进行考古学的描述——这三种实证性的各自安排真是如此，以致人们可以在作品、作者、个体存在、计划与尝试的层次上找到同样的交换。

3.考古学也揭示话语形成与非话语领域（制度、政治事件、经济实践和经济过程）之间的关系。做这些比较的目的不是要揭示宏观的文化连续性或者区分因果关系的机械论。面对一组陈述事实，考古学不会问什么能引起这组陈述事实（这是表达语境的研究）；它也不会尽力去重新发现什么在陈述事实中表达出来（解释学的任务）；它试图规定这组陈述事实所从属的——确定这组陈述事实所属的实证性的特征的——形成规则如何能与非话语系统联系起来：它力图确定特殊的连接形式。

以临床医学为例：18世纪末临床医学的建立与某些政治事件、经济现象和制度变化是同时发生的。至少以直觉的方式猜测这些事实与医院医学的组织之间的联系是容易的。但如何对它们进行分析呢？象征分析（analyse symbolique）会在临床医学的组织和相伴发生的历史进程中看到两种同时发生的表达，这两种表达相互映衬和相互象征，它们相互充当镜子，而且它们的含义在一组不确定的反响中被捕捉：这两种表达只不过表达它们所共有的形式而已。因此器官的相互联系、功能的凝聚、组织的沟通等医学观念——和为了身体相互作用的分析而对疾病分类原则的抛弃——符合（为了反映这些观念，但也为了在这些观念之中反映出来）一种政治实践，而这种政治实践在还是封建制度的分层、功能类型的关系、经济的相互联系下发现一个其依赖与互利应以集体的形式保证生活的类似因素的社会。不过，因果分析在于探寻政治变化或经济过程在何种程度上能够决定科学家的意识——他们的兴趣的视域和方向、他们的价值体系、他们感知事物的方式、他们的合理性的风格；因此，在一个工业资本主义开始统计劳动力需求的时代，疾病获得一种社会维度：健康的维护、康复、贫穷患者的救助、病因和病灶的研究变成一项集体责任，国家一方面应承担这项责任，另一方面应对其进行监管。由此就出现了身体作为劳动工具的价值增值，以其他科学的模型来使医学变得合理的考虑，维持人口健康水平的努力，对治疗、治疗效果的维持、长期现象记录的关注。

考古学把它的分析定位在另一个层次上：表达、反映和象征化等现象对考古学而言只是寻求形式类似或意义翻译的整体阅读所产生的结果；至于因果联系，它们只能被确定在语境或情境及其对言说主体产生影响的层次上；只要它们在其中出现的实证性与这些实证性的形成所依据的规则一旦被确定，这两者无论如何就能被定位。确定话语形成特征的关系范围是象征化和效果能够被感知、被定位与被规定的所在。如果说考古学让医学话语更接近某些实践，那是为了发现那些没有表达那么"立即的"（immédiats）关系，但这些关系比由言说主体的意识所替换的因果性的关系更直接。考古学要指出的不是政治实践如何决定医学话语的意义和形式，而是政治实践如何以及以何种名义作为医学话语出现、融入和运行的诸条件的一部分。这种关系可以在几个层次上被确定下来。它首先可以被确定在医学对象的划分与划界的层次上：当然不是因为政治实践从 19 世纪初就强行给医学规定了像组织病变或生理 – 解剖的关联一样的新对象，而是因为政治实践开创了测定医学对象的新范围（这些范围由行政上根据生命和健康的某些标准被管教、被监督、被测定的与根据文献和统计的记录的形式被分析的人口总量构成，它们也由法国大革命时期和拿破仑时期庞大的人民军队及其医学检查的特殊形式构成；它们还由 18 世纪末 19 世纪初根据当时的经济需求和社会阶级的相互地位而被确定下来的医院救济制度构成）。政治实践与医学话语之间的这种关系，人们看到它同样出现在被赋予医生（医生不仅成为这种话语享有特权的而且几乎是独占的持有者）的地位、医生与住院病人或私人客户可以具有的制度性关系的形式、针对这种知识（savoir）而被规定和准许的教育和传播的样态之中。最后人们可以在那被赋予医学话语的功能中或在人们要求医学话语所起的作用中抓住这种关系，此时关键在于评价个体、采取行政决定、提出社会规范、表达另一种秩序的冲突——以便"解决"或掩饰它们、给社会的分析以及与社会有关的实践提供自然类型的模型。因此，关键不在于指出既定社会的政治实践如何建构或改变医学的概念和病理学的理论结构，而在于指出医学话语作为与某个对象范围有关的实践在它发现自身被掌握在某些按规定挑选出来的个体手中并最终不得不在社会中发挥某些功能时如何与外在于它的、本身不具有话语性质的实践连接起来。

如果考古学在这种分析中悬置表达和反映的主题，如果考古学拒绝在话语中研究那些位于别处的事件或过程的象征性投射的表面，那不是为了重新发现一种可逐渐被描述的、可把发现与事件或把概念与社会结构联系起来的因果连接。但此外，如果考古学悬置一种同样的因果分析，如果考古学要通过言说主体来避免必要的接替，那不是为了保证话语至上的、孤单的独立性，而是为了发现话语实践的存在和作用的领域。换言之，话语的考古学的描述在一般历史的维度上被展开，它力图发现这整个有关制度、经济过程、话语形成可与之连接的社会关系的领域；它试图指出话语的自主性和特殊性不会就此给它提供一种有关纯粹理想性和历史完全独立的地位；它要揭示的就是这样一个独特的层次，历史能在其中产生一些明确的话语类型，这些话语类型本身具有自己的历史性的类型，而且它们与一整套形形色色的历史性有关。

5. 变化与诸转换

现在，对于变化的考古学的描述究竟会怎么样？我们的确将能够对传统的观念史做出我们所想要的或我们所能做的全部理论批评：传统的观念史至少对自身而言是把那些时间上的更迭和连接的现象作为基本主题，根据演化的图式来分析这些现象，而且由此描述话语的历史性展开。不过，考古学似乎对历史的探讨只是为了冻结历史。一方面，通过描述话语形成，考古学忽略那些可能在其中显示出来的时间序列；[另一方面，]它寻求那些在所有时间点上都一律且以同一方式具有价值的一般规则：考古学因此不会把共时性的强制性形态强加给一种可能是缓慢的、难以察觉的发展。在这一本身就如此不稳定的"观念世界"（monde des idées）中，其中表面上最稳定的形态瞬间即逝，而许多不规则的东西却应运而生，随后就获得最终地位，未来始终抢先前来，而过去却不断地变动，考古学不会作为一种静止思维而具有价值吗？另外，当考古学求助于编年学时，它似乎仅仅为了把两个结合点固定在实证性的界限上：在实证性出现和消失的时刻，就好似时间的绵延只是被用于确定这种简陋的时间表，但又好像在分析本身的整个过程中被省略了；好像时间只存在于断裂的空洞瞬间中，只存在于这种空白的而又不合常理的非时间的断层中，其中一种突如其来的形成替代另一种形成。作为实证性的共时性、替代的瞬间性，时间被回避，而且历史描述的可能性也随之消失。话语得以摆脱变化的法则，并被确立在非连续的非时间性中。话语通过诸片段而固定不动：永恒性的不稳定的碎片。但我们对此却是徒劳的：几种接连而来的永恒性、一组接连消失的固定形象，它们既不会形成运动，也不会形成时间或历史。

然而，应该更仔细地看清事实。

A

首先应看清诸话语形成的明显的共时性。有一件事是真的：把诸规则用于每种陈述是徒劳的，因此这些规则与每种陈述一起被重新使用也是徒劳的，它们不会每次都发生改变；人们可以重新发现它们随着时间的流逝而在极其分散的陈述或陈述群中起作用。比如说，**博物学**的各种各样的对象显然近一个世纪——从杜纳福尔到安托万-洛朗·德·朱西厄——遵循着同样的形成规则；归因理论显然在克洛德·朗斯洛、孔狄亚克（Etienne Bonnot de Condillac）*和特拉西（Destutt de

---

* 孔狄亚克（1714—1780），法国哲学家，与卢梭、狄德罗、达朗贝尔等人交往密切，并为《百科全书》撰过稿，他受洛克影响很大，他批判了笛卡尔的唯理论、莱布尼茨的单子论与斯宾诺莎的物质概念，著有《论人类知识的起源》《系统论》《感觉论》等。

Tracy）*的著作中是同一的，而且起着同一作用。此外，显然陈述的秩序根据考古学意义上的派生未必就再产生更迭的秩序：人们可以在尼古拉·博泽的著作中发现这样一些陈述，它们在考古学上先于人们在《波尔－罗瓦雅尔语法》（即《普遍唯理语法》）中遇到的那些陈述。因此，在这样一种分析中，的确存在着**时间序列**的中断——更确切地说是表达的时间表的中断。但这种中断是为了揭示这样一些关系，它们确定诸话语形成的时间性的特征，并在其交错不会妨碍分析的系列中连接这种中断。

  a. 考古学确定陈述集合的形成规则。考古学由此显示一系列事件如何能在它所出现的秩序本身中变成话语的对象，能够被记录、被描述、被阐释，能够构思成概念和提供理论选择的时机。考古学分析话语的渗透性的程度和形式：它提供话语与一连串接连的事件连接的原则；它确定事件被记录进陈述所赖以的操作因素。例如，考古学不否认财富分析与17世纪和18世纪初巨大的货币变动之间的关系；它试图指出什么在这些危机中可以被当作话语的对象，财富分析与货币变动如何能从中被概念化，相互冲突的利益在这些过程中如何能从中部署它们的策略。再或者考古学没有声称1832年发生的霍乱对于医学而言不是一个事件：它指出临床医学话语如何应用这样一些规则，以至于医学对象的整个领域能在当时被重新组织，一整套的

---

* 特拉西（1754—1836），法国哲学家、政治家，受洛克和孔狄亚克的启发，提出了"意识形态"（idéologie）的概念，著有《意识形态的要素》。

记录和标记的方法能够被使用，炎症的概念能够被抛弃，最终发烧的陈旧理论问题能够被清除。考古学不否认新陈述与"外部的"事件产生关联的可能性。考古学的任务是指出在什么条件下有可能在它们之间产生这样一种关联，并指出这种关联究竟是由什么构成的（它的界限、形式、准则、可能性的法则是什么）。考古学不回避话语的这种使话语随着事件的节奏而变动的活动能力；考古学试图解放这种活动能力在其中被启动的层次——可被称为叙述事件的**接合**（embrayage）层次。（这种接合对每种话语形成而言都是特殊的，并不具有相同的规则、相同的操作因素或同一种灵敏度，例如它在财富分析和政治经济学中、在古老的"体质"医学和现代流行病学中就是如此。）

b. 而且考古学给实证性确定的所有形成规则并不具有同一种一般性：有些规则更加特殊，且源自其他规则。这种从属关系可能只是等级的，但它也可能包含着时间矢量。因此，在**普通语法理论**中，动词－归因（verbe-attribution）的理论与名词－连接（nom-articulation）的理论是彼此相关的：而且后者源自前者，但人们不能在它们之间确定更迭的次序（除了演绎的或修辞的、为叙述而被选择的次序）。而补语的分析或词根的研究只有在对赋予补语的句子的分析或名词作为再现的分析符号的设想一旦被展开时才会出现（或再出现）。另一个例子是：在古典时代，生物的连续性原则是以根据结构特征进行的物种分类为前提；而且在这一意义上，它们是同时发生的；不过，就是这种分类一旦被启用，缺陷和失误就会放在自然、土地和物种的历史的诸范畴中被解释。换言之，形成规则的考古学分支不是一种同时进行的、整齐划一的网络：存在着一些暂时中立的关系、分岔、派生；还存在着其他一些包含着确定的时间方向的关系、分岔、派生。因此，考古学所采用的模型既不是同时性的纯粹合乎逻辑的图式，也不是事件的线性更迭，而是考古学试图指出必然更迭的关系与其他一些并不如此的关系之间的交错情况。因此，不要认为实证性的系统是人们只有在中断整个历时性的过程时才能察觉到的共时性形态。考古学远不是对更迭漠不关心，而是要定位**派生的时间矢量**。

对于那些被看作接连出现的东西，考古学不会试图将它们看作同时发生的；它不会试图凝固时间和用那些勾勒静止形态的关联来替代它的事件流动。考古学悬而未决的是，更迭是一种绝对（absolu）这一主题：话语以其有限性的法则而有可能屈从的一种最初的、不可分开的连接，也是话语中只存在着更迭的唯一形式和唯一层次的主题。考古学以下述分析来取代这些主题，这些分析既揭示着重叠在话语中的更迭的各种各样的形式（而且"形式"一词的意思不应简单地指节奏或原因，而且也应指系列本身），又揭示着这样被明确的更迭得以连接的方式。我们不是要追踪原始的时间表的线索——根据这一线索被确立的是接连出现的或同时发生的事件的时序，短暂的或长期的过程的时序，瞬间现象和持久状态的时序，我们是试图指出更迭如何才有可能存在，而且我们在什么样的不同层次上找到那些有区别的更迭。因此，为了建构话语的考古学史，就应该摆脱两种可能长久以来强行规定它们的形象的模型：一种是言语的线性模型（和至少在一定程度上是书写的线性模型），其中全部事件相继而来，却没有巧合和重叠的效果；另一种是意识流的模型，它的现在总是自行消逝在向未来的敞开和对过去的扣留中。因此，不管是多么地荒谬，话语形成不具有与意识的流动或言语活动的线性一样的历史性模型。至少就像话语被考古学分析的那样，也就是说在话语的实证性的层次上，话语不是一种要将它的计划纳入言语活动的外部形式之中的意识，不是一种语言，也不再是一个说这种语言的主体，而是一种具有自己的连接与更迭形式的实践。

B

考古学比观念史更乐意谈论割裂、缺陷、裂口、实证性的全新形式和突如其来的再分配。研究政治经济学史就是从传统上探寻那曾先于大卫·李嘉图的一切东西，就是探寻那曾提前勾勒他的分析、分析方法及其主要观念的一切东西，就是探寻那曾使他的发现更有可能的一切东西；研究比较语法史就是重新发现——远在葆朴和拉斯科（Rasmus Kristian Rask）[*]之前——有关语言的演变关系与亲缘关系的预先研究的踪迹，就是确定杜伯龙在印欧语系领域的构建中做出的贡献，就是重新揭示1769年对梵语和拉丁语的动词变位进行的第一次比较，如有必要就会追溯到约翰·哈里斯（John Harris）[**]或彼得鲁

---

[*] 拉斯科（1787—1832），丹麦语言学家、语文学家，被认为是历史比较语言学的创始人之一，他首次证明了古挪威语与哥特语之间的亲缘关系，以及立陶宛语与斯拉夫语、希腊语、拉丁语之间的亲缘关系，提出了印欧语言与日耳曼语言之间的辅音变化的格林法则，著有《冰岛语语法》《北欧古语言或冰岛语的起源研究》等。

[**] 约翰·哈里斯（1666—1719），英国科学家、作家，编写了第一部现代百科全书意义上的《技术词典》，提供了一种全新的、合理的知识分类。

斯·拉米斯（Petrus Ramus）[*]。考古学却反其道而行之：它宁愿竭力理清历史学家曾耐心编制起来的所有这些线索，它增加差异、弄乱沟通的路线，并尽力使各种过渡变得更加困难；它不会试图指出重农主义有关生产的分析是为大卫·李嘉图的分析做准备；它不会认为格尔都曾为葆朴做好准备的说法与它自己的分析直接有关。

对非连续性的这种强调究竟与哪一点相一致？说实话，它只有与历史学家的习惯相比才是不合常理的。正是历史学家的习惯——及其对连续性、过渡、预测、预兆的关注——才常常采用悖论。从路易·道本顿到居维叶、从杜伯龙到葆朴、从格拉斯兰（Jean-Joseph-Louis Graslin）[**]、杜尔哥或福尔勃奈（François Véron Duverger de Forbonnais）[***]到大卫·李嘉图，尽管他们编年学上的间隔如此短，但他们之间的差异却是不可胜数的，而且性质极其多变：一些差异是局部的，而另一些差异则是普遍的；一些差异针对方法，而另一些差异则针对概念；有时涉及对象领域，有时则涉及整个语言工具。更引人注目的例子还是医学的例子，在1790年到1815年的四分之一个世纪中，医学话语发生的变化要比17世纪，可能比中世纪，或许甚至比古希腊医学以来发生的变化还更深刻：这种变化促使医

---

[*] 彼得鲁斯·拉米斯（1515—1572），法国人文主义学者、哲学家、逻辑学家，著有《亚里士多德论辩术批判》《辩证法》等。

[**] 格拉斯兰（1727—1790），法国经济学家，他担任过南特税务官，严厉批评了以魁奈为代表的重农学派，著有《财富与赋税的分析论》《格林斯兰先生与博多神父通信集》。

[***] 福尔勃奈（1722—1800），法国经济学家，担任过财政官，反对重农学派的主张，遭到魁奈的批评，著有《经济学原理》《1595—1721年法国财政研究与思考》等。

学出现一些对象（器官的病变、深层的病灶、组织的恶化、器官之间的传播途径和形式、临床解剖学的症状和关联）、一些观察、病灶探测与记录的技巧、一种不一样的感知分区和一种近乎全新的描述词汇，从未见过或听过的各组概念与疾病分类（一些范畴有时持续了数百年，有时持续了数千年，发烧或体质等范畴都不复存在，而一些也许与世界一样古老的疾病——结核病——最终被区分、被命名）。因此，让那些由于疏忽大意而有可能从未读过《哲学上的疾病分类》(*Nosographie philosophique*)与《论膜》的人刻意说考古学任意捏造种种差异。考古学只是尽力认真地对待这些差异：弄清它们的来龙去脉，确定它们如何分布，它们如何相互包含、相互支配、相互从属，它们属于什么样的不同范畴；总之，关键在于描述这些差异，少不了在它们之间确立那由它们的差异构成的系统。如果说存在着考古学的悖论，那不是在考古学增加差异的这一点上，而是在考古学拒绝减少差异的这一点上——由此颠倒通常的价值。对于观念史而言，差异就像它出现的那样是错误或陷阱；分析的洞察力不会任由差异阻止，而应该尽力弄清差异：尽力在差异的下面重新发现一种更微小的差异和在这种更微小的差异下面重新发现另一种还更受限制的差异，而且这会无限类推，直到理想的极限，而这种极限可能是完美的连续性的非-差异（non-différence）。但考古学把人们习惯当作障碍的东西作为它描述的对象：它的计划不是克服差异，而是分析差异，说出差异到底由什么构成并**区分**（différencier）差异。考古学如何进行这种区分（différenciation）？

1. 考古学并不认为话语只是由一系列同质的事件（个

体的表达）构成的，而是从话语的确切厚度中区别出可能事件的几个层面：陈述本身以其独特方式出现的层面，对象、陈述（énonciation）类型、概念、策略选择（或者影响那些已经存在的上述内容的转换）的显现层面，新的形成规则基于已经起作用的规则而派生的层面——但永远在唯一的实证性的要素中，最后在第四个层次上是一种话语形成对另一种话语形成的替代得以实现的（或者实证性的纯粹而又简单的显现与消失的）层面。这些最稀有的事件对考古学而言是最重要的：无论如何，只有考古学才能揭示这些事件。但它们不是考古学的描述的专有对象；人们错误地认为它们必须支配所有其他事件和它们在人们能够区别的不同层面上引发类似的、同时发生的断裂。从话语的厚度中产生的全部事件不是相互垂直的。当然话语形成的出现经常关联着对象、陈述（énonciations）形式、概念与策略的广泛更新（然而这并不是普遍的原则：**普通语法理论**创立于17世纪，却没有在语法传统中产生很多明显的变化）；但要确定特定的概念或突然显示自己在场的特殊对象是不可能的。因此不应该根据那些适合于表达的突然出现的或新词出现的范畴来描述这样一个事件。向这个事件提出下述疑问是没用的："谁是这个事件的制造者（auteur）？谁说话了？在什么情况中和在什么样的语境内部？被激发了什么样的意图和有什么样的计划？"一种新实证性的出现不是被一个新的——出乎意料的、令人惊讶的、逻辑上无法预料的、风格上反常的——句子标示出来，这个句子可能要融入到一个文本之中，并有可能预示着新章节的开始或新对话者的介入。这是一种完全不同类型的事件。

2. 为了分析这样一些事件，只指明一些改变并将它们立即归结于创造的神学和审美的模型（连带着创造的超越性、创造的整套原创性与发明），或者归结于意识觉醒的心理学模型（连带着意识的模糊的先决条件、预期、有利环境、重组力量），或者还归结于进化的生物学模型，这都是不够的。应该明确地确定这些改变是由什么构成的：也就是说用**转换**分析取代对**变化**不做区分的参照——这种变化既是全部事件的一般容器，又是全部事件之更迭的抽象原理。一种实证性的消失和另一种实证性的出现意味着几种转换类型。从最特殊的转换到最一般的转换，我们能够且应该进行这样的描述：形成系统的不同要素如何相互转换（例如，失业率和职业要求的变化曾经是什么样的？有关公司和法国教育界［l'Université］的政治决策曾经是什么样的？ 18 世纪末救济的新需要和新可能性曾经是什么样的？——这些要素全都融入临床医学的形成系统之中），确定形成系统特征的诸关系如何互相转换（例如，17 世纪中叶，感知范围、语言规范、器具刺激的媒介［médiation instrumentale］与通过话语对生物起作用的信息之间的关系如何被改变，由此可以确定**博物学**特有的对象），不同的形成规则之间的关系如何被转换（例如，生物学如何修改**博物学**曾在特征化的理论与时间派生的分析之间建立起来的秩序和依赖），最后，各种实证性之间的关系如何相互转换（**语文学**、**生物学**和**经济学**之间的联系如何转换**普通语法理论**、**博物学**和**财富分析理论**之间的联系，这三个学科的特有关系所勾勒出来的话语之间的轮廓如何发生变化；它们各自与数学和哲学的关系如何发生改变,一个位置如何针对其他话语形成,尤其是如何针对这种将冠以人文学科之名的实证间性显露出来)。与其说考古学祈求变化的活力(好像变化是它自己的原则),还研究变化的原因(好像变化只不过是纯粹而简单的效果而已),倒不如说它试图建立"变化"得以构成的转换系统,它试图构思这种空洞的、抽象的观念,以便给它提供转换的可分析的地位。我们可以理解某些有智慧的人对人们想象历史(运动、流动、进化)长达一个半世纪之久所赖以的所有这些古老隐喻眷恋不已,他们在这一点上只看到了对历史的否定和对非连续性的粗糙肯定,这因为他们事实上不能接受的是:变化被剥离所有这些附加的模型,变化同时被剥夺它作为普遍规律的优先性和它具有一般效果的地位,变化被转换分析取而代之。

226

3. 说一种话语形成取代另一种话语形成,这不是说由全新的对象、陈述(énonciations)、概念、理论选择构成的整个世界全副武装地、组织有序地出现在一个一劳永逸地把这整个世界安置妥当的文本中;这是说关系的总体转换已经发生,但未必改变全部要素;这是说陈述遵从新的形成规则,不是说所有的对象或概念、所有的陈述(énonciations)或所有的理论选择都消失了。相反,我们基于这些新规则可以描述和分析连续性、回归与重复的现象:的确不应该忘记的是,形成规则既不是对象的规定,也不是陈述(énonciation)类型的特征化,还不是概念的形式或内容,而是它们的多样性与弥散的原则。这些要素之一——或者它们中间的几种要素——可能仍然是同一的(保留着同一种分割、同样的特征、同样的结构),但属于有差异的弥散系统，并隶属于有区别的形成法则。因此，我们可以发现下述现象：一些要素继续贯通几种有区别的实证性，它们的形式与内容保持不变，但它们的形成是异质的（由此货币流通首先作为**财富分析理论**的对象，然后作为**政治经济学**的对象；特征的概念首先出现在**博物学**中，然后又出现在**生物学**中）；一些要素在一种话语形成中构成、改变、组织起来，并在最终被稳定下来之后又出现在另一种话语形成中（由此就有了反射的概念，康吉莱姆曾指出这个概念形成于托马斯·威利斯到基里·普罗查斯卡［Jiri Prochaska］*的古典科学，然后进入现代生理学）；一些要素作为最终的派生稍晚才出现在一种话语形成中，而且它们在今后的形成中占据着首要位置（由此就有了有机体观念，这种观念在18世纪末出现在**博物学**中，被视作特征化的整个分类学研究的结果，而且有机体变成居维叶时代生物学的重要概念；由此就有了莫尔加尼所揭示的病灶的观念，而且病灶变成临床医学的主要概念之一）；一些要素经过一段时间的废弃、遗忘甚至作废之后重新出现（由此林奈型的物种不变论回到生物学家居维叶的著作中；由此在18世纪重新激活原始语言的旧观念）。对于考古学而言，问题不是去否认这些现象，也不是想降低它们的重要性，反而是认识它们的重要性，并试图解释它们：如何才可能有跨越时间的这些持久性或这些

---

* 基里·普罗查斯卡（1749—1820），捷克解剖学家、生理学家，他提出了神经传导的概念，是现代反射理论的积极倡导者，撰写了第一本真正意义上的生理学教材，著有《论神经系统的功能》《生理学原理》等。

重复，这些长久连接或这些曲线？考古学不会把连续（le continu）看作应该解释剩余东西的首要的、最终的条件；它反而认为相同、重复和不间断所导致的问题并不比断裂少；对考古学来说，同一和连续不是那应该在分析结束时被重新发现的东西；它们出现在话语实践的要素中；它们也受实证性的形成规则支配；它们远非是表现这种基本的和令人安心的、人们喜欢让变化参照的惯性，它们本身是积极地、有规则地形成的。而且对那些试图指责考古学是对非连续进行特殊分析的人，对所有那些对历史和时间患有恐惧症的人，对所有那些混淆断裂和不合理性的人，我将回答："正是你们借由你们所使用的方法来贬低连续。你们将连续看作其余一切东西应该与之相连的载体－要素（élément-support）；你们将它变成任何话语实践的首要法则和基本重心；你们希望人们分析这种惯性的范围中的任何改变，就像人们分析引力场中的任何运动那样。但你们只有在将它中立化、将它在时间的外部界限处推向原初的被动性时才给它赋予这种地位。考古学打算颠倒这种安排，或宁可（因为关键不在于给非连续提供此前被赋予连续性的角色）要使连续与非连续相互对抗：指出连续是如何根据与弥散一样的条件和规则形成的，而且它——恰好与差异、发明、新事物或偏离完全一样——融入话语实践的范围之中。"

4. 诸实证性的出现和消失、它们所产生的替代活动不会构成到处以同一方式发生的、同质的过程。不要以为断裂是一种一般的、全部话语形成同时屈从的巨大漂移：断裂不是一种停滞的和不可区分的、可能插入到——哪怕只是一个瞬间——两个明显阶段之间的时间；它不是区分两个时代的、从缺陷的两侧展开两种异质时间的没有期限的失误；它在确定的实证性之间永远是一种被某些有区别的转换所规定的非连续性。因此，对考古学意义上的割裂的分析是打算在许多不同的改变中确立类比与差异，等级，互补性，巧合和差距：总之要描述非连续性本身的弥散。

有一种观念认为，唯一割裂突然在既定时刻分割所有的话语形成，以唯一的运动中断它们，并根据相同的规则重构它们——这种观念不可能被留住。几次转换的同时代性并不意味着它们在年代上的准确巧合：每次转换都可以有特殊的时间"黏性"（viscosité）的迹象。博物学、普通语法和财富分析都以类似的方式形成，而且三者全都形成于17世纪；但财富分析的形成系统与大量的非话语的条件和实践有关（商品的流通、货币的操纵及其效果、商业保护与手工制造业的系统、铸币金属量的变动）：由此就出现了长达一个多世纪之久的缓慢进程（从莫里斯·格拉蒙［Maurice Grammont］*到理查德·坎蒂隆），而创立了**普通语法理论**和**博物学**的那些转换几乎都不超过25年。相反，一些同时代的、类似的和相关的转换不会诉诸唯一的模型，这种模型在话语的表面上被重现几次，并把一种严格同一的断裂形式强加给所有话语：在我们描述那导致语文学、生物学和经济学的考古学意义上的割裂时，关键

---

* 莫里斯·格拉蒙（1866—1946），法国语言学家、语音学家和方言学家，是索绪尔的学生，法兰西学派的第一代代表人物，著有《印欧语言与罗曼语中的辅音变化》《法语韵律小论》《法语发音与如何说法语》等。

就在于指出这三种实证性如何被联系起来（通过符号分析和再现理论的消失），考古学意义上的割裂能够产生什么样的对称效果（生物身上总体性和器官适应的观念、语言中形态一致性和可调节的演变的观念、具有自己的内部法则和演变界限的生产形式的观念）；不过关键也在于指出这些转换的特殊差异是什么样的（尤其是历史性如何以特殊方式被引入到这三种实证性之中，因此它们与历史的关系如何能不尽相同，尽管它们都与历史具有确定的关系）。

最后，在不同的考古学意义上的断裂之间——有时甚至在极其邻近的、被大量关系连接的话语形成之间——存在着重要的变动。因此，对于语言（langage）学科和历史分析来说：19世纪早期产生历史比较语法理论的重要转换要比历史话语的突变早了整整半个世纪，因而语文学被牵涉其中的实证间性的系统在19世纪后半叶发生了深刻的改变，但语文学的实证性却未被重新质疑。由此出现了"砖块式的移动"的现象，对此我们至少可引用另一个著名的例子：剩余价值或利润率趋向下降等概念，正如人们在马克思的著作中遭遇到它们的那样，它们可以在大卫·李嘉图的著作中已使用的实证性系统的基础上被描述；或者这些概念（是新的但它们的形成规则却不是）——在马克思本人的著作中——看似同时属于一种截然不同的话语实践：它们在这种话语实践中根据特殊的法则形成，它们在其中占据着另一个位置，它们不会出现在相同的连接中——这种新实证性不是大卫·李嘉图的分析的转换，不是一种新的政治经济学，而是一种其创立围绕着某些经济学概念的派生而产生的话语，但这种话语反过来又确定着经济学家的话语在其中被使用的诸条件,而且它因此可作为政治经济学的理论与批判而具有价值。

考古学使割裂的共时性发生脱节,正如它有可能使变化和事件的抽象单位发生分离一样。**时代**不是考古学的基本单位,不是它的视域,也不是它的对象:如果考古学谈论时代,那么它永远关涉着特定的话语实践,并作为它的分析的结果。常在考古学分析中被提及的古典时代不是一种将其单位和空洞形式强加给所有话语的时间形态,它是可被冠在一连串连续性与非连续性、实证性内部的改变、显隐的话语形成之上的名字。同样,**断裂**对考古学而言不是考古学分析的支柱、考古学从远处标明的界限,既不能对考古学进行规定,也不能给考古学赋予特殊性:断裂是被冠在一些与一种或几种话语形成的一般状况有关的转换之上的名字。因此,法国大革命——既然所有的考古学分析迄今为止都以它为中心——不会发挥一个外在于话语的事件的作用,我们为了恰当地进行思考而应该在全部话语中重新发现这个事件的划分效果;法国大革命作为一组复杂的、有关联的、可描述的转换发挥作用,这些转换让某些实证性不受损害,为某些其他的实证性确定了一些仍属于我们的规则,还确立了一些在我们看来刚刚解体或仍在解体的实证性。

6. 科学与知识(savoir)

一条悄然划出的界限被强加给前面进行过的所有分析,而划界的原则却未被给定，甚至连它的轮廓也未被明确。所有援引的例子都毫无例外地属于一个极其有限的领域。我并没说我们离清点话语的广阔领域差得远，甚至离探测它也差得远：为什么有条不紊地忽略了"文学的"、"哲学的"或"政治学的"文本？在这些领域中，话语形成和实证性的系统没有位置吗？而且，既然只限于科学的范畴，那么为什么对数学、物理或化学闭口不谈？为什么求助于许多令人怀疑的、尚未定型的和也许注定一直停留在科学性的门槛之外的学科？一言以蔽之，考古学与科学的分析有什么关系？

a. 实证性、学科、科学

第一个疑问：在"话语形成"和"实证性"这些有点古怪的术语之下，考古学不会相当简单地描述一些伪科学（如精神病理学）、一些处于史前状态的科学（如博物学）或者一些完全被意识形态渗透的科学（如政治经济学）吗？考古学不是对永远将保持准科学的东西的特殊分析吗？如果我们称下述的陈述集合为"学科"，即这些陈述集合从科学的模型借来它们的组织，它们倾向于一致性和可论证性，并被作为科学来接受、制度化、传播，偶尔还被教授，我们不可以说考古学描述一些确实不是科学的学科而知识论却有可能描述一些基于（或者不顾）现存的学科就能形成的科学吗？

对于这些疑问，我们能以否定的方式来回答。考古学不描述诸学科。至多这些学科充其量在它们明显展开时能给实证性的描述充当起点而已，但它们不会固定实证性的描述的界限：它们不会给实证性的描述强行规定最后的分割；它们在分析结束时不会恢复原来的样子；我们不能在被建立起来的学科与话语形成之间建立一一对应的关系。

下面是有关这种失调的例子。《古典时代疯狂史》的连接点是19世纪初精神病学科的出现。这门学科不会具有与18世纪医学论著中被找到的有关"头部疾病"或"神经疾病"的例行章节一样的内容、内部组织、医学地位、实践功能、使用方式。不过，在考问这门新学科时，我们发现了两种东西：使得这门新学科在它出现的时代成为可能的东西，在概念、分析和论证的布局中规定着这一巨变的东西，是一整套在收容，拘留，社会排除的条件和程序，法律规则，有关工业劳动和资产阶级道德的规范之间形成的关系，简而言之就是为这种话语实践确定其陈述之形成的特征的整个集合，但这种话语实践不只表现在一门具有科学地位和科学意图的学科中；我们也发现它在法律文本、文学表达、哲学反思、政治决策、日常谈话、舆论中起作用。这种由精神病学科定位其存在的话语形成与精神病学科不是同外延的，两者相去甚远：话语形成大大超出精神病学科，并从各个方面把它围住。但是，进而言之，通过时间上追溯和寻找17、18世纪先于精神病学创立的东西，我们意识到不存在什么预先的学科：那些被古典时代的医生们说成躁狂症、谵妄、忧郁症、神经疾病的东西绝不会构成一门独立的学科，最多在对发烧、体液变质或大脑疾病的分析中构成一个专题而已。但是，尽管没有任何被建立起来的学科，但一种具有规则性和坚实性的话语实践一直起作用。这种话语实践当然出现在医学中，但也出现在行政条例、文学文本或哲学文本、决疑论、义务劳动或穷人救济的理论或计划中。因此，人们在古典时代拥有完全可以进行描述的话语形成和实证性，却没有任何一门可被用来与精神病学进行比较的确定学科与之相对应。

但是，如果诸实证性真不是那些被建立起来的学科的简单成对物，那么它们不是未来科学的雏形吗？话语形成这个名称不可以被用来指科学向它们自己的过去进行的回溯性投射、它们在它们之前的东西上投下的和由此似乎提前勾勒出它们轮廓的东西的投影吗？比如通过赋予它们一种可能确实是人为的自主性，被描述为财富分析或普通语法的东西，难道不就是一种萌芽状态的政治经济学，或是一种建立起至少是严谨的语言科学的预备阶段吗？通过其合理性可能难以确定的反向运动，考古学不会试图将所有异质的、弥散的要素（它们之间的融洽对于建立一门科学来说将被证实是必要的）重组成一种独立的话语实践吗？

这里对这些疑问的回答还应该是否定的。以**博物学**的名义被分析的东西不会以唯一的形态来限制 17、18 世纪可能作为生命科学雏形而具有价值的和出现在生命科学的合理谱系中的一切东西。由此揭示出来的实证性的确解释了某些陈述，这些陈述关系着各种生物之间的相似与差异、它们的可见结构、它们的种属特征、它们的可能分类、区分它们的非连续性和连接它们的过渡状态；但这种实证性搁置许多始于同时代的、勾勒出生物学的祖传形态的其他分析：反射活动的分析（对神经系统的生理解剖学的建立将是相当重要的）、胚芽理论（似乎预见了进化和遗传学的问题）、动植物生长的阐述（一般来说将成为有机体的生理学的重要问题之一）。此外，**博物学**远不是要预见未来的生物学，它——与符号理论和秩序科学的计划相关的分类学话语——借由它的坚固性与自主性来排除统一的生命科学的建立。同样，被描述为**普通语法理论**的话语形成还远未解释古典时代就言语活动所说的一切，而且人们后来应该在语文学中找到对这一切的继承或抛弃、发展或批评：话语形成搁置圣经注释的方法和那种在维科或赫尔德（Johann Gottfried von Herder）的著作中被提出来的语言（langage）哲学。话语形成因此在其尚未意识到自身而自身就悄然形成的时刻不是未来的科学：实际上，话语形成不是处于一种与各门科学的定向演化相关的、目的论式的隶属的状态。

因此，应该说哪里有实证性哪里就不会有科学和诸实证性在它们可被发现的地方总是排斥各门科学吗？应该假设它们不是与科学保持着一种时序的关系而是处于一种交替的状况吗？它们可以说是知识论的某种缺陷的实证形态。但人们在这种情况中还能提供反例。临床医学当然不是科学。不仅因为它不符合形式标准和不会达到人们对物理学、化学甚至对生理学所能期待的严谨程度，还因为它包含着一堆难以组织的经验性观察、未经处理的试验和结果、药方、医疗处方、制度条例。然而，这种非科学不排斥科学：在19世纪的进程中，它在生理学、化学或微生物学等完善构成的科学之间建立起明确的关系；此外，它还导致像病理解剖学这样的话语，如果给病理解剖学冠以伪科学的称号，那可能就自以为是了。

因此，话语形成不能被等同于各门科学，不能被等同于那些勉强是科学的学科，也不能被等同于那些从远处勾勒出未来科学的形态，最后也不能被等同于那些从一开始就排斥任何科学性的形式。那么实证性与科学有什么关系？

b. 知识（savoir）

实证性不会确定知识（connaissance）形式的特征——即便是那些由历史可轮番使之起作用的**先天的**和必然的条

件或合理性的形式。但实证性也不会确定既定时刻的知识（connaissances）状态：实证性不会总结从这个时刻可被证明的、获得最终成果（acquis définitif）地位的东西，另一方面，实证性也不会总结不需证据或充分论证就可以被接受的东西或者被当作共同信仰来承认或被想象力所征用的东西。分析实证性就是指出话语实践可根据什么样的规则来形成对象群、陈述（énonciations）集合、概念组、理论选择的系列。这样形成的诸要素不会构成一门具有明确的理想性结构的科学；它们的关系系统肯定较不严谨；但这也不是相互堆积而成的知识（connaissances），这些知识来自异质的体验、传统或发现，只有通过掌握它们的主体的同一性才联系起来。这些要素是一致的（或不一致的）命题得以确立、多多少少准确的描述得以展开、验证得以进行、理论得以发挥的基础。它们形成那将作为知识（connaissance）或错觉、被承认的真理或被揭穿的错误、最终的习得或被克服的障碍显示出来和发挥作用的东西的先决条件。很显然，这个先决条件不能被当作一个前提条件（donné）、一种亲身体验来分析，而这种体验还都被融入了想象或知觉，人类在自身的历史进程中本应该以合理性的形式来重新抓住这种体验，或者每个个体如若想重新发现那些被包含在其中或被隐藏在其中的理想意指就应该为了自己的利益去经历这种体验。这不涉及一种在直接知识（connaissance）转向必然性（apodicticité）的运动中的前知识（préconnaissance）或古老阶段；这涉及一些应该被话语实践形成的要素，以便科学话语如有必要便可形成，而科学话语不仅被它的形式和严谨性所规定，还被它涉及的对象、它运用的陈述（énonciation）类型、它使用的概念和它应用的策略所规定。因此，科学不见得要关联着过去或现在应该被经历的东西,以便科学特有的理想性的意图得以建立,而是要关联着过去应该被说出来的东西——或者现在应该被说出来的东西——以便有一种在必要情况下符合科学性的实验标准或形式标准的话语能够存在。

这个由话语实践有规则形成的、对科学的构成必不可少的要素集合,尽管它的诸要素未必会产生一门科学,但它可被称为**知识**(savoir)。知识(savoir)是在话语实践中可被谈论的东西,而话语实践可由此被详细说明:由那些获得或没有获得科学地位的不同对象构成的领域(19世纪精神病学的知识[savoir]不是那些被信以为真的东西的总和,而是精神病学话语中可被谈论的品行、奇特行为、变态的集合);知识(savoir)也是主体可在其中占有位置以便谈论他在自己的话语中所涉及的对象的空间(在这个意义上,临床医学的知识[savoir]是医学话语主体可行使的观察、提问、辨读、记录、决策等功能的集合);知识(savoir)还是陈述的协调和从属的范围,概念在其中出现、被定义、被应用和被转换(在这个层次上,18世纪**博物学**的知识[savoir]不是那被说出来的东西的总和,而是任何新陈述可被融入"已说之物"所依据的方式和场所的集合);最后,知识(savoir)是由话语所提供的使用和占有的可能性来确定的(因此,政治经济学的知识[savoir]在古典时代不是各有不同的答辩论文的论题,而是它与其他一些话语或其他一些不是话语的实践连接起来的点的集合)。有一些知识(savoirs)独立于科学(这些知识既不是科学的历史雏形,也不是科学所经历的隐秘方面[l'envers]),但有知识(savoir)就要有确定的话语实践;而且任何话语实践都可由它形成的知识(savoir)来确定。

考古学不会贯穿意识 – 知识 – 科学（conscience-connaissance-science）这条轴线（后者不能摆脱主体性的指引），而是贯穿话语实践 – 知识 – 科学（pratique discursive-savoir-science）这条轴线。而且当观念史找到它在知识（connaissance）的要素中进行分析的平衡点时（由此尽管违背其意愿，但不得不遭遇先验性的提问［interrogation transcendantale］），考古学找到它在知识（savoir）中——也就是说在主体必然被定位和所依赖的领域中——进行分析的平衡点，而主体却从未能以拥有者的身份出现在其中（要么作为先验性的活动，要么作为经验性的意识）。

在这些条件下，我们懂得**科学的领域**（domaines scientifiques）与**考古学的界域**（territoires archéologiques）应该被细加区分：两者的分割与组织原则截然不同。只有遵从某些建构法则的命题才属于科学性的领域；与命题一样具有意义、说出事物，还与命题一样真实的但不属于同一系统性的那些断言有可能被逐出这个领域：《达朗贝尔的梦》（*Le Rêve de d'Alembert*）就物种变化所说的内容的确能表达那个时代的某些科学概念或某些科学假设；它甚至很可能抢先预示着未来的真理；它不隶属于**博物学**的科学性的领域，反而属于**博物学**的考古学的界域，如果说我们至少可在**博物学**中发现与在林奈、布封、路易·道本顿或安托万 – 洛朗·德·朱西厄的著作中一样的形成规则起作用的话。考古学的界域可以像贯通科学的文本一样贯通"文学的"文本或"哲学的"文本。知识（savoir）不仅被置于论证之中，还可以被置于虚构、沉思、故事、制度条例、政治决策之中。**博物学**的考古学的界域包括《哲学的复兴》(*Palingénésie philosophique*)*或《特里梅德》(*Telliamed*)，尽管它们在很大程度上不符合那个时代被公认的科学规范，当然更不符合后来所要求的科学规范。**普通语法理论**的考古学的界域囊括法布尔·奥利维特（Antoine Fabre d'Olivet）**的幻想（这些幻想从未获得科学地位，而宁可属于神秘思想的范围），不亚于对归因命题的分析（因此，这种分析与自明性之光［lumière de l'évidence］一起被接受，生成语法理论［grammaire générative］如今可在这种分析中辨认出它所预示的真理）。

话语实践不会与它所能产生的科学构思相吻合；而且它所形成的知识（savoir）既不是被建立起来的科学的粗糙雏形，也不是它的日常副产品。科学——目前那些具有科学性的假定或地位的话语与那些真正呈现科学性的形式标准的话语之间的差异不太重要——出现在话语形成的要素中，并以知识（savoir）为背景。这开启了两个系列的问题：科学性的领域在它所出现的考古学的界域中的位置与作用可以是什么样的？科学性的领域根据什么样的秩序和什么样的过程来完成它在既定的话语形成中的出现？对于这些问题，我们目前不能提供答案：关键只在于指出我们大概能在什么方向上分析它们。

c. 知识（savoir）与意识形态

一门科学一旦被建立起来就不再把那形成它出现其中的话

---

* 《哲学的复兴》是瑞士博物学家查尔斯·邦纳（Charles Bonnet，1720—1793）于1769年出版的著作，主要宣扬和发展了灾变论和进化论。
** 法布尔·奥利维特（1767—1825），法国作家、语文学家和神秘学家，他致力于奥克语的研究，著有《恢复的希伯来语言》《行吟诗人与奥克语诗歌》《人种的哲学史》等。

语实践的一切东西据为己有和归入它特有的连接中；它也不会驱散它四周的知识（savoir）——以便使知识（savoir）退回到错误、偏见或想象的前历史。病理解剖学不会把临床医学的实证性简化为和引回到科学性的规范。知识（savoir）不是那种在实现它的科学中消失的知识论场所。科学（或自诩如此的东西）局限于知识（savoir）的范围，并在其中发挥着作用。这种作用会按照不同的话语形成而发生变化，并随着它们的突变而发生改变。在古典时代，被视作精神疾病的医学知识（connaissance）的东西在疯癫的知识（savoir）中占据着一个极其受限的位置：它几乎只是在许多其他知识（法学、决疑论、治安条例等）中间构成疯癫的知识的外露表面之一；此外，19世纪的精神病理学分析，虽然也曾充当精神疾病的科学知识（connaissance），但它在疯癫的知识（savoir）中发挥着一种极其不同的、更加重要的作用（决策的模型和层级的作用）。同样，科学的（或科学假定的）话语不会保证它在17世纪和19世纪的经济学知识（savoir）中发挥同一功能。在任何话语形成中，我们都可发现科学与知识（savoir）的特殊关系；而且考古学分析不是要确定两者之间排除或减法的关系（通过探寻知识［savoir］中的什么内容避开科学而且还抵制科学，探寻科学中的什么内容还被知识［savoir］的邻域和影响所连累），而是应积极地指出科学如何融入到知识（savoir）的要素之中，并在其中发挥作用。

也许就是在这个博弈的空间中，意识形态与科学的关系才得以建立和确定。意识形态对科学话语的掌握和科学的意识形态功能并不会在它们的理想结构的层次（即便它们可从中以多少可见的方式表达出来）上、在它们在某个社会中的技术使用的层次（即便该社会可能从中取得结果）上、在建立它的主体意识的层次上连接起来；它们在科学从知识（savoir）的背景中显现出来的情况下连接起来。如果意识形态的疑问可以向科学提出来，那就是在下述的范围内：科学在它不会等同于知识（savoir）但也不会抹去或排斥知识（savoir）的情况下局限于知识（savoir），它结构着它的某些对象、使它的某些陈述（énonciations）系统化、使它的某些概念和策略形式化；这种构思一方面强调、修改和重新分配知识（savoir），另一方面又肯定知识（savoir），并使知识（savoir）具有价值；科学在话语的规则性中找到安身之所，由此科学在话语实践的整个范围中可以或不可以展开和发挥作用。总之，意识形态向科学提出的疑问并不是对科学以多少自觉的方式反映出来的处境或实践提出的疑问，也不是对科学的可能利用或对科学的全部误用提出的疑问，而是对科学作为话语实践的存在和科学在其他实践中所发挥的功能提出的疑问。

暂且略过任何中介和任何特殊性，我们大体上真可以这么说，政治经济学在资本主义社会中发挥作用，它为资产阶级的利益服务，它是由资产阶级为了自身的利益而创立的，最终它甚至在它的概念和逻辑结构上都带有其起源的印记，但是，对经济学的知识论结构与它的意识形态功能之间关系的更加准确的任何描述，都将应该经受对那导致它的话语形成进行的分析与对它不得不构思和系统化的对象、概念和理论选择的集合进行的分析；而且，我们因此将应该指出那导致这样一种实证性的话语实践如何在其他一些可能属于话语秩序但也可能属于政治秩序或经济秩序的实践中间发挥作用。

这促使提出某些命题：

1. 意识形态不排斥科学性。很少有话语会与临床医学话语或经济政治学话语一样给意识形态留有空间：确定它们的全部陈述有错误、存在矛盾、缺乏客观性，这不是充分的理由。

2. 理论的矛盾、缺陷、缺点的确能显示出科学（或具有科学意图的话语）的意识形态作用；它们可以使人确定这种作用在结构的哪个点上取得效果。但这种作用的分析应该产生在实证性的层次上，产生在形成规则与科学性的结构之间的关系的层次上。

3. 话语在它进行自我修正、纠正错误、缩减形式化时未必就此会理清它与意识形态的关系。意识形态的作用不会随着严密性的增加和错误的消失而减少。

4. 探讨科学的意识形态作用以便揭示和改变这种意识形态作用，不是要揭示那些能寓于科学中的哲学前提，不是回到那些使科学成为可能和为科学进行辩护的根据，而是把科学作为话语形成来重新质疑；不是探讨科学命题的形式矛盾，而是探讨科学的对象、科学的陈述（énonciations）类型、科学概念、科学理论选择所构成的形成系统。这是把科学当作其他实践中的一种来重新研究。

d. 不同的界限与它们的时序

我们可以就话语形成来描述几种有所不同的出现。话语实践开始个体化和获得自主性的时刻，因此也是陈述形成的唯一系统被付诸应用的时刻，或者还是这种系统发生转换的时刻，我们将把这种时刻称作**实证性的界限**。当陈述集合在话语形成的运作中显现出来、欲使验证和一致性的标准具有价值（即使没有做到）时，而且当陈述集合对知识（savoir）发挥着主导性的（模型、批评或验证的）功能时，我们将会说话语形成跨越了**知识论化的界限**。当这样被勾勒出来的知识论形态遵循某些形式标准时，当它的陈述不仅符合考古学的形成规则而且还符合命题的某些建构法则时，我们将会说它跨越了**科学性的界限**。最后，当这种科学话语反过来将能确定它所必要的公理、它所使用的要素、对它来说是合理的命题结构和它所接受的转换时，当它由此将能在自身的基础上展现它所构建的形式结构时，我们将会说它跨越了**形式化的界限**。

这些不同的界限在时间中的分布、它们的更迭、它们的移动、它们可能发生的巧合、它们能够相互支配或彼此牵连的方式、它们依次在其中得以确立的条件，上述对考古学而言都构成了它探索的重要领域。它们的时序确实既无规则，也不一致。全部话语形成并不同步地、同时地跨越这些界限，由此将人类知识（connaissances）的历史分成不同的年代：在许多实证性跨越了形式化的界限时，许多其他的实证性还没有达到科学性的界限，或者甚至没有达到知识论化的界限。而且，每种话语形成不像经过生物成熟的自然阶段一样接连地经过这些不同的界限，在生物成熟的自然阶段，唯一的变量可能是潜伏的时间或间隔的时长。实际上，这涉及其扩散是不可演变的事件：它们的独特秩序是每种话语形成的特征之一。下面就是这些差异的几个例子。

在某些情况下，实证性的界限早已在知识论化的界限之前就被跨越了：因此，作为一种带有科学意图的话语，精神病理学在19世纪初就由皮内尔、约翰·海因罗特和埃斯基罗尔将一种远远先于它存在的话语实践知识论化,而且这种话语实践在很久以前就获得它的自主性与它的规则性的系统。但有时这两种界限还可能在时间中被混淆,而且实证性的创立同时就会有知识论形态的出现。有时科学性的界限与由此实证性向彼实证性的过渡有关,有时它们会有所不同,从**博物学**(与它特有的科学性一起)向生物学(作为一门不研究生物分类而研究不同有机体之间的特殊关联的科学)的过渡如果没有此实证性向彼实证性的转换就不会在居维叶的时代实现;不过,克洛德·贝尔纳(Claude Bernard)[*]的实验医学、随后是巴斯德(Louis Pasteur)^{**}的微生物学修改了病理解剖学和病理生理学所要求的科学性类型,而临床医学的话语形成就像它在当时被建立起来的那样并非不被使用。同样,由进化论在生物学科中建立的新科学性并不会改变居维叶时代所确定的生物学的实证性。在经济学的情况中,脱节现象特别多。人们在17世纪就能辨认出实证性的界限:这种界限几乎与重商主义的实践和理论相吻合;但它的知识论化只是稍后在该世纪最末期或下一个世纪初才随着洛克和理查德·坎蒂隆一起产生。然而,随着大卫·李嘉图的著作出现,19世纪既标志着一种新的实证性类型,又标志着一种新的知识论化的形式,尔后库尔诺

---

* 克洛德·贝尔纳(1813—1878),法国生理学家,实验医学的奠基人,他是双盲实验方法的重要奠基人之一,第一次定义了"内环境"和内环境稳定性的观念,著有《实验医学研究导论》《实验医学原理》等。

** 巴斯德(1822—1895),法国微生物学家、化学家,微生物学的奠基人,以生源说否定自然发生论,主张疾病细菌学说,研制出鸡霍乱疫苗、狂犬病疫苗等,首创巴氏消毒法,著有《葡萄酒研究》《蚕病研究》《啤酒研究》等。

(Antoine Augustin Cournot)*和杰文斯将轮番对它们进行修改，与此同时，马克思将以政治经济学为基础揭示出一种全新的话语实践。

如果人们在科学中只承认真理的线性累积或理性的直向演化，而不承认话语实践在科学中具有自己的层次、界限、各种断裂，那么人们只能描述一种单一的历史划分，人们不断沿着不同的时期来延续这种历史划分的模型，而且对于知识（savoir）的任何形式皆是如此：尚未是科学的东西与最终是科学的东西之间的划分。脱节的整个厚度、断裂的整个弥散、它们的效果的整个变动和它们的相互依赖的运作，都沦为一种应该一直被重复的基础的单调行为。

也许只有一门科学，人们既不能为它区分这些不同的界限也不能在它们之间描述这样一组变动：数学，它是唯一一种一下子跨越了实证性的界限、知识论化的界限、科学性的界限和形式化的界限的话语实践。数学存在的确切可能性意味着那种在任何其他地方、在整个历史中一直保持着弥散状态的东西从一开始就被给定了：数学的最初实证性应该构成一种已经被形式化的话语实践（即使其他形式化随后将应该被使用）。由此就产生了下述的事实：数学的创立既如此高深莫测（如此难以进入分析、如此被限制在绝对开端的形式中）又如此价值连城（因为这种创立同时作为起源和根据而具有价值）；人们从第一位数学家的最初行为中看到了一种在整个历史中展现的、仅仅

---

* 库尔诺（1801—1877），法国数学家、哲学家和经济学家，数理经济学的创始人之一，提出了著名的古诺双寡头模型，而且率先提出了供给与需求模型，著有《财富理论的数学原则的研究》《论我们知识的根据与哲学批评的特征》《经济学说简评》《唯物论、生机论、唯理论》等。

为了被重复和被纯化而遭受质疑的理想性的建构；数学的开端与其说作为一个历史事件还不如说作为历史性的原则被研究；最后，对所有其他科学来说，对它们的历史起源、它们的探索与失败、它们的姗姗来迟的突破所进行的描述，与一种从土地测量的普通实践中突如其来的、永不改变的几何学的元历史模型有关。但是，如果把数学话语的建立当作所有其他科学的诞生和变化的原型，那么人们就很有可能使历史性的全部独特形式同质化，把话语实践能够跨越的所有不同的界限归结为唯一割裂的层级，而且随时都无期限地再产生起源的问题域：历史先验分析的权利因此可能会得以延续。在大多数科学话语追求形式上的严谨和论证性的努力中，数学当然是它们的模型；但对于追问科学的实际变化的历史学家来说，数学是一个糟糕的例子——一个无论如何都不可能推广的例子。

e. 科学史的不同类型

可以被辨别出来的各种各样的界限使得历史分析的不同形式成为可能。首先是形式化层次上的分析：数学在其专有的构思的过程中不断针对自身叙述的就是这种历史。数学在既定时刻所拥有的（数学的领域、数学的方法、数学所确定的对象、数学所运用的语言［langage］）从未被抛到非科学性的外部范围，不过永远被重新确定在数学所构建的形式结构中（即便只是作为弃置不用的或暂时毫无结果的领域）；这种过去显示出更抽象、更有力或更高层次的理论的特殊情况、朴素模型、部分的和未被充分概括的雏形。数学将其真正的历史轨迹重新记录进邻域、依赖、从属、渐进的形式化与自封闭的概论（généralités）的词汇之中。对于数学的这一历史（数学构成的历史和数学就自身叙述的历史）而言，丢番图（Diophante d'Alexandrie）*的代数（algèbre）不是一种悬而未决的经验，而是**代数学**（Algèbre）的一种特殊情况，就像人们自阿贝尔（Niels Henrik Abel）**和伽罗瓦（Évariste Galois）***以来认识它的那样；希腊人的穷举法不是一种应该绕开的绝境，而是积分学的一种朴素模型。每次历史波折都碰巧有自己的形式层次和形式定位。这是一种**递归分析**（analyse récurrentielle），它只能在一种被建构的科学的内部才能产生，而且一次就跨越这种科学的形式化界限。[2]

另一种则是位于科学性的界限上的历史分析，这种历史分析会思索科学性的界限可以在各种各样的知识论形态的基础上被跨越的方式。比如，关键要知道一个概念——还充满着隐喻或想象的内容——如何被提纯和如何能够获得科学概念的地位和功能。关键要知道一个已经被辨别出来的、已经局部被连接起来的，但仍被直接的实践应用或实际的增值所贯通的经验领域如何能构成一个科学领域。关键要大致知道一门科学如何在前科学的层次之上和对应着这个层次被建立（这个层次既为它做准备，又提前抵制它），知道这门科学如何能跨越那些还与它相对立的障碍和限制。巴什拉和康吉莱姆提供了这种历史的

---

[2] 关于这个主题，参见米歇尔·塞尔的文章《数学的回想》（*Les Anamnèses mathématique*）（载《赫尔墨斯或传播》[*Hermès ou la communication*]，第78页）。
* 丢番图（公元200—214至284—298年），罗马时代的数学家，著有《算术》。
** 阿贝尔（1802—1829），挪威数学家，以证明五次方程根式解的不可能性和对椭圆函数论的研究而闻名于世，重要论文有《一元五次方程没有代数一般解》《椭圆功能理论概要》《代数方程论》等。
*** 伽罗瓦（1811—1832），法国数学家，他用群论解决根式求解代数方程问题，由此发展出一整套有关群与域的伽罗瓦理论，与阿贝尔并称为现代群论的创始人。

模型。作为递归分析,这种历史不需要置身于科学的内部本身,不需要将它的全部插曲重新置于它所构建的大厦之中,而且不需要运用如今属于它的形式词汇来讲述它的形式化;况且它如何能做到这一点,因为它指出科学所摆脱的东西和为了达到科学性的界限而应该抛掷身外的一切。因此这种描述把构成的科学作为准则;它所叙述的历史必然被真与假、理性与非理性、障碍物与孕育力、纯粹与不纯粹、科学与非科学之间的对立所强调。这就是科学的**知识论的历史**。

第三类历史分析:这类历史分析把知识论化的界限作为着眼点——被其实证性确定的话语形成与未必都是科学的(和毕竟从不可能达到变化的)知识论形态之间的划分点。在这个层次上,科学性不充当准则:我们试图在这种**考古学的历史**中揭露的东西在话语实践产生知识(savoir)和这种知识(savoir)获得科学的地位与作用的范围内就是话语实践。在这个层次上着手研究科学史,不是在没有考虑到知识论的结构的情况下描述话语形成,而是指出科学的创立和科学在必要时向形式化的过渡如何能够在话语形成和它的实证性的改变中找到科学的可能性与影响。因此,对这样的分析来说,关键是基于话语实践的描述来勾勒科学史的轮廓,确定科学怎样、按照什么样的规则性和依靠什么样的改变才能让位于知识论化的过程,达到科学性的标准,也许抵达形式化的界限。在科学的历史厚度中研究话语实践的层次时,我们不想把话语实践带回到深邃的、起源的层次,不想将话语实践带回到亲身体验的土壤(这片不规则的、支离破碎的、在任何几何学之前出现的土地,这片穿过全部天文的分区而闪闪发光的天空);我们想在实证性、知识(savoir)、知识论形态与科学之间揭示差异、联系、间距、变动、自立、自主的整个运作与它们各自的历史性彼此连接的方式。

对话语形成、实证性和知识（savoir）在它们与知识论形态和科学的关系中所进行的分析，就是为了使这种分析区别于科学史的其他可能形式而被称作**知识型**（épistémè）的分析。这种知识型可能被猜想是某种东西，就像世界观、为所有知识共有的和强行给每种知识规定相同标准和相同公设的历史切面、理性的一般阶段、某个时代的人不可能避开的思维结构——被一只匿名的手一次就写成的重要立法。实际上，**知识型**是指能够在既定时代把那些产生知识论形态、科学、可能还产生形式化系统的话语实践连接起来的关系集合；它是指朝向知识论化、科学性、形式化的那些过渡在每一种话语形成中进行定位和得以实现所依据的方式；它是指这些能够重合、相互从属或在时间中错位的界限的分布；它是指那些能够在知识论形态或科学从属于邻近的但有区别的话语实践的范围内存在于它们之间的侧向关系。知识型不是知识（connaissance）的形式或者合理性的类型——后两者在贯通那些最多变的科学时显露出主体、精神或时代的最终单位，而是我们在话语的规则性的层次上分析各门科学时能够针对既定时代在各门科学之间所发现的关系的集合。

因此，知识型的描述呈现出几个基本特征：它开启一个取之不尽的范围，而且永远不能被封闭；它的目的不是重建某个时代的全部知识（connaissances）所遵从的公设系统，而是贯穿一个不确定的关系范围。而且知识型不是有一天会出现的、可能注定要极其粗暴地都被抹去的静止形态：它是不断运动的、由那些建立起来而又可拆解的划分、变动和巧合构成的集合。此外，作为科学、知识论形态、实证性与话语实践之间的关系集合，知识型能使人掌握那在既定时刻强加给话语的约束和限制的作用；但这种限制不是那种把知识（connaissance）与无知，想象与推理，武装起来的经验与对表象的忠实和对推论及演绎的幻想对立起来的消极限制；知识型不是我们在某个时代鉴于技术的不足、精神习惯或被传统提出的边界所能了解的东西，而是在话语实践的实证性中使知识论形态和各门科学成为可能的东西。最后，知识型的分析显然不是一种重提批判性疑问的方法（"鉴于某种像科学一样的东西，它的权利或合法性是什么？"），而是一种接受科学的前提条件的提问，仅仅为了思量这种被给定的事实对这种科学来说是什么。在科学话语的疑难问题中，知识型的分析所提出的不是科学话语成为一门科学的权利，而是科学话语存在的事实。知识型的分析与知识（connaissance）的全部哲学学说区分开的要点是，它不是将这一事实与那种在先验主体（sujet transcendantal）中建立事实与权利的原初馈赠的层级联系起来，而是将这一事实与历史实践的过程联系起来。

f. 其他的考古学

有一个疑问一直悬而未决：我们能构想一种确实揭示知识（savoir）的规则性但不打算朝着知识论形态和科学的方向来分析知识（savoir）的考古学分析吗？知识型的方向是唯一有可能向着考古学敞开的方向吗？考古学应该——并且唯一——是某种向科学史提问的方式吗？换言之，如果考古学直到现在还局限于科学话语的领域，那么考古学遵从它不可能超越的必然性——还是考古学就特殊例子勾勒出一些能够具有完全不同外延的分析形式?

目前我有点过早地来明确回答这个提问。但我乐意想象——还要以大量的、有待尝试的检验和众多的探索为条件——那些在不同方向上展开的考古学。比方说,假如有一种关于"性"的考古学的描述。从此以后,我清楚地看到我们如何朝着知识型来定位这种描述:我们指出生物学或性心理学等知识论形态在19世纪以什么样的方式形成,而且一种科学型的话语通过什么样的断裂由弗洛伊德建立起来。但我也意识到分析的另一种可能性:我们不研究既定时代的人类的性行为(通过在社会结构、集体无意识或某种道德态度中寻找它的法则)、不描述人类能对性思考了什么(他们给性提供了什么样的宗教解释,他们针对性做出了什么样的评价或斥责,性能导致什么样的舆论冲突或道德冲突),而是要考虑整个话语实践是否不会像被用在这些表述中一样被用在这些行为中,是否性在任何朝着科学话语的方向之外不是一组可被谈论的(或禁止谈论的)对象、一个可能的陈述(énonciations)范围(无论是抒情的表达还是法律的规定)、一套概念(也许有可能以观念或主题的基本形式呈现)、一组选择(能够出现在行为的一致性或规定的系统中)。这样一种考古学如果成功完成它的任务,那么它就会指出有关性的禁止、排斥、限制、评价、自由、僭越——考古学的所有这些言语或非言语的表现——如何与确定的话语实践联系起来。考古学会揭示某种"言说方式",这种言说方式当然不是作为性的最终真相,而是作为我们可据以描述性的诸维度之一,而且这种言说方式,我们会指出它不是被用于科学话语,而是被用于禁忌与价值的系统。由此这种分析不会朝着知识型的方向进行,而是朝着我们所谓的伦理的方向进行。

但下面的例子是另一种可能的方向。为了分析一幅画，我们可以重构画家的潜藏话语，我们可以希望重新发现画家意图的窃窃私语，而这些意图最终不会被誊写进词，而是被誊写进线、面和色彩，我们可以设法弄清楚这种被认为是形成他的世界观的、未曾言明的哲学。同样有可能考问科学或者至少考问当时的舆论，并力图辨认出画家能从它们借鉴的东西。考古学分析可能还有另一个目的：它探寻空间、距离、深度、色彩、光线、比例、体积、轮廓在可预测的时代中是否不会在话语实践中被命名、被陈述、被概念化；而且它探寻这种话语实践所产生的知识（savoir）是否有可能未被用于理论和思辨、教学形式和秘诀，而是被用于方法、技巧，而且几乎被用于画家的动作本身。关键不在于指出绘画是某种表意或"说"的方式，这种方式具有的特殊之处就在于绘画不需要词。应该指出绘画至少在它的某一维度上是一种在技巧和效果中具体成形的话语实践。综上所述，绘画不是一种有待随后被誊录进空间物质性的纯粹视像，绘画更不是一种赤裸裸的动作，后者缄默的、无限空洞的意指必须被那些以后的解释释放出来。绘画完全被知识（savoir）的实证性所贯通——而且独立于科学知识（connaissances）和哲学主题。

在我看来，我们也可以对政治知识（savoir）进行同一类型的分析。我们试着考虑一个社会、一个群体或一个阶级的政治行为是否不会被一种确定的和可描述的话语实践所贯通。这种实证性显然不会与当时的政治理论或经济决定相一致：它确定政治中什么内容能够变成陈述（énonciation）对象，确定这种陈述（énonciation）能够采取的形式、能够在其中被使用的概念和被实行的策略选择。这种知识（savoir），我们不会在它能够产生的知识型的方向上分析它——这永远是可能的，而在行为、斗争、冲突、决策和战术的方向上分析它。我们由此就揭示这样一种政治知识（savoir），它不属于实践的次级理论化的范畴，也不是理论的应用。既然这种知识有规则地由一种在其他实践中间展开的、与其他实践连接起来的话语实践所形成，那么它并不是以一种多少有点恰当的方式来"反映"某些"客观的前提条件"（données objectives）或现实实践的表达。它从一开始就属于不同实践的范围，它在其中同时找到它的特殊性、它的功能与它的依赖的网络。如果这样一种描述是可能的，那么显然是不需要通过个体意识或集体意识的层级来把握政治实践与政治理论的连接处，不需要探寻这种意识在什么范围内能够一方面表达缄默的条件，另一方面又表现得对理论的真实性很敏感；我们不必提出意识觉醒的心理学问题，但不得不分析知识（savoir）的形成与转换。例如，问题不在于确定革命意识从什么时候开始出现，也不在于确定经济条件和理论阐释工作能够在这种意识发生时各自发挥着什么样的作用；关键不在于追述革命者一般的、典型的传记或者发现他的计划的根基，而在于指出被应用于行为和策略的、产生社会理论和导致彼此干扰与相互转换的话语实践及革命知识如何形成。

我们刚才提出的问题：考古学只关注科学吗？考古学只不过是一种对科学话语进行的分析吗？我们现在可以进行回答。而且我们两次都可以给出否定的回答。考古学试图描述的不是特殊结构中的科学，而是**知识**（savoir）的截然不同的领域。此外，如果考古学在它与知识论形态和科学的关系中关注知识（savoir），那么它也的确能够在一个不同的方向上考问知识

（savoir），并在另一种关系簇中描述知识（savoir）。迄今为止，知识型的方向是唯一被探索的方向。其理由是话语形成通过一种也许确定我们文化的特征的梯度而不断地被知识论化。正是通过考问各门科学、它们的历史、它们的奇特单位、它们的弥散和它们的断裂，实证性的领域才能出现；正是在科学话语的缝隙中，我们才能把握话语形成的运作。在这些条件下，不必惊讶的是最具孕育力的、向考古学的描述最开放的领域就是这个"古典时代"（âge classique），后者从文艺复兴时期到19世纪展示了许多实证性的知识论化；也不必惊讶的是话语形成和知识（savoir）的特殊规则性在科学性和形式化的诸层次最难以达到的情况下显现出来。但这只是有利的攻击点，对于考古学来说不是必要的领域。

第五章 结　论

——在写这本书的整个过程中，您勉强尝试着与"结构主义"或者与这个词通常的意思划清界限。您强调指出您既没有使用结构主义的方法，也没有使用结构主义的概念，您没有参照语言学描述的程序，您一点都不关注形式化。但是，这些差异意味着什么？要不然您就没有成功地使用结构分析中可能存在着的实证的东西、这些分析能够包含的严密的和论证有效的东西吗？要不然您试图探讨的领域是对这种研究的反叛和它的丰富性不断地逃避您想在其中监禁它的图式吗？您竟十分从容地掩饰了您在方法上的无能无力；您现在将不可克服的差距作为一种明确期待的差异呈现给我们，而这种差距总是使您现在和将来与真正的结构分析分道扬镳。

因为您不能欺骗我们。在您弃置不用的那些方法所留下的真空中，您真就抛出了一整系列的观念，而这些观念似乎与目前描述语言或神话、文学作品或童话的人所接受的那些概念不相干；您谈论了形成、实证性、知识（savoir）、话语实践：您每一步都十分自豪地指出其独特性和奇妙力量的整套术语。但是,如果您没有尽力在一个不可简化为这些术语的领域中利用结构主义的某些基本主题——和那些构成最具争议性的公设、最令人生疑的哲学的基本主题本身——那么您就不得不杜撰如此多稀奇古怪的东西吗?这就好似您抓住了同时代的分析方法,这种分析不是经验的、严肃的工作,而是探讨两三个主题,这两三个主题不是这种分析的必要原理,而是这种分析的外推法。

因此,您想简化话语的固有维度、忽略它特别的不规则性、隐藏它能包含的主动性和自由的东西、补偿它在语言中建立的不平衡:您想重新关闭这种开放。以某种语言学形式为榜样,您尽力摆脱言说主体,您相信人们能够把话语从它所有的人类学参照中剥离出来,而且能够对话语进行探讨,就好像话语从未被任何人提出过,好像话语不会在特殊的情境中出现,好像话语未被再现所贯通,好像话语不会诉诸任何人。最终您将同时性的原则应用于话语:您拒绝看到的是,也许不同于语言的话语基本上是历史的,它不是由那些可自由使用的要素构成,而是由那些不可能在话语展开的时间之外被分析的、真实的和更迭的事件构成。

——您言之有理:我不承认话语的超越性,我在描述话语的时候拒绝把话语与主体性联系起来,我首先没有强调话语的历时性特征,而且就好像话语必须是主体性的一般形式一样。但所有这一切都不是注定要在语言领域之外延续那些在其中被检验的概念和方法。如果我谈论了话语,那不是为了指出语言的机制或过程完整地保存在话语中;而毋宁说是为了在言语运用的厚度中揭示分析的可能层次的杂多性,为了指出人们除了语言结构化(解释的结构化)的方法之外还可以确立一种有关陈述、陈述的形成和话语固有的规则性的特殊描述。如果我悬置了那些对言语主体的参照，那不是为了发现那些被所有言说主体以同一方式使用的构造法则或形式，不是为了使某个时代的所有人共有的、普遍的宏大话语说话。关键反而在于指出差异是由什么构成的，指出人们如何有可能在同一话语实践内部谈论不同的对象、拥有相反的意见、做出矛盾的选择；关键还在于指出话语实践在哪一点上相互区别，总之我不想排除主体的问题，我想确定主体在话语的杂多性中所能占据的位置和功能。最后，您能够确认这一点：我没有否定历史，我悬置了变化的一般的、空洞的范畴，以便揭示不同层次的转换；我拒绝千篇一律的时间化模型，以便就每种话语实践描述它的累积、排除、重新激活的规则，描述它固有的派生形式和它在各种各样的更迭上接合的特殊方式。

因此，我不想把结构主义研究带到它合理的界限之外。而且您不难给我这样一种公正的裁定，即我在《词与物》中一次也没有使用过结构这个术语。不过如果您的确愿意的话，就让我们抛开那些有关"结构主义"的论战吧，它们极难继续存在于那些被参与论战的人目前抛弃的领域中；这场曾有可能是丰富多产的斗争目前只不过被哑剧演员和流浪艺人引导而已。

——您想回避这些论战是徒劳无功的，您回避不了这个问题。因为我们要抱怨的不是结构主义。我们乐意承认结构主义的精确性和有效性：当关键在于分析语言、神话、通俗故事、诗歌、梦、文学作品，也许还在于分析电影，结构的描述揭示那些没有它就不可能被区分的关系；它能让人们凭借着一些要素的对立形式和个体化标准，来确定这些重复出现的要素；它还能让人们确立建构法则、等价性和转换规则。尽管有某些一开始就可以被标出的保留意见,但我们现在毫不困难地接受人类的语言、无意识、想象都遵从结构的法则。不过我们绝不接受的就是您做的事情:因为人们可以把种种科学话语置于它们的更迭中进行分析,却不让它们参照某种类似构成活动的东西,甚至不会从它们的迟疑不决中辨认出最初的计划或基本目的论行将开启,不会重新发现某种深刻的连续性,而这种连续性连接着它们,并将它们一直引向我们能够重新掌握它们的境地;因为人们由此就能弄清楚理性的变化,并使思想史摆脱主体性的任何指引。让我们进一步收缩这场讨论:我们承认人们能根据构造的要素和规则谈论一般意义上的语言(langage)——谈论这种别处的和往昔的语言(langage),即神话的语言,或者还谈论这种尽管有点怪异的语言(langage),即我们的无意识或我们的作品的语言(langage);但我们知识(savoir)的语言(langage),我们此时此刻掌握的这种语言(langage),使得我们可以分析很多其他语言(langages)的这种结构性话语本身,在它的历史厚度中我们将这种话语看作不可简化的。您仍不能忘记的是,正是基于这种话语、它的缓慢的起源、这种将它引向如今状态的晦涩变化,我们才能按照结构来谈论其他话语;正是这种话语才给我们提供了谈论其他话语的可能性和权利;它会形成某个盲点,基于这个盲点,我们周围的各种物就像我们如今看到它们的那样被安排。人们在分析印欧传说或拉辛(Jean Racine)的悲剧时玩弄着一些要素、关系和非连续性,我们很希望如此;人们尽可能放弃一种就言说主体进行的提问,我们也会接受这一点;但我们怀疑人们能按照这些成功的尝试来使分析倒退,来追溯那些使它们成为可能的话语形式,并质疑我们如今说话所处的确切场合。主体性在其中溜走的这些分析的历史保持着它自己的超越性。

——在我看来,这确实是争论和您抵制的焦点(在一再重复的结构主义问题中更加如此)。请允许我向您说说我刚才如何理解您的话语,当然是出于好玩,因为您知道我对解释没有特殊的偏好。"当然,请您悄悄地说,尽管我们发起过所有落后于时代的争论,但我们从今以后不得不接受人们会将演绎的话语形式化;当然,我们应该容忍人们宁可描述哲学系统的结构,也不愿描述灵魂的历史、生存的计划;当然,不管我们怎么想,我们都应该容许这样一些分析,它们不是将文学作品与个体的亲身体验联系起来,而是将文学作品与语言结构联系起来。当然,我们应该抛弃我们过去归结于意识的至高权力的所有那些话语。但是,我们从半个多世纪以来就失去的东西,我们现在就要在次级程度上恢复它,借着对所有这些分析的某种分析,或至少借着我们向它们的基本提问。我们要问这些分析来自何处,什么是贯穿它们但它们却未意识到的历史终点,什么样的天真致使它们无视那些使它们成为可能的条件,它们基本的实证主义被限制在什么样的形而上学的束缚中。因此,无意识正如我们相信它和肯定它的那样不是意识的未曾言明的边缘,这一点终将是无关紧要的;神话不再是一种世界观,小说只不过是亲身体验的外部侧面而已,这也将是无关紧要的;因为确立所有这些新'真理'的理性,我们将这种理性置于高度的监视之下:无论是这种理性,还是它的过去,无论是使它可能的东西,还是使它成为我们的东西,都避不开先验的确定。我们现在正向它——而且我们坚决永不抛弃它——提出起源、初级建构、目的论的视域、时间连续性等问题。正是这种理性,即如今被现实化为我们自己的思想的这种思想,我们才要将它维持在历史先验的统治中。因此,如果我们不管愿意与否都不得不忍受所有的结构主义,那么我们不可能接受人们论及这种属于我们自己历史的思想史,我们不可能接受人们理清所有这些从 19 世纪就将它与起源和主体性的问题域连接起来的线索。谁要是接近我们赖以避难但我们要坚决守卫的这个堡垒,我们将以制止亵渎的姿态重复说:**不要触摸**(*Noli tangere*)。"

不过,我锲而不舍,砥砺前行。不是因为我胜券在握或者相信我的论战方法,而是因为我觉得目前最重要的是要使思想史摆脱它的先验约束。对我来说,问题绝不是通过将那些在语言领域中经受检验的范畴应用于知识(savoir)的变化或科学的起源来使思想史结构主义化。关键是在任何目的论都不会提前减少的非连续性中分析思想史,是在没有任何预先的视域能再次封闭的弥散中定位思想史,是使思想史在没有先验构成强加以主体形式的匿名中展开,是使思想史向着不会预示任何曙光回返的时间性敞开。关键在于剥去思想史的任何先验的自我陶醉;应该把思想史从这种把它限制在其中的、失而复得的起源的循环中解放出来;应该指出思想史不可能拥有这种显示先验时刻的作用,理性力学自康德以来不再拥有它,数学的理想性自胡塞尔以来也不拥有它,被感知的世界的意指自梅洛-庞蒂(Maurice Merleau-Ponty)以来不再拥有它——不管他们当时为了发现这种功能而付出多少努力。

而且我认为,实际上尽管我们对结构主义的表面争论引起误解,但我们相互都十分了解;我的意思是,我们完全理解我们彼此想要做什么。您捍卫一种既向目的论研究敞开又向因果关系的不确定过程敞开的连续历史的权利,这是很正常的;但这并不是为了保护这种历史免受一种不承认它的运动、自发性和内部活力的结构式的侵犯;其实您想确保建构意识所具有的种种力量,因为正是这些力量才应受到质疑。不过这种捍卫应该发生在其他地方,而不是发生在同样的争论场合:因为您如果承认经验性研究、无关紧要的历史研究有怀疑先验维度的权利,那么您就承认了重要部分。由此就产生了一系列移位。将考古学看作一种有关起源、形式的**先天性**、创始性行为的研究,简言之,看作一种历史现象学(当问题对考古学来说反而是将历史从现象学的控制中解放出来时),而且考古学在它的任务中遭遇挫折、只发现一系列经验的事实时就会对历史提出异议。然后,将旨在指出连续性的历史学家的真正工作(当几十年来历史的意图不再是这种工作)与考古学的描述以及它确立界限、断裂和转换的考虑进行对比;而且因此指责考古学对经验性(empiricité)毫不在意。继而再将考古学看作一项用来描述文化总体性、使最明显的差异同质化和重新发现束缚形式的普遍性的研究(当考古学的意图是确定话语实践的独特的特殊性时),并因此用差异、变化和突变来反对它。最后将考古学看作把结构主义引进历史领域(尽管它的方法和概念在任何情况下都不可能引起混乱),并由此指出考古学不可能作为真正的结构分析来发挥作用。

这一整组的移位和误解完全是一致的和必要的。它包含着它的次要利益,能够从迂回的角度去诉诸所有这些确实应被容忍的和早已应如此让步的结构主义形式,并应该对它们说:"如果你们碰这些还属于我们的领域,那么看看你们将招致什么祸端;或许在其他地方具有某种有效性的你们的方法,在那里会立即遭遇这些方法的限制；这些方法将失去所有你们想要分析的具体内容：你们不得不抛弃你们的审慎的经验主义；而且你们还违心地陷入一种怪异的结构本体论。因此，请以你们的睿智珍惜你们有可能征服的但我们今后假装向你们让步的这些地盘，因为我们自己确定了它们的界限。"至于主要的好处，当然它旨在掩饰我们长期被卷入其中的危机，这一危机的范围只会有增无减：在这一危机中，这关系着哲学自康德以来就认同的这种先验反思，这关系着这组起源的主题、我们回避当下的差异所借由的那种对回归的承诺，这关系着一种整理所有那些对人类存在问题的提问和让人们避免实践分析的人类学思想，这关系着所有人本主义的意识形态，这——最终而且尤为重要——关系着主体的地位。您希望掩饰的正是这场争论，我认为，您期望从这场争论中转移注意力，借着玩弄起源与系统、共时性与变化、关系与原因、结构与历史的有趣把戏。您肯定您没有进行理论换位吗？

——因此，让我们假设这场争论就在您说话的地方，假设关键就在于捍卫或攻击先验思想的最后堡垒，而且让我们接受我们如今的讨论的确在您谈论的危机中占有一席之地：那么您的话语的题目是什么？它来自哪里、从哪里能获得言说的权利？它如何能被合法化？如果您只不过做了一种针对话语的出现和转换的经验性调查，如果您描述了陈述集合、知识论的形态、知识（savoir）的历史形式，那么您如何能避开所有实证主义的天真之处？而且您的研究如何针对起源的疑问、向建构主体的必要求助而具有价值呢？不过如果您想要进行彻底的提问，如果您想将您的话语置于我们自己所处的层次上，那么您真要弄明白您的话语将进入我们的游戏和它转而将延伸自身无论如何都试图摆脱的这个维度。要么您的话语不会打动我们，要么我们要求得到它。无论如何您都应向我们说说您近十年来坚持不懈追逐的这些话语是什么——却从不留心要确立它们的状况。一言以蔽之，它们是什么：是历史还是哲学？

——我承认这个疑问要比您刚才提出的反驳更让我为难。它完全不会让我感到意外，但我原本想悬置这个疑问更长久一些。因为目前在我尚未考虑好术语的情况下，我的话语远非要确定它进行言说的场合，而是要避开它所能获得支持的土壤。它是关于诸话语的话语：但它不想在诸话语中找到一种被掩藏的法则、一个它只不过理应解放的被掩盖着的起源；它也不想通过自身和基于自身来建立一般理论，而诸话语是一般理论的具体模型。关键在于展开一种从未能被引回到唯一的差异系统的弥散、一种与绝对的参照轴无关的分散；关键在于进行一种不给任何中心留有特权的去中心化。这样一种话语所发挥的作用不是消除遗忘，不是在那些被说出来的东西的最隐秘部分和它们保持缄默的地方重新发现它们诞生的时刻（不管是涉及它们的经验性创造还是涉及那导致它们产生的先验性行为）；它不会试图成为起源的追忆或真理的回忆。反而它应该**制造差异**：应该将差异建构为对象、应该分析差异和确定差异的概念。它不要贯穿话语范围来为自己重建那些被中止的总体化，不要在那被说出来的东西中探究这**另一种**被隐藏的、但保持同一的话语（由此不要不停地玩弄**寓意**和**同语反复**[tautologie]），它不断地进行区分，它是**诊断**。如果哲学是起源的记忆或回归，那么我所做的研究无论如何都不能被看作哲学，而且如果思想史旨在重新激活那些一半被抹去的形态，我所做的研究也不算是历史。

——从您刚说过的话中,至少应记住您的考古学不是一门科学。您使考古学随着描述的不确定地位而漂浮不定。可能还有这些话语之中的某种话语,它想让自己被当作某种处于酝酿状态的学科;这就给这些话语的创造者(auteurs)谋得双重的好处:既不必建立这些话语明确和严谨的科学性,也可以使这种科学性面向一种使其从诞生的偶然性中解脱出来的未来的一般性;还有就是这些计划中的某个计划,这些计划就其所不是的东西进行自身辩护,总是将它们的任务的重要部分、它们的验证的时刻和它们的一致性的最终确定往后推迟;还有这些基础中的某一种基础,就好像上述的那个计划自19世纪以来就被宣布是如此众多的基础之一:因为谁都很清楚,在现代理论范围中,人们乐于发明的东西并不是可论证的系统,而是这样一些学科,人们可展示它们的可能性,勾勒它们的规划的轮廓,并将它们的未来和前途托付给其他学科。然而,一旦完成它们的图样,它们就会与它们的创造者一起消失。并且,它们本应照管的范围永远是枯燥乏味的。

——我确实从未将考古学阐述为一门科学,甚至也从未阐述为一门未来科学的最初根据。我专心勾画——不过要冒着做大量修改的危险——我在具体调查时所从事的工作,而非勾画未来大厦的方案。考古学这个词并不具有前瞻的含义;它对于言语运用的分析而言只是指攻击路线中的一条路线而已:层次的详细说明——陈述和档案的层次;领域的确定与阐明——陈述的规则性、实证性;概念的使用,如形成规则、考古学意义上的派生、历史的**先天性**。但是,几乎在它所有的维度上和几乎在它所有的棱边上,这项研究与科学、科学类型的分析或者与符合严格标准的理论有关。这项研究首先与那些在以考古学的方式描述的知识（savoir）中被建构起来和确立自身标准的科学有关：这些科学对这项研究而言是许多**目标科学**（sciences-objets），正如病理解剖学、语文学、政治经济学、生物学已然可能是的那样。这项研究还与分析的科学形式有关，它或者通过层次或者通过领域或者通过方法区别于这些科学形式，而且它根据特征鲜明的分割线来靠近它们；借着在大量被说出来的东西中解决那种被确定为**言语运用**的实现功能的陈述，它摆脱一种将语言**能力**作为特许范围的研究：当这样一种描述为了确定陈述的可接受性而构成一种生成模型时，考古学就试图确立形成规则，以便确定陈述得以实现的条件；因此，在这两种分析方式之间就有了某些类似，但还有某些差异（尤其是关于形式化的可能层次）；总之，对于考古学而言，生成语法理论发挥着**关联－分析**（analyse-connexe）的作用。此外，考古学的描述在它们得以展开的过程中和在它们所遍览的范围中与其他学科连接起来：当考古学尽力在任何对心理学的或建构的主体性的参照之外确定陈述所能牵涉的、有差异的主体位置时，考古学便与如今由精神分析学提出的疑问交叉在一起；当考古学试图揭示概念的形成规则、陈述的更迭、连接和共存的方式时，考古学便遭遇知识论结构的问题；当考古学研究对象的形成、对象得以在其中出现和被详细说明的范围时，当考古学也研究话语占有的条件，考古学便遭遇社会形成的分析。这些对考古学来说都是许多**关联空间**（espaces corrélatifs）。最后，在有可能建构生产的一般理论的范围内，作为对不同的话语实践特有的规则的分析，考古学将找到那所谓的它的**包含理论**（théorie enveloppante）。

如果我将考古学置于许多其他已经被建构起来的话语中

间，那不是为了使考古学受益于——比如通过邻近和接触——它不可能给予自身的地位，不是为了给它提供一个最终在静止的星座中被勾勒出的位置，而是为了与档案、话语形成、实证性、陈述、它们的形成条件一起揭示一个特别的领域。这个领域还不会成为任何分析的对象（至少在有可能存在特殊的、不可简化为解释和形式化的东西方面），不过是任何东西都不会提前保证的领域——在我目前所处的尚属初级定位的状况下——它将保持稳定和自治。毕竟，考古学有可能只起着某种工具的作用，这种工具能让人们以一种比过去更不含糊的方式来连接社会形成的分析和知识论的描述，或者能使人将主体位置的分析与科学史理论联系起来，或者能使人把交错场所定位在生产的一般理论与陈述的生成分析之间。这一交错场所最终显示出考古学是给当今理论形势的某个部分所起的名字。不管这种形势产生一门可个体化的、其最初特征和全部界限在此显现出来的学科，还是它引起这样一堆问题，这些问题目前的一致性不会妨碍它们以后可能在别的地方、以不同的方式、在更高的层次上或根据不同的方法而被重新提起，目前我还不可能决定所有的这一切。老实说，不可能由我来做出决定。我同意我的话语就会像把它带到此处的形态一样消失。

——您本人竟离奇地使用您对其他人提出异议的这种自由。因为您给自己提供您甚至都拒绝定性的自由空间的整个范围。但是，您忘了您把其他人的话语限制在规则的系统中所花费的心思吗？您忘了您细心描述的所有这些限制吗？您没有取消那些个体以个人名义介入他们的话语所处的实证性的权利吗？您将他们最少的言语与那些将他们最少的革新判定为因循守旧的义务联系起来。事关自己时，您就容易变革，但事关别人时，您就难以变革。也许您最好对您得以说话的条件有更清醒的认识，但反过来您也要对人类的现实行动及其可能性有更大的信心。

——我担心您犯了一个双重错误：一是对我试图确定的话语实践，一是对您自己留给人类自由的部分。我试图建立的种种实证性不应该被理解为一组从外部强加给个体思想的或者貌似从外部提前萦绕个体思想的规定性；毋宁说这些实证性构成一种实践据以施行、这种实践据以产生部分新的或全新的陈述、这种实践最终可据以被修正的全部条件。关键与其说是向主体的主动性提出的界限，不如说是这种实践在其中得以表达的范围（不会构成它的中心）、它付诸使用的诸规则（而它不会发明或提出这些规则）、给它充当载体的诸关系（而它不会成为这些关系的最终结果或汇合点）。关键要把话语实践放在它们的复杂性和厚度中来揭示，要指出言说就是做某种事情——不只是表达人们的所思、表露人们的所知，也不只是使语言的结构发挥作用，要指出把一种陈述增加到一个预先存在的陈述系列就是摆出错综复杂、代价高昂的姿态，这种姿态牵涉着条件（甚至不是处境、语境、动机），包含着规则（不同于建构的逻辑学和语言学的规则），要指出变化在话语的秩序中不是意味着"新观念"、一点创新和创造性、一种不同的心态，而是意味着那些在一种实践中、有可能在与这种实践毗邻的那些实践中和在它们共有的连接中进行的转换。远不止于此，我不否认改变话语的可能性：我从主体的至高权力中取消了话语专有的和瞬间即逝的权利。

"最后我想该轮到我向您提问：如果您将变化与意义，计划，起源和回归，建构性主体（sujet constituant）等主题联系起来,简而言之,如果您将变化与向历史保证**逻各斯**的普遍在场的整组主题联系起来,那么您至少在科学秩序和话语范围中会对变化与比方说对革命有什么样的想法?如果您根据动力学、生物学、进化论的隐喻来分析变化,而人们通常在这些隐喻中分解历史突变的棘手而特殊的问题,那么您会赋予变化什么样的可能性?更确切地说,如果您在话语中只看到一种在物和思想的界限上一闪即逝的微弱的透明性,那么您能赋予话语什么样的政治地位?欧洲革命话语和科学话语的实践近两百年来没有让您摆脱这种看法——词是过眼烟云的东西,是外部的窃窃私语,是在历史的严肃中难以被听见的翼声——吗?或者应该想象您为了拒绝这种教训而执意不把诸话语实践放在它们本身的存在中来承认和您为了反对这种教训而想要维持一种有关精神、理性知识(connaissances)、观念或意见的历史?当有人向您谈论一种实践,谈论它的条件、规则、历史转换时,促使您用意识的术语来回答的这种恐惧究竟是什么?促使您超越所有的界限、断裂、震动、划分来探究西方历史先验的重大命运的这种恐惧究竟是什么?"

我确实认为这个问题几乎只有政治性的回答。今天让我们先不谈这个问题。也许我们马上就以另一种方式来重新回答它。

这本书之所以写成,只是为了排除某些初步的困难。与其他人一样,我知道我这十年来谈论的和从事的研究是多么地"令人不悦"——在这个词的严格意义上。我知道我探讨话语时不是基于那种在话语中表现出来的和缓的、缄默的和隐秘的意识,而是基于一套晦涩的匿名的规则,这多少有点令人生厌。我知道,在人们习惯从纯粹的透明性中看到天才和自由的游戏展开的地方来揭示实践的界限和必要性是多么地令人不快。我知道，把这种直到现在仍被生命的令人安慰的变形或亲身经历的有意的连续性所推动的话语的历史看作一连串转换，这是多么地令人恼火。最后，我知道，鉴于每个人开始说话时都要、想要"自发地"（soi-même）置于自己的话语中的东西，这是多么地令人不可忍受，而分割、分析、组合和重组所有这些现在归于沉默的文本，而作者变形的面孔却从未出现在其中，这是多么地令人不可忍受："什么！这么多被堆积在一起的文字，写在这么多纸上的、供无数目光阅读的记号，这是多么强烈的热情，竟把它们维持在表述它们的行为之外，又是多么深切的虔诚，喜欢把它们保存和铭刻在人类的记忆中——所有这一切都是为了没有任何东西会从这只写过它们的可怜的手中、这种尽力从它们那里获得慰藉的焦虑中、这种今后只靠它们才得以残存的完善的生命中留下来吗？话语在其最深层的规定性中不是'踪迹'吗？而且话语的窃窃私语不是没有实体的不朽的所在吗？应该承认话语的时间不是导向历史维度的意识时间或者以意识的形式呈现的历史时间吗？我应该假设我不会残存在我的话语中吗？而且，我说话时不是避免死亡，而是确立死亡；或者毋宁说我在这个对我的生命如此漠不关心的和如此**中立**的域外（dehors）中废除任何内部性，以致我的话语不会在我的生死之间制造差异，我应该这样假设吗？"

我十分理解所有这些人的苦恼。他们也许很难承认，他们的历史、他们的经济、他们的社会实践、他们说的语言、他们祖先的神话，甚至在他们孩童时有人给他们讲述的寓言，都遵从那些并未被全部提供给他们的意识的规则；此外，他们几乎不希望有人剥夺他们的这种话语，他们想在这种话语中立即、直接地说出他们思考、相信或想象的东西；他们宁可否认话语是一种复杂的和被区分的、遵从可分析的规则和转换的实践，也不愿话语被剥夺这种脆弱的、令人如此慰藉的确信，即如果不能改变世界、生命，那么至少只用清新的言语来改变他们的"意义"，而这种言语只来自他们自身，而且无限地切近本源。在他们的言语活动中，许多东西已经逃脱他们：他们也不再希望放过*他们所说的东西*（ce qu'ils disent），即这种微小的话语片段——无论是言语还是书写都无关紧要——其脆弱不定的存在应该使他们的生命延续得更为久远。他们不能容忍（有人对他们略有所知）听到有人说："话语不是生命：它的时间不是你们的时间；在话语中，你们不会与死亡和解；你们完全有可能在你们说出来的东西的压力下杀死了上帝；但你们不要以为你们将会以你们所说出来的一切造就一个比上帝活得更久的人。"

索 引

本索引参考《知识考古学》英译本由译者编写，索引中的数字为《知识考古学》法文原著的页码，即本书边码。

a priori 先天性 82，166-169，204，265，269
a priori formel 形式的先天性 168，169，265
a priori historique 历史的先天性 166，167，169，269
Abel, N. 阿贝尔 247
acte illocutoire 以言指事 110，111
actes de langage 言语行为 112
actualité 现实性 11，81，171，172
Adanson, M. 阿当松 79，209
âge classique 古典时代 78，230，255
Aldrovandi, U. 阿尔德罗万迪 77
Analyse des richesses 财富分析理论 84，86，88，92，206-210，225，226
analyse des richesses 财富分析 51，82，89-93，208，211，218，219，229，234
Anquetil-Duperron, A. H. 杜伯龙 186，221

apodicticité 必然性 237
archéologie 考古学 15，27，173，177，178，182，183，189，190，192，194，199，200，206-209，212，213，215，216，218-223，225，227，228，230-233，235，239，244，251，252，255，265，268-271
archive 档案 103，166，169-173，177，269，270
Aristote 亚里士多德 187
Arnauld, A. 安托万·阿尔诺 186
articulation 连接 25，37，64，81，82，95，98，125，133，144，151，191，207，210，212，218，238，254，272
attribution 归因 34，81，82，190，207，210，217，219
auteur 作者 12，33-36，38，41，43，49，54，57，107，110，122，123，125，126，135，140，150，152，

248

161，167，177，179，183，185，196，211，274
auteur 创造者 268，269
auteur 制造者 224
autre 他者 21，146，172

Bachelard, G. 巴什拉 11，248
Beauzée, N. 尼古拉·博泽 49，217
Benoît de Maillet 博努瓦·德·马耶 50，187，198
Bernard, C. 克洛德·贝尔纳 245
Bichat, M. F. 比沙 47，48，72，166，189
biologie 生物学 44，50，71，78，200，225，226，227，229，235，245，252，269
 microbiologie 微生物学 236，245
Bleuler, E. 尤金·布鲁勒 46，55
Blumenbach, J. 布鲁门巴赫 187
Bopp, F. 葆朴 186，221
Bordeu, T. de 博尔德 50，198
Broussais, F.-J.-V. 弗朗索瓦·布鲁赛 166
Buffon, G. 布封 50，78，79，86，166，187，189，198，199，239
Butor, M. 米歇尔·布托 34

Canguilhem, G. 康吉莱姆 11，187，226，248
Cantillon, R. 理查德·坎蒂隆 88，91，229，245
caractére générique 属特征 202，210
champ de coexistence 共存范围 131，143，151

champ de concomitance 相伴发生的范围 77，78
champ de présence 在场的范围 77，78
champ associé 相关范围 127，129，150
champ sémantique 语义范围 19，65，88，144，190
Charcot, J.-M. 让-马丁·沙可 44
Cœurdoux, G.-L. 格尔都 186，221
coexistence 共存 42，48，53，77，96，97，131，139，143，145，151，153，167，171，192，199，270
cogito 我思 161
cohérence 一致性 12，25，32，37，49，52，74，81，83，85，87，93，95，120，151，195-197，203，229，233，243，252，268，271
Colbert, J. B. 柯尔贝尔 91
La Comédie humaine《人间喜剧》34
compatibilité 相容（性）12，80，81，83，88
 incompatibilité 不相容（性）49，81，83，87，95，199，202
concept 概念 11-13，17，21，25，31，47-53，56，62，72，75-77，80-87，89，91-93，95-100，105，106，141，151，152，166，167，169，172，180，190，192，194-196，201-203，210，211，214，215，218，219，222，223，226，227，230，233，237-239，242，243，248，252-254，259，260，266，268-270

formation de concept 概念的形成 75, 84, 93, 97, 152, 270

Condillac, E. 孔狄亚克 217

connaissance 知识 11, 13, 21, 24, 25, 31, 43, 47, 57, 70, 74, 76, 93, 105, 169, 179, 180, 236, 237, 239, 241, 244, 250, 251, 253, 273

    préconnaissance 前知识 237

conscience 意识 16, 21-24, 26, 32, 41, 54, 57, 61, 73, 74, 83, 101, 124, 129, 150, 151, 160, 184, 197, 213, 220, 224, 239, 241, 254, 263, 264, 265, 271, 273, 274

    inconscient 无意识 22, 35, 65, 160, 197, 252, 262, 264

continuité 连续性 9, 10, 12, 16, 21, 22, 24, 31, 36-38, 44, 75, 78, 85, 105, 167, 172, 180, 181, 191, 193, 196-198, 207, 212, 219, 221, 223, 226, 228, 230, 262, 264, 265, 273

    discontinuité 非连续性 12, 13, 16, 17, 21, 23, 24, 31, 40, 44, 46, 57, 74, 78, 105, 150, 152, 153, 159, 221, 225, 228, 230, 235, 263, 264

contradiction 矛盾 38, 87, 150, 181, 195-204, 242, 243

    non-contradiction 不矛盾 83, 196

Copernic 哥白尼 136

Un coup de dés《骰子一掷永远取消不了偶然》34

coupure 割裂、划分 12, 44, 55, 153, 221, 228-230, 246

Cournot, A. A. 库尔诺 245

cumul 累积 11, 155, 161, 164, 171, 245, 261

compétence 权限 57

compétence 能力 68, 90, 92, 127, 153, 269

le continu 连续 13, 22, 227, 228

    le discotinu 非连续 13, 16, 17, 227, 228

corrélat 相关方 21, 45, 118, 120

corrélation 关联 18, 19, 24, 25, 32, 45, 47, 48, 52, 53, 58, 110, 118, 119, 198, 205, 211, 214, 218, 220, 222, 245

Cuvier, G. 居维叶 187, 188, 221, 227, 245

Darwin, C. 达尔文 50, 136, 137, 166, 187, 190, 200

Daubenton, L. J.-M. 路易·道本顿 221, 239

décentrement 去中心化 22, 268

délire 谵妄 55, 58, 65, 234

déplacement 移位 11, 17, 81, 265, 266

dérivation 派生 81, 82, 160, 192, 193, 199, 207, 210, 217, 219, 220, 223, 225, 227, 230, 261, 269

Description de San Marco《圣马可的描述》34

désignation 指称 56, 81, 82, 147,

207, 210
désir 欲望 22, 24, 31, 65, 89, 90–92, 136, 138, 151, 153, 161, 195–197
Destutt de Tracy 特拉西 217
développement 发展、展开 9, 32, 45, 60, 80, 156, 180, 195, 216, 235
Diderot, D. 狄德罗 50, 166, 187, 198
différence 差异 13, 21–24, 31, 42, 52, 53, 56, 61–63, 84, 96, 121, 125, 126, 134–136, 158, 159, 172, 173, 181, 186, 188–191, 194, 195, 200, 221–223, 228, 229, 235, 240, 244, 249, 259, 260, 261, 266, 268, 270, 274
non-différence 非-差异 223
différenciation 区分 57, 58, 89, 97, 120, 121, 150, 223, 268
Diophante 丢番图 247
discours 话语 15, 17, 22, 27, 31–34, 36–48, 50, 51, 55–74, 77, 78, 80, 81, 83, 85–101, 105–107, 122, 125, 130, 136, 141, 148, 150, 153, 155, 156, 158, 160–162, 164, 166–173, 177, 178, 180–187, 190–192, 194–200, 202, 204–206, 208–210, 211, 213–218, 220, 222, 223, 225, 229–232, 235–238, 240–244, 246, 247, 251–253, 255, 260–263, 267, 268, 270–275
analyse des formations discursives 话语形成的分析 100, 106, 140, 149, 150, 156, 158, 193, 242, 249
champ des discours 话语范围 184, 268, 272
champ du discours 话语范围 33, 34, 38, 44, 106
champ discursif 话语范围 40, 84, 187, 203
fait de discours 话语事实 33, 38, 39, 41
formation discursive 话语形成 44, 53, 60, 74, 78, 80, 84, 86, 87, 89, 91, 94, 95, 98, 100, 105, 106, 140, 141, 149–154, 156, 158, 164, 167, 169, 173, 177, 190, 193, 200, 201, 203, 205, 206, 208, 209, 212, 215–218, 220, 223, 225–236, 238, 240–245, 249, 250, 255, 270
discours-objet 目标话语 183
discursivité 话语性 170
dispersion 弥散 19, 21, 31, 37, 38, 47, 49, 51–53, 65, 74, 75, 80, 87, 91, 95, 100, 101, 105, 141, 151, 153, 157, 159, 164, 167, 168, 173, 183, 226, 228, 244, 246, 255, 264, 268
diversité 杂多性 91, 155, 208, 209, 261
document 文献 13–15, 19, 70, 161, 169, 171, 182
donné 前提条件 16, 147, 237, 251
donnée 前提条件 186, 254

Dostoïevski, F. M. 陀思妥耶夫斯基 34
Duclos, C. 夏尔·杜克洛 49
Du Laurens, H.-J. 安德烈·杜·洛朗 55

Ecce homo《瞧，这个人》35
économie politique 政治经济学 38, 44, 45, 95, 166, 178, 219, 232, 238, 242, 245, 269
élément 要素、成分 14-17, 19, 32, 49, 51-53, 65, 66, 70, 73, 77, 79, 80, 82, 83, 87, 89-91, 93, 95, 96, 99, 106, 107-109, 112-117, 121, 122, 125-132, 135, 138, 140, 143, 144, 147, 151, 153, 155, 156, 163, 168, 169, 173, 182, 184, 185, 186, 197, 199, 201, 202, 204, 205, 209, 210, 223, 224, 226, 227, 235, 237-241, 244, 245, 260, 262, 263
empiricité 经验性 265
énonçabilité 可陈述性 170
énoncé 陈述 33, 38-49, 52, 53, 68, 73, 75-81, 87, 89, 90, 92, 96-98, 103, 105-126, 128-164, 167, 169-171, 177, 185, 188, 189, 191, 192, 201, 203, 217, 218, 223, 226, 233, 235, 238, 242-244, 253, 261, 267, 269-272
    analyse des énoncés 陈述的分析 142, 152, 156, 158, 161
    champ des énoncés / champ d'énoncés 陈述的范围 75, 160, 189

énonciation 陈述 40, 47, 48, 52, 53, 68, 72-74, 79, 83, 85-87, 89, 92, 93, 95, 96, 98-100, 117, 125, 133, 134, 136-138, 151, 156, 161, 162, 187, 200, 203, 223, 226, 237, 242, 243, 252, 254
    analyse énonciative 陈述分析 143, 148, 155, 159, 161-163
    champ énonciatif 陈述范围 77, 78, 129, 130, 131, 145, 147, 154, 157, 160, 172, 173, 177, 191, 202, 210
    domaine énonciatif 陈述领域 157, 160
    donné énonciatif 陈述的前提条件 146
    événement de l'énonciation 陈述事件 134
    événement énonciatif 陈述行为的事件 41, 124, 160
    fait énonciatif 陈述事实 42, 212
    fonction énonciative 陈述功能 116, 126, 128, 131, 138, 139, 147, 151, 152, 154, 167, 173, 188, 200
    forme d'énonciation 陈述形式 40, 86, 92, 156, 223
    formes énonciatives 陈述形式 87
    modalité d'énonciation 陈述样态 53, 72-74, 96, 99, 100
    modalités énonciatives 陈述样态 68, 86, 96, 144, 192, 201-203
    niveau énonciatif 陈述层次 119, 121, 145-147, 152

régularités énonciatives 陈述的规则
性 145, 189-191, 193, 269
série énonciative 陈述系列 76
type d'énonciation 陈述类型 53,
73, 85, 87, 223, 226, 237, 243
types énonciatifs 陈述类型 84
régime énonciatif 陈述状况 86, 200
ensemble discursif 话语集合 42, 53,
87-88, 95
ensemble d'énoncés 陈述集合 33, 43,
45, 46, 51, 111, 113, 124, 137,
147, 153, 164, 189, 218, 233,
243, 267
épistémè 知识型 249-255
épistémologie 知识论 27, 54, 233
esprit 精神 10, 12, 19, 25, 32,
41, 80, 170, 179, 206, 207,
241, 250, 273
Esquirol, J.-É. D. 埃斯基罗尔 46, 55,
59, 244
Euler, L. 欧拉 207
événement 事件 9-11, 13, 15, 16,
18, 19, 32, 36-44, 76, 83, 99,
100, 106, 124, 133, 134, 137,
140, 143, 159, 160, 163, 168-
171, 185, 187, 191, 205, 212,
215, 218, 219, 220, 223, 224,
230, 231, 244, 246, 260
événement discursif 话语事件 38,
39, 41-43, 99, 187, 188, 217
évidence 自明性 34, 61, 105, 240
quasi-évidence 准-自明性 37
évolution 进化、演化、演变 16, 32,
37, 71, 72, 85, 92, 159, 184,

194, 210, 216, 224, 225, 229,
235
expérience 经验 24, 27, 45, 48,
64-66, 75, 88, 100, 105, 129,
136, 147, 167, 180, 193, 202,
209, 237, 247-249, 251, 263,
264
extériorité 外部性 27, 62, 74, 155,
158, 159, 161, 162, 164, 183
intériorité 内部性 54, 98, 159,
164, 274

Fabre d'Olivet, A. 法布尔·奥利维特
240
faisceau de rapports 关系簇 34, 61,
63, 80
faisceau de relations 关系簇 72, 73,
96, 98, 255
fixisme 物种不变论 93, 200, 202,
227
folie 疯癫、疯狂 26, 45, 46, 55-
58, 64, 65, 91, 241
fondement 根据 12, 22, 24, 54, 98,
148, 149, 164, 197, 198, 243,
246, 269
Forbonnais, F. V. D. 福尔勃奈 221
formulation 表达 33, 47, 50, 52, 107,
108, 110, 111, 115, 118, 121-126,
129, 130, 132, 135, 136, 139-142,
144, 146, 147, 150-152, 155, 156,
162, 184, 186-188, 190-193, 212,
217, 223, 224
fondation 基础 12, 246, 268
Freud, S. 弗洛伊德 136, 252

fonction 功能 17，21，23，31，34，35，37，52，69，74，90，91，99，115，116，120，123，126，128，131，136-139，142，146，147，150，151，152，154，167，173，188，200，202，203，208，214，233，238，241-243，248，254，261，269

Galois, É. 伽罗瓦 247
généalogie 谱系学 22，23
Genera Plantarum《植物属志》109
grammaticalité 合语法性 109
Grammaire générale 普通语法理论 81，84，86，88，89，90，94，206-210，219，223，225，229，235，240
grammaire générale 普通语法 81，82，210，229，234
grammaire générative 生成语法理论 240，270
Grammont, M. 莫里斯·格拉蒙 229
Graslin, J.-J.-L. 格拉斯兰 221
Gresham, T. 托马斯·格雷欣 190
Grimm, J. 雅各布·格林 186
Guéroult, M. 马提阿·戈胡 11

Harris, J. 约翰·哈里斯 221
Heinroth, J. C. A. 约翰·海因罗特 55，244
Herder, J. G. 赫尔德 235
herméneutique 解释学 212
Histoire de France《法国史》34
Histoire de la Folie à l'âge classique《古典时代疯狂史》25，26，64，86，205，233

histoire des idées 观念史 10，15，16，25，31，54，84，154，177-181，184，185，195，198，200，216，221，222，239
histoire de pensée 思想史 10，16，21，22，31，39，262，264，265，268
histoire générale 一般历史 17-19，215
histoire globale 总体历史 17，22
Histoire naturelle 博物学 76-78，82，84，86，89，92，94，96，192，193，200，201，203，206-210，217，225-227，229，235，238，239，245
histoire naturelle 博物学 92，95，141，166，178，198，229，232
horizon 视域 12，39，45，46，73，82，83，84，106，124，141，159，172，173，182，185，208，213，230，264
humanisme 人本主义 22-23，26

idéalité 理想性 45，82-84，93，197，202，215，237，238，246，265
idée 观念 10，13，15，16，21，23-25，31，49，50-52，54，84，85，88，93，96，119，153，154，169，177-181，184，185，193，195，198，200，202，204，207，209，212，216，221，222，227-229，239，272，273
identité 同一性 27，50，84，108，123，132，133，135-139，151，

167, 170, 172, 178, 182, 183, 185, 187, 190, 191, 194, 237
non-identité 非同一性 46, 87
idéologie 意识形态 12, 53, 206, 232, 240, 241-243, 266
illusion 错觉 13, 37, 45, 65, 84, 93, 161, 178, 197, 237
influence 影响 12, 32, 37, 42, 54, 75, 85, 167, 195, 197, 209, 211, 241
instance 层级 37, 38, 41, 57, 58, 60, 74, 77, 88, 90, 91, 105, 120, 122, 135, 148, 156, 161, 183, 185, 241, 246, 251, 254
isomorphismes archéologiques 考古学的同构性 210
isotopie archéologique 考古学的同位性 210

Jevons, W. S. 杰文斯 166, 245
Jonston, J. 扬·琼斯顿 193
Jussieu, A.-L. de 安托万-洛朗·德·朱西厄 79, 187, 217, 239

Kant, I. 康德 265, 266
Keynes, J. M. 凯恩斯 190
Kraepelin, E. 克雷佩林 55

Laennec, R. 拉埃奈克 48, 166
Lamarck, J.-B. 拉马克 187
Lancelot, C. 克洛德·朗斯洛 48, 49, 186, 190, 191, 217
langage 言语活动、语言 14, 22, 26, 35, 48, 57, 68, 82, 91, 107, 112, 114, 125, 129-131, 142, 144, 146-148, 156, 168, 172, 177, 179, 183, 185, 190, 194, 196, 209, 211, 220, 230, 235, 247, 262, 275
langage d'action 行为语言 190
langue 语言 22, 24, 39, 40, 41, 45, 63, 66, 67, 79, 81, 85, 100, 109, 112-114, 116, 119, 126, 131, 133, 136, 137, 140, 146, 152, 156, 171, 186, 190, 191, 209, 211, 221, 227, 229, 259, 260, 262, 263, 264, 272, 274
Lavoisier, A. 拉瓦锡 207
Law, J. 约翰·劳 88, 91, 211
limite 极限、界限、限制 12, 17, 18, 21, 23-25, 27, 31, 33, 40, 43, 44, 49, 71, 94, 97, 98, 106, 107, 114, 122, 136, 139, 142, 145, 147, 148, 153, 157, 179, 187, 188, 200, 202, 208, 216, 218, 223, 228, 229, 231, 233, 252, 261, 266, 271
Linné, C. 林奈 75, 78, 79, 86, 89, 109, 166, 187, 189, 193, 198-200, 209, 227, 239
Locke, J. 洛克 190, 245
Logos 逻各斯 142, 159, 204, 272
longues périodes 长时段 9, 15, 16

Mallarmé, S. 马拉美 35
Marx, K. 马克思 21, 22, 23, 24, 230, 245
matérialité 物质性 14, 41, 113, 114,

116，132-136，138，141，143，151，164，253
mathématiques 数学 11，34，123，163，206，225，232，246，247，265
mécanique rationnelle 理性力学 207，265
mélancolie 忧郁症 65，234
mentalité 心态 10，18，32，73，83，151，159，168，179，206，208，272
mercantilisme 重商主义 91，245
Merleau-Ponty, M. 梅洛-庞蒂 265
méta-langage 元语言 125
Michelet, J. 米什莱 34
microbiologie 微生物学 236，245
modalité 样态 41，51，53，68，72-74，86，96，99，100，140，141，143-145，147，153，162，182，191，192，198，201-203，214
 modalités de discours 话语样态 182
 modalité d'existence 存在样态 140，141，143，144，153
monument 遗迹 14，15，179，182
Morgagni, G. B. 莫尔加尼 72，227
mutation 突变、变化 12，14，16，21，25，49，99，186，230，241，266，273
Les Mots et les Choses《词与物》25-27，81，86，206-208，261

Naissance de la Clinique《临床医学的诞生》25-27，86，206，208
Neumann, J. V. 冯·诺依曼 44
Nietzsche, F. W. 尼采 22，23，24，35

neurologie 神经病学 64
névrose 神经症 46，55，56，58，65，99
Nosographie philosophique《哲学上的疾病分类》222

objet 对象 9，14，15，17，34，43，45-47，50，52，53，55-67，70，71，74，77，80，84-89，91-93，95-100，105，106，112-114，120，121，125，128，130，131，135，138-140，142，143，146，150-152，155，158，163，171，179，183，190，191，192，198，199，201-203，211，214，217，218，222，223，225，226，230，237，238，242，243，247，252，254，261，268，269，270
œuvre 作品、著作 12，23，32，33-38，42，52，54，57，63，75，80，81，94，95，105，126，148，166，167，177，179-183，185，188，189，195，211，259，262，263
L'Odyssée《奥德赛》34
ordre discursif 话语秩序 186，242
ordre du discours 话语的秩序 36，44，187，272
organisme 有机体 50，51，72，76，79，192，199，227，235，245
origine 起源 11，12，16，21，26，31，32，36，37，54，69，79，83，85，92，93，97，98，117，124，125，139，140，148，159，162，164，166，173，183，185，190，

191, 197, 202, 209, 210, 211, 242, 246, 247, 264-268, 272
originalité 原创性 31, 186-188, 193, 224

Palingénésie philosophique《哲学的复兴》239
parenté 亲缘关系 24, 51, 61, 79, 85, 120, 199, 221
Pâris-Duverney, J. 帕里斯-杜维尼 91
Pasteur, L. 巴斯德 245
Peirce, C. S. 皮尔斯 186
performance verbale 言语行为 140-144, 151, 152, 164, 170, 188, 190, 261, 269
performance linguistique 语言行为 140
Petty, W. 威廉·配第 44, 88, 189, 190, 211
phénoménologie 现象学 265
philologie 语文学 85, 225, 229, 230, 235, 269
philosophie 哲学 10, 13, 16, 20, 23, 26, 33, 53, 72, 73, 78, 179, 181, 225, 235, 251, 253, 260, 266, 267, 268
Physiocrates 重农学派 85, 86-87, 92, 97, 166
physiocratie 重农主义 51
physiologie 生理学 179, 207, 208, 226, 235, 236
Pinel, P. 皮内尔 46, 55, 189, 244
Platon 柏拉图 136
Poe, E. A. 爱伦·坡 35
Port-Royal 波尔-罗瓦雅尔学派 45,
49, 75, 89, 188, 190, 217
positivité 实证性 148, 164, 165-169, 172, 173, 177, 179, 201, 202, 206, 210-213, 216, 217, 219-221, 223-237, 240, 242-246, 249-255, 259, 269, 270, 271
interpositivité 实证间性 207, 208, 211, 225
parole 言语 39, 40, 45, 67, 69, 74, 100, 119, 130, 142, 146, 155, 159, 161, 164, 171, 220, 271, 275
pratique discursive 话语实践 63, 65, 66, 74, 83, 96, 98, 99, 153, 168, 169, 172, 177, 183, 188-190, 202-204, 215, 227, 228, 230, 233-235, 237-240, 242-247, 249-255, 260, 261, 266, 271, 273
pratique du discours 话语的实践 83
pratiques non discursive 非话语实践 90, 91, 205, 229
Prochaska, J. 基里·普罗查斯卡 187, 226
psychiatrie 精神病学 88, 99, 178, 205, 234, 238
psychanalyse 精神分析学 22, 270
psychopathologie 精神病理学 38, 44, 45, 55, 56, 58, 59, 63, 64, 232, 244
psychologie 心理学 26, 64, 182, 252
procession 前导 186
préconceptuel 前概念的 81-84

• 索引 257

quasi-invisibilité 准-不可见性 145, 146
Quesnay, F. 魁奈 51, 166

Racine, J. 拉辛 263
Rais, G. de 吉尔·德·莱斯 34
Ramus, P. 彼得鲁斯·拉米斯 221
Rask, R. K. 拉斯科 221
rareté 稀缺性 155–158, 160, 164, 171
raison 理性、理由 16, 20, 21, 33, 45, 58, 86, 141, 145, 146, 159, 167, 168, 170, 172, 177, 183, 198, 242, 245, 250, 255, 262, 264, 273
rationalité 合理性 11, 20, 22, 54, 61, 73, 74, 93, 156, 164, 206, 208, 213, 236, 237, 250
récurrence 重现 76, 118, 163, 164, 167
référent 指涉对象 64, 117, 118, 120, 127
référentiel 参照系 120, 145, 150, 151
règles de formation 形成规则 53, 55, 83, 84, 86, 89, 97, 192, 203, 209, 212, 217–219, 223, 225–227, 230, 239, 243, 244, 269, 270
régularité 规则性 22, 29, 41, 49, 52, 53, 65, 74, 83, 84, 86, 98–100, 142, 145, 149, 152, 153, 160, 161, 169, 170, 188–193, 203, 234, 242, 245, 249–251, 261, 269
irrégularité 不规则性 188, 195,
216, 260
représentation 再现 49, 67, 84, 88, 89, 91, 97, 101, 130, 150, 161, 179, 180, 182, 196, 206, 211, 219, 229, 252, 260
Le Rêve de d'Alembert《达朗贝尔的梦》239
répétition 重复 12, 32, 36, 41, 58, 77, 133–135, 151, 187, 226, 227
ressemblance 相似 32, 33, 59, 61, 186, 187, 211, 235
À la Recherche du temps perdu《追忆似水年华》122
Renaissance 文艺复兴时期 78, 79, 255
Ricardo, D. 大卫·李嘉图 50, 75, 189, 221, 230, 245
roman 小说 34, 38, 42, 91, 107, 118, 122, 129, 132, 264
Rousseau, J.-J. 卢梭 209, 211
rupture 断裂 9, 10, 12, 13, 15, 17, 24, 31, 46, 93, 124, 170, 172, 184, 186, 217, 223, 227–229, 231, 245, 246, 252, 255, 265, 273

Saint-Hilaire, É. G. 圣-伊莱尔 187
Saussure, F. de 索绪尔 186, 190
savoir 知识 11–13, 20, 25, 49, 50, 57, 59, 68, 72, 74, 179, 180, 198, 209, 214, 232, 236, 238–243, 246, 249, 251, 253–255, 259, 262, 264, 267, 269
schéma 图式 16, 76, 77, 79, 84,

108,193,196,216,219,259
schème 模式 58,76,80-82,99,136,163
sciences-objets 目标科学 269
sciences de l'homme 人的科学 43
sciences humaines 人文学科 225
scientificité 科学性 53,178,179,232,236,238-240,242-246,248-250,255,268
 non-scientificité 非-科学性 53,181,247
série 系列 10,14,15,16,18,19,21,23-25,31,42,44,47,52,59,63,72,73,76,77,80,83,87,92,98,99,108,109,111,112,114-117,121-125,127,129-131,139-142,145,160,177,185-187,192,203,216,218,220,222,223,237,240,259,265,272
Serres, M. 米歇尔·塞尔 11,248
seuil 界限 11,12,17,21,23,24,31,44,48,56-58,60,112,117,136,141,168,172,178,232,243-250,265
sexualité 性 22,24,57,252
signe 符号 17,33,34,49,55,65-68,72,82,88,89,91,96,112-117,122,126,127,129,132,133,135,139,140-143,145,150,155,182,186,206,207,211,219,229,235
signe 症状 47,59,60,70,72,76,222

significant 能指 20,117,146,156,186
signification 意指 10,18,19,41,65,77,106,122,134,144-148,156,161,164,167,193,195,237,253,265
signifié 所指 20,117,146,155,156
Simpson, G. G. 乔治·盖洛德·辛普森 137
singularité 独特性 40,46,68,89,95,127,133,143,150,182,185,188,260
speech act 言语行为 107,110,111
Stendhal 司汤达 34
style 风格 47,64,72,100,180,213
stoïciens 斯多葛派 186
strate 层 10,15
stratégie 策略 51,85,86,91-93,95-98,106,138,151,192,218,223,237,242,255
stratégies discursives 话语策略 96,97
structure 结构 12,13,18-20,23,26,31,37,42,52,66,73,76,80,83,93,96,100,107-109,111,112,114,115,117,119,127,128,134,137,143-146,168,190,192,196,199,203,205,214,215,226,235,237,241-244,249,250,252,255,261-263,266,267,270,272
structuralisme 结构主义 20,259-262,264-266

subjectivité 主体性 74, 159, 160, 172, 201, 239, 260, 262, 263, 264, 270

succession 更迭 9, 32, 42, 75-77, 81, 88, 93, 109, 116, 131, 140, 151, 167, 168, 185, 188, 193, 216-221, 224, 244, 261, 262, 270

sujet 主词 48, 108

sujet 主语 127, 210

sujet 主体 22, 24, 26, 27, 39, 43, 48, 52, 63, 65, 71, 73, 74, 84, 86, 93, 96, 105, 117, 120-130, 133, 139, 140, 142, 146, 148, 150, 153, 160, 161, 164, 183, 196, 213, 215, 221, 237-239, 241, 250, 251, 260, 261, 263, 264, 266, 267, 270, 271, 272

sujet connaissant 认识主体 84

sujet constituant 建构性主体 267, 272

sujet énonçant 正在陈述的主体 122-125

sujet d'énoncé 陈述的主体 121-125

sujet discourant 正在说话语的主体 86, 96

sujet du discours 话语主体 43, 71, 238

sujet énonciatif 陈述主体 123

sujet originaire 原始主体 22

sujet parlant 言说主体 39, 63, 65-66, 96, 105, 127, 130, 153, 160, 161, 196, 213, 215, 260, 261, 263

sujet qui énonce 陈述的主体 121

sujet regardant 观看主体 48, 71, 96

sujet transcendantal 先验主体 74, 251

Swieten, G. van 斯威腾 55, 166

synchronie 共时性 23, 194, 216, 217, 230, 267

systématisation 系统化 79, 87, 89, 92

système 系统 10, 11, 18, 21-24, 32, 34, 39, 47-49, 51, 53, 56, 58, 60, 61, 62, 64, 68, 71, 73-76, 80, 81, 83, 86, 88, 89, 91, 93, 95-101, 105, 113, 114, 122, 124, 126, 127, 131, 137, 141, 146, 148, 151-153, 156-158, 160, 162, 168-173, 179, 180, 182, 186, 190, 197, 201-203, 208, 210, 212, 213, 219, 222, 224, 225, 226, 229, 230, 232, 235, 237, 243, 245, 250, 252, 253, 263, 267, 268, 271

système de formation 形成系统 58-59, 64, 80, 89, 91, 95-98, 99, 141, 157, 190, 201, 224, 225, 229, 243

systématicité 系统性 37, 75, 101, 193, 196, 239

tableau 图表 10, 15, 19, 51, 60, 78, 85, 97, 109, 114, 139, 145, 172, 199, 202, 253

taxinomie 分类学 79, 82, 89, 93, 202, 207-209, 211

Telliamed《特里梅德》239

telos 目的 22

théologie 目的论 78, 168

texte 文本 12-14, 27, 33-36, 39, 43, 52, 65, 66, 76, 77, 79, 80, 97, 100, 101, 119, 122, 123, 126, 129, 133-137, 146, 152, 155, 157, 162, 163, 166, 167, 169, 185, 187-189, 195, 197, 203, 224, 226, 232, 234, 239, 274

texte d'en dessous 次文本 157

Théâtre et son Double《戏剧及其影》36

totalité 总体性 10, 20, 23, 25, 27, 112, 142, 155-157, 164, 171, 207, 229, 266

totalisation 总体化 16, 22, 24, 26, 54, 161, 181, 268

Tournefort, J. P. de 杜纳福尔 78, 79, 190, 193, 217

trace 痕迹 12, 14, 15, 18, 35-37, 58, 93, 112, 126, 132, 138, 140, 142, 143, 159, 160, 161, 164, 188, 211, 221, 272

Tractatus《逻辑哲学论》36

tradition 传统 12, 21, 31, 47, 54, 63, 65, 70, 75, 77, 84, 171, 188, 197, 223, 237, 251

Traité des Coniques《圆锥曲线论》34

Traité des membranes《论膜》72, 222

transcendance 超越性 148, 224, 260, 263

transformation 转换 11, 12, 18, 21, 23-25, 31, 37, 42, 48, 52, 53, 61, 78, 92, 94, 99, 108, 131, 143, 153, 158, 160, 163, 171, 178, 181, 192, 202, 216, 218, 223-226, 228-231, 245, 254, 255, 261, 262, 265, 272-274

transmission 转达 12, 32, 69

Turgot, A. R. J. 杜尔哥 166, 209, 211, 221

Ulysse《尤利西斯》34

unité 单位、统一 10-14, 18, 21, 22, 31-50, 52-54, 63, 64, 73, 74, 87, 88, 91, 92, 94, 95, 101, 105, 107, 108, 111, 114, 115, 126, 131, 139-142, 145, 150, 152, 153, 166, 177, 178, 183, 194-198, 200, 203, 205, 208, 230, 250, 255

unité discursive 话语单位 34, 49

unités du discours 话语的单位 31, 46, 63, 177

Utilitaristes 功利主义学派 87, 92, 97

Vico, G. 维科 207, 235

Weltanschauung 世界观 207

Willis, T. 托马斯·威利斯 44, 187, 226

Zarathoustra《查拉图斯特拉如是说》35

译后记　福柯与他的考古学

在当代法国的"哲学剧场"上，哲人们纷纷戴着思想面具登台亮相，各自兜售着自己的思想和学说，像极了古希腊时代的哲人们。毫无疑问，米歇尔·福柯是"哲学剧场"的主角之一，他的哲学犹如万花筒般变幻着"思想面孔"，令人耳目一新却又困惑不解，让人着实难以勾勒他的思想肖像，把握他的哲学精髓。

一、考古学的缘起

考古学是福柯早期思想的核心主题，既贯穿了"考古学三部曲"（《古典时代疯狂史》《临床医学的诞生》《词与物》），又是《知识考古学》的研究焦点。福柯采取旧词新用的方式，改造了考古学的含义，他的考古学不再是地质学意义上的考古学，而是有关话语、知识与话语实践的考古学，要像考掘考古学的遗物和遗迹一样呈现层层累积、错综复杂的话语与知识。《古典时代疯狂史》(1961)通过区分疯癫与理性来考察精神病学的诞生,探讨疾病的新话语可能呈现的断裂时刻,旨在确定一种在疯子与正常人、疯狂与理性之间的沉默考古学。《临床医学的诞生》则关注1790—1815年间医学话语的深刻变化,医学知识的对象、观察疾病的技艺、疾病记录与检测、描述疾病的词汇与医学概念都进行了总体调整和改变,标志着启蒙运动向19世纪过渡的曲折变化,正如其副标题所标示的那样,探索着"一种医学凝视的考古学"。《词与物》(1966)通过"知识型"来探索西方不同时期"词"与"物"之间的关系,致力于研究普通语法学向语文学、博物学向生物学、财富分析向政治经济学的转换,着重研究这些科学的话语变化,尤其指出了西方自文艺复兴时期以来两次重大的非连续性,由此来确立人文科学考古学。而《知识考古学》(1969)则深入探讨历史学科,将考古学与观念史相对立,"试图要创造一种有关人类说出来的东西的、截然不同的历史"。[1]福柯以令人眩晕的巴洛克风格构建了一种概念丛生、晦涩难懂的考古学,陈述、话语形成与话语实践成为核心概念,由此从以陈述为主导的话语形成转向了侧重实践向度的话语实践,从以时间为轴向的历史学转向了以空间为向度的考古学。

如果说"考古学三部曲"是福柯具体的考古学实践,从不同的视角与维度对考古学进行探索与研究,为我们理解考古学提供了丰富而生动的诸多案例,那么《知识考古学》则致力于话语本身的分析与研究,将考古学确定为探讨话语实践的理论与方法,对考古学进行系统阐述与反思,有助于我们更好地把

---

[1] Michel Foucault, *L'Archéologie du savoir*, Paris: Gallimard, 1969, p. 179. 凡下文引用该书皆采用夹注形式注明该书法文版缩写(*AS*)和页码,即本书边码。

握福柯的思想发展历程。"一般说来,《古典时代疯狂史》用相当大且令人费解的篇幅来描述所谓的'体验',由此指出人们在何种程度上接受匿名的、一般的历史主体。在《临床医学的诞生》中,多次尝试的对结构分析的求助,有可能回避所提问题的特殊性和考古学特有的层次。最后在《词与物》中,明确的方法论标示的缺失能够使人相信那些根据文化总体性所进行的分析。"(AS,26-27)方法论问题的确是福柯一直想解决的重要议题之一,他在撰写《词与物》时就考虑以前言的形式来阐述方法论的框架,但他的老师伊波利特和康吉莱姆建议他在以后的著作中再进行专题论述,他听从了他们的建议,计划撰写《词与物》的续篇《过去与现在:再论人文科学考古学》。他在1967年4月曾对乔治·费卢斯(Georges Fellous)透露过,"我现在准备进行的工作是一项方法论的工作,关涉着语言在我们的文化中的存在形式"[2],这便是他在突尼斯大学任教期间完成的《知识考古学》,他从理论和方法上对"考古学三部曲"进行分析与反思,指摘了它们各自存在的问题和不足,因而《知识考古学》亦被认为是福柯前期思想的概括与总结,是《词与物》的"理论补充"或"理论附录"。

二、何谓话语形成?

《知识考古学》与《词与物》一脉相承,可谓是《词与物》

---

[2] Michel Foucault, *Dits et Écrits*, tome I, Paris: Gallimard, 2001, p. 584. 凡下文引用该书皆采用夹注形式注明该书法文版缩写(*DE*)和页码。

的"姊妹篇",福柯继续循着断裂与非连续性的研究路径拓展与深化。福柯指出考古学以非连续性、断裂、差异来反对连续性、起源、总体化,以知识的问题域对立于认识的问题域,以话语来取消表达,以便将话语构想为实践,最终考古学不是变化的历史学,而是重新寻找一种完全不同的历史。在福柯看来,传统史学,尤其是观念史,以连续性、起源与总体化为研究主题,以原则、意指、精神、世界观、总体形式为研究中心,总是把沉默的"遗迹"(monument)转化为可言说的"文献"(document),力图从杂乱的历史事件中确立连续性与统一性,侧重探寻那追本溯源、寻求同质性的总体历史(histoire globale)。而考古学或新史学则以非连续性、断裂、差异为研究主题,以微观历史或边缘题材为研究中心,试图将"文献"转化为"遗迹",力图从各种历史中探查非连续性与差异性,侧重探寻那展现着弥散空间的、寻求异质性的一般历史(histoire générale)。福柯在《知识考古学》开篇使用了"长时段"(longue période)的概念,虽与年鉴学派历史学家费尔南·布罗代尔(Fernand Braudel)的"长时段"(longue durée)概念有所不同,但应是在布罗代尔意义上使用这一概念。福柯显然与年鉴学派达成新联盟,为结构主义范式的历史化进行辩护,他对年鉴学派马克·布洛赫、费尔夫和布罗代尔等人的历史研究持肯定意见,认为年鉴学派、英国历史学家要终止萨特等人所信奉的历史的哲学神话——连续性,人类自由的有效行使,个体自由与社会规定性相结合。不过福柯又有所保留,他要分析与研究的不是关于结构与符号的思想,而是要探究与剖析系列和事件。他拒绝总体性分析,与年鉴学派保持一定距离,转而借鉴巴什拉、康吉莱姆的科学史研究,指出断裂和非连续性在科学史、观念史、哲学史、思想史和文学史中的增多，强调非连续性的观念在历史学科中占据着重要地位。

为了探究与突显非连续性，福柯首先剖析、批判连续性的直接形式，希望摆脱传统、影响、发展与进化、心态或精神等观念，剖析以学科门类进行划分的话语类型，悬置书、作品等最直接让人接受的单位，摒弃两个彼此相关却又相互对立的主题——对起源的探寻和重复以及对"已说之物"的解释或聆听。所有这些连续性形式都关系着言说个体、说话主体或文本作者等人类学范畴，其基底是笛卡尔的"我思"主体或康德所谓人类学意义上的"人"，也就是作为主体的"人"。福柯特别指出："连续的历史是主体的基础功能所必不可少的相关方（corrélat）：它保证将逃脱主体的一切归还给主体；它坚信时间将不会扩散任何东西，除非它在重构的单位中将其复原……把历史分析变成连续的话语和把人的意识变成任何变化与任何实践的原始主体（sujet originaire），是同一思想体系的两个面。"（*AS*, 21–22）对此福柯以断裂、界限、极限、系列、转换和差异等概念取而代之，寻求以话语分析和话语实践为核心概念的非连续性研究，他通过马克思、尼采和弗洛伊德来反对"人类中心主义"和人本主义，摒弃一切中心化，以便消解作为主体的"人"，深入剖析《词与物》"人之死"的主题。不过福柯在《知识考古学》中将这一主题潜入到话语形成和陈述（énoncé）的层面进行分析，指出话语分析不同于语言分析、思想分析，话语分析并不遵循语法规则，也不会探究主体意图或深层寓意，它要追问的问题是：怎么会是某种陈述出现而不是其他陈述取而代之？从被说出的东西当中而不是从其他地方出现的这一独特存在到底是什么？由此福柯使陈述恢复它作为事件的独特性，指出非连续性不仅在历史地质学中而且在陈述的简单事实中是形成断层的重要意外因素之一。

福柯从未停止过对"人"的思考，他总是绕着圈子回到康德的最终提问："很久以来，在纯粹哲学的领域里，我给自己提出的研究计划，就是要解决以下三个问题：1. 我能够知道什么？（形而上学）2. 我应该做什么？（道德）3. 我可以希望什么？（宗教）接着就是第四个，也是最后一个问题，人是什么？（人类学，20多年来，我每年都要讲授一遍）"[3] 如果说《词与物》停留在知识型（épistémè）的比较宏观的层面上来消解作为主体的"人"，通过尼采从康德的"人类学沉睡"中发现上帝之死与人之消失同义，那么《知识考古学》则深入到话语形成和陈述本身来具体地剖析"人之死"。"关键在于确定一种摆脱人类学主题的历史分析方法……这种理论试图提出这些研究过程中使用过或出于某种原因的需要打造出来的方法。但另一方面，这种理论强化那些为了确定一种不受任何人类学中心主义（anthropologisme）污染的分析方法而获得的结果。"（AS, 26）福柯以话语替代语言，以话语实践取代知识型，深入到西方思想及其文化得以建构的话语深处，呈现出西方文化自笛卡尔以来人如何成为主体的演变过程，质疑了"我思""我在"的可靠性与明晰性。不仅如此，福柯还深入到话语形成的基本单位，以陈述与陈述行为（énonciation）来重新审视"我思"主体，以更细微、更具体的方式来阐述话语如何通过陈述主体来解构作者、作品等单位，如何消解真理和意

---

[3] ［德］康德著，《康德书信百封》，李秋零编译，上海：上海人民出版社，2006年，第220页。

义。在福柯看来，话语形成是一种弥散系统，它具有自己的规则性，"假如我们能在一定数量的陈述之间描述这样的弥散系统，假如我们能在对象、陈述类型、概念、主题的选择之间确定规则性（秩序、关联、位置与作用、转换），那么我们将按惯例说我们涉及话语形成"（AS，53），话语形成包括对象的形成、陈述行为的样态的形成、概念的形成和策略的形成。在"考古学三部曲"中，《古典时代疯狂史》侧重对象的形成，《临床医学的诞生》侧重陈述行为的样态的形成，《词与物》侧重概念的形成，虽各有侧重，策略的形成也有所涉及，但总体上还比较粗略，基本上处于起步阶段，有待于进行更深入的探索与研究。

鉴于此，福柯在话语形成的层面上对早期考古学探索进行系统的反思与总结，他指出：就对象的形成而言，对象并不先于话语而存在，不是对象造就了话语，而是话语建构了对象，话语关系或话语实践是话语得以产生的条件，同时作为规则来限定对象。就陈述行为的类型而言，不是主体决定了话语，而是话语决定了主体，确定主体的陈述行为的状况既不应诉诸先验的主体，也不应诉诸心理的主体性。就概念的形成而言，话语不再是外在的表达，而是概念出现的场所，以更替、共存和干预程序的方式形成概念网络，决定着话语的秩序，因而概念的形成既不遵循"理想性的视域"的先验论模式，也不遵循"观念的经验性进展"的经验论模式。就策略的形成而言，不是话语统一通过传统史学所探讨的连续、统一与稳定的主题来予以实现，而是主题或理论的选择应被描述为探讨话语对象、掌握陈述行为的形式、操纵概念在系统上各种不同的方式，是调动话语可能性的可调节方式。总而言之，对象、陈述行为、概念、主题的选择,各有各自的形成规则,各有各自的形成系统,它们通过话语实践来确立彼此之间的关系,共同确定话语形成和话语实践的特征,从而在话语维度上解构了连续性研究的根基——作为主体的"人",最终致使话语形成的诸形式或单位取代书、作品、作者等传统史学的连续性形式或单位。通过话语形成与陈述分析,福柯最终让我们更具体、更清晰地看到了作为主体的人如何在话语实践中被建构,又如何在话语实践中被解构,从而在更微观的层面消解了作为主体的"人"。

三、话语与陈述

话语是陈述的集合,陈述是话语的原子。"我会把话语时而视作全部陈述的一般领域,时而视作可个体化的陈述群,时而视作解释某些陈述的、可调节的实践;话语这本应该在陈述结束时作为界限和外壳的同一个词,难道我不会使这个词随着我改变自己的分析或分析的应用点、随着陈述本身从我的视野消失而发生变化吗?"(AS,106)话语与陈述的关系类似于语言与句子、逻辑与命题、分析哲学与言语行为,"我所谓的陈述是指符号集合,它可能是句子、命题,但它是在它的实存层次上被构想的"(DE,806)。语法学家从符号集合中会找到句子,逻辑学家会找到命题,分析哲学家会找到言语行为,而考古学家会找到陈述。句子、命题、言语行为可能会形成陈述,不过陈述既不同于句子,也不同于命题,更不同于言语行为。在德勒兹看来,福柯赋予陈述优先性,"这位新的档案学者宣称他只考虑陈述,而毫不在意往昔档案学者热心关注之物:命题与句子"。[4]福柯经常以著名的AZERT例子来说明陈述的独特性："打字机的键盘不是陈述，但在打字手册中列出的字母A、Z、E、R、T构成的这同一系列是法国打字机采用的字母顺序的陈述。"（AS，114）不只如此，拉丁语的动词变位，动植物分类表、家谱、账簿、商业收支估算、n次方程或折射定律的代数式、图表、增长曲线、年龄金字塔图、云层分布图等，它们虽然没有遵循语法规则或逻辑法则，但它们都是陈述。按照福柯的界定，陈述属于符号的范畴，陈述的界限是符号存在的界限，陈述不是一种结构，而是一种本来就属于符号的功能。"因为陈述本身不是一种单位，而是一种横穿过结构和可能单位的领域，并在时空中与具体内容一起对结构和可能单位进行揭示的功能。"（AS，115）因而，对陈述的恰当提问不应该是"陈述是什么"，而应该是"陈述如何发挥功能"。

既然福柯将话语的一切都与陈述关联起来，那么该如何描述陈述？如何确定以独特方式存在的陈述？描述陈述就是确定陈述功能得以发挥作用的条件，就是"在它的运行、它的条件、控制它的规则和它得以实现的范围中进行描述"（AS，115）。与话语形成的四个系统相一致，陈述功能的描述也包含着四个层面：第一，正如陈述不是一种与句子、命题、言语行为一样的单位，福柯认为陈述与被陈述的东西之间的关系不同于能指与所指、名词与其所指的东西、命题与它的指涉对象之间的关系，由此他强调陈述与真理、意义无关，拒绝从结构主义能指与所指的视角来探讨陈述。第二，陈述的主体不是表

―――――――――
〔4〕 ［法］吉尔·德勒兹著，《德勒兹论福柯》，杨凯麟译，南京：江苏教育出版社，2006年，第4页。

达的作者，不是创造主体，而是一种特定的、空洞的功能，它在陈述之间未必相同，可以由不同的个体占据和填充，而且同一个体可以在一系列陈述中轮流占据不同的位置和承担不同主体的角色。第三，陈述功能须有相关领域才能发挥作用，陈述总是有一些密布着其他陈述的边缘，要在其他陈述中间才能发挥作用。第四，陈述必须具有物质性的存在，物质性是陈述存在的条件，物质性可以使陈述被重复、流通，使陈述成为人类生产、操控、使用、转换、交换、组合、分解与重组、如有必要就摧毁的对象。总之，陈述的分析与话语形成的分析息息相关，陈述的规则性被话语形成本身所确定，在诸陈述属于同一种话语形成的范围内可把话语称作陈述集合，"正是一套匿名的、历史的、总是在时间与空间中被规定的规则，才在既定时代和为某个社会的、经济的、地理的或语言既定的领域确定陈述功能发挥作用的条件"（AS，153-154）。

陈述是话语分析的工具，话语分析是对陈述或陈述群的分析，唯有对陈述或陈述群进行正确描述，话语分析才得以进行，我们才能理解和把握话语与话语形成，才能把握考古学的基本原则和总体方向，由此来反对观念史的基本原则和总体方向。陈述与话语形成的分析应该探讨陈述的外部而非内部，应该探讨陈述的表面而非深层。首先，陈述具有稀缺性，用以反对总体性。陈述分析依据"被说出来的东西永远不是全部"的原则，陈述永远不会说出全部，总是存在缺陷、空洞、缺席、亏空，话语形成的分析转向稀缺性本身，拒绝总体性与意义的所指，拒绝现象学家或解释学家的价值取向。其次，陈述具有外部性，用以反对内部性。陈述分析反对内外对立、由外及内的历史分析，试图超越历史先验论的主题，将陈述置于矛盾的、不会诉诸内部性的外部性之中进行分析，反对任何先验的主体性，"因此，陈述的分析不用参照我思就可进行"（*AS*, 161）。再次，陈述具有累积性，用以反对起源的探寻。陈述分析不在于唤醒那些沉睡的文本，不在于探寻它们起源的瞬间或创始的时刻，而是从它们沉睡、遗忘、迷失的起源中探究诸陈述以什么样的存在方式被保存、被重新激活、被使用，乃至被遗忘、被毁灭。"描述陈述集合就是要确立我乐意称作的实证性（positivité）。因此，分析话语形成就是在陈述和确定陈述特征的实证性形式的层次上探讨一套言语运用，或更简单地说是确定话语的实证性的类型。如果用稀缺性的分析取代总体性的研究、用外部性关系的描述取代先验根据的主题、用累积的分析取代起源的探寻，人人都是实证主义者，好吧，那么我也是一个快乐的实证主义者，我起码同意这一点。"（*AS*, 164–165）福柯将考古学的矛头指向了解释学、结构主义与人本主义，他既反对施莱尔马赫、狄尔泰的传统解释学，也反对胡塞尔和海德格尔的现代解释学；他既不同意列维－斯特劳斯的结构主义人类学和罗兰·巴尔特探究语法原则的结构主义语言学，也不赞同拉康的结构主义精神分析和阿尔都塞的结构主义马克思主义，他从"结构主义大合唱"中退场，与结构主义分道扬镳；他既解构了笛卡尔以来的"我思"主体，又进一步强化"人之死"的哀歌，走向了彻底的反主体哲学和反形而上学，最终建构了一种基于话语实践－知识（savoir）－科学，而非基于意识－知识（connaissance）－科学的考古学。

四、考古学何为？

《知识考古学》不同于《词与物》的关键之处就在于它提出了话语实践的概念，把话语作为一种实践，这是福柯的重要创新之一。"不过《知识考古学》的主要创新恰恰在于，它考察了实践。它对实践的考察始于话语实践这一概念。这种重要创新允许福柯改变结构的范式，所以它才能超越单一的话语领域，使它与马克思主义更为紧密。"[5] 福柯放弃了知识型的概念，以话语实践的概念取而代之，由此他恢复了与唯物主义的联系，将话语实践与非话语实践融入了他的知识考古学。考古学"不在于——不再在于——将话语当作（诉诸内容或再现的能指要素的）符号的集合来探讨，而是当作那些系统地形成话语所言说的对象的实践来探讨"（AS, 66-67）。考古学不会把话语当作文献，而是把话语当作遗迹，尽力确立陈述的规则性，描述话语实践的特定规则。考古学拒绝成为一门解释性的学科，它试图确定的不是隐藏或显现在话语中的思想、意识、再现、主题，而是要探讨话语本身，探讨那些遵从形成规则的实践的话语。考古学并不试图去重新发现连续的、不可察觉的转变，而是要描述诸矛盾的纷争空间，要对诸话语样态进行差异分析。考古学是一种比较分析，它悬置了因果分析，拒绝以作品、作者等连续性单位描述话语，它要确定话语实践的类型与规则，要发现话语实践存在和作用的领域。考古学并不试图

---

[5] [法]弗朗索瓦·多斯著，《从结构到解构：法国20世纪思想主潮》，季广茂译，北京：中央编译出版社，2004年，第317页。

恢复所说之物的心理情境与背景要素，而是确定陈述集合的形成规则，它是一种对已说之物的可调节的转换，它不是向起源的秘密本身的回归，而是对目标话语（discours-objet）的系统描述。与观念史相比，考古学反对以主流哲学和科学为目标的观念史，致力于叙述细枝末节和边边角角的历史；考古学反对以起源、连续性和总体化为主题的观念史，致力于分析断裂、非连续性和差异的话语实践。

从福柯的思想发展历程来看，《知识考古学》诞生于结构主义范式发生变化的转折点上，他坚持反人本主义的立场，使人、作者、主体和言说者去中心化，他运用考古学解构了笛卡尔以来的哲学梦想，反对主体哲学，反对形而上学，终结了与结构主义的暧昧关系，走向了后结构主义。"不要问我是谁，也别要求我一成不变：这是一种身份（état-civil）的伦理；它决定着我们的身份证件。但愿它让我们在写作时获得自由。"（AS, 28）随着《话语的秩序》和《尼采·谱系学·历史学》的发表，福柯实现了华丽的学术转身，最终致使话语与权力联盟，话语的考古学让位于权力的谱系学，由此开启了全新的研究领域。

本书翻译遵循着我的学术"直译"原则，以"信"为主，兼及"达""雅"，尽量呈现福柯的法文风格与内在逻辑，我在本书翻译过程中参照了《知识考古学》的英译本，同时也参考了王德威的繁体本（《知识的考掘》）和谢强、马月的中译本，两个中译本虽有诸多争议和批评，但对《知识考古学》在汉语世界的传播终有筚路蓝缕之功，应给予客观的评价。本书翻译得到了诸位师友的大力支持和帮助，在此我要感谢汪民安、张颖、张旭、张引弘对部分译稿和概念翻译提出的修改意见和建议，感谢周兮吟、詹文杰、赵文、吴子枫、王嘉军、姚云帆、郭峰对个别概念提出的翻译建议，感谢我的同事李昕皓博士通读全书译稿后提出的文字修改建议，感谢我的学生刘蕙瑄、陈雪儿、赵浚竹提供的协助工作。另外我也非常感谢爱子铭旸的陪伴，他的思考和问题总是在翻译、校对的艰难时刻给我带来诸多启示和快乐！最后我要感谢本书责编王晨晨女士，她约我到三联书店编辑部对稿子十余次，她认真负责的态度令我非常感动，而且她对译文提出了很多宝贵的修改建议，令译稿更加准确、流畅。同时我也很怀念对稿子结束后与晨晨、玖龄"下馆子"的美好时刻和闲聊时光，或许三联人的精神也在于此，不是为了做书而做书，而是通过做书来交友、交心，在译者、书、编辑之间传递着人文情怀。

学术翻译本就耗人心血，《知识考古学》更是让我如入福柯的思想迷宫，常百思难得其解，致使翻译困难重重，而且关键概念的翻译实非易事，着实难以找到相应的汉语词汇。如有纰漏和错译之处，责任全在译者，与诸位师友无关，也请广大读者多提宝贵意见和建议，以备订正错误，完善译本，早日为汉语世界贡献一个可信可靠的中译本。

董树宝于京郊西山
2021 年 1 月 27 日